Manuel Andrack

SCHRITT FÜR SCHRITT

Manuel Andrack

SCHRITT FÜR SCHRITT

Wanderungen durch die Weltgeschichte

Mit 50 farbigen Fotos und 17 Karten

MALIK NATIONAL GEOGRAPHIC

Mehr über unsere Autoren und Bücher:
www.malik.de

Erstmals im Taschenbuch
ISBN 978-3-492-40479-2
September 2017

Redaktion: Sabine Wünsch, München
Umschlaggestaltung: Petra Dorkenwald nach einem Entwurf
von Birgit Kohlhaas
Umschlagabbildung: privat; Illustrationen: Rüdiger Trebels
Autorenfoto: Manuel Andrack
Bildteilfotos: Manuel Andrack, mit Ausnahme der Fotos im Bildteil
auf Seite 10, 11 und 12: Hannah Ziegler
Karten und Illustrationen: Manuel Andrack
Satz: Uhl + Massopust, Aalen
Litho: Lorenz & Zeller, Inning a.A.
Druck und Bindung: CPI books GmbH, Leck
Printed in Germany

INHALT

Verdun
Paris
Spiez
Santiago
Therm
Luxor

Oranien-
burg
Neandertal
Köln
Rennsteig
Schweden-
löcher
Hambach
Wegscheid

VORWORT

Immer wenn es so richtig langweilig wurde auf unseren Wanderungen, haben meine Eltern mit mir »Schritt für Schritt« gespielt. Stundenlang. »Schritt für Schritt und Mann für Mann, und wer den Schritt nicht halten kann, der ist ein dummer, dummer Eselsmann.« Wer aus dem Takt geriet, war eben der »Eselsmann«. Späte 1960er-, frühe 1970er-Jahre, Gender-Korrektheit war noch Zukunftsmusik. Für dieses Buch bin ich auch Schritt für Schritt gegangen, richtiges Wandern war das meistens nicht. Und das soll auch nicht der Anspruch dieses Buches sein. Es ist kein Wanderbuch, sondern eine Art mobiles Geschichtsbuch. Es ist schon allein deswegen kein Wanderbuch, weil die Menschheit seit Erfindung des aufrechten Gangs zwar zu Fuß gegangen ist – *gewandert* hingegen wurde erst seit dem späten 18. Jahrhundert, als vor allem die englischen und deutschen Romantiker ihre zweckfreie Leidenschaft für die Natur entdeckten.

Die Grundidee dieses Buches ist es, in jeder der klassischen Schulbuchepochen (Steinzeit, die ägyptischen Reiche, die Blütezeit Griechenlands, das römische Imperium etc.) nach einem mehr oder weniger typischen Weg Ausschau zu halten. Dabei war es mir wichtig, dass es sich um Wege handelt, die im Bestfall deckungsgleich sowohl im 21. Jahrhundert als auch vor Hunderten oder Tausenden Jahren gegangen worden sind. Naturgemäß versuche ich, die historischen Gehverhältnisse mit den heutigen abzugleichen. Manchmal hat sich, wie an den Thermopylen beispielsweise, gar nicht so viel verändert in den letzten gut 2000 Jahren. Andererseits: Auf dem

Weg zwischen Paris und Versailles würden sich die Revolutionärinnen von 1789 nicht mehr zurechtfinden.

Eines der schönsten Dinge beim Zu-Fuß-unterwegs-Sein sind die perlenden Gespräche mit den Menschen, mit denen man geht. Daher habe ich mir meistens Mit-Geher gesucht, gute Freunde oder professionelle Wegbegleiter, also Wander- oder Reiseführer. Ich bin mit meinem Fitnesstrainer durch das Neanderland gewandert und mit Römerdarstellern über den Ausoniusweg. Ich bin mit einem Wanderanarchisten durch die Sächsische Schweiz gestreift und mit französischen Wanderfreunden über die Schlachtfelder von Verdun. Ich bin mit einem lustlosen Kind in Spiez spazieren gegangen und mit einer Horde von Fans des 1. FC Köln auf den Spuren der Volkskreuzzügler marschiert. Kurz, ich bin dahin gegangen, wo es (manchmal) wehtun könnte. Im letzten Kapitel komme ich in der Gegenwart an und »wandere« mit Flüchtlingen. Denn die Migration wird das große Zukunftsthema der fußläufigen Mobilität sein.

Ich bin während der dreijährigen Arbeit an diesem Buch oft gefragt worden, nach welchen Maßstäben ich die Auswahl der Wege und Epochen getroffen habe. Und warum ich denn nicht beispielsweise den Gang nach Canossa oder Hannibals Zug über die Alpen mit im Buch hätte. Nun, für die Römerzeit fand ich es spannender, eine ganz »normale« Römerstraße mit ganz »normalen« Legionären abzuwandern, anstatt mich mit gemieteten Zirkuselefanten (das hätte nur tierisch Ärger mit dem Tierschutz gegeben!) über die Alpen zu quälen. Zudem: Aus einem Flachlandtiroler wird keine Gams mehr. Ich bin kein Reinhold Messner, sondern ein Mann des Mittelgebirges, der Neandertaler steht (und geht) mir als Rheinländer näher als der gute alte Ötzi. Ich habe eben versucht, für jede Epoche einen originellen Weg zu finden, der Sinn ergibt, der aber auch vielleicht den Leser überrascht.

Viele Wegstrecken sind absolut nicht zum Nachwandern geeignet. Zudem ist es bei Reisen in die »kritischen« Länder (Ägypten, Israel) sinnvoll, sich zeitnah über die Reisehinweise beim Auswärtigen Amt zu informieren. Seit ich in Ägypten war, hat es diverse (teilweise erfolglose) Anschläge in Luxor und an anderen touristischen Hotspots gegeben. Nach meiner Wanderung am See Genezareth wurde ein Brandanschlag auf das Benediktinerkloster von Tabgha verübt, es entstanden Sachschäden in Millionenhöhe, ein Mönch erlitt eine Rauchvergiftung.

Ich möchte mich vorab bei allen Historikern für eventuell etwas oberflächliche und pauschalisierende Darstellungen der einzelnen Geschichtsepochen entschuldigen. Wahrscheinlich hätte ich die eine oder andere Formulierung nicht stehen lassen, wenn ich mich durch sämtliche zur Verfügung stehende Fachliteratur gekämpft hätte. Aber dann wäre dies nicht nur ein anderes Buch, sondern es wären 16 Bücher geworden, für jede Epoche ein eigenes. Ich habe mich für die epochenübergreifende Darstellung entschieden. Alle Zitate habe ich nach bestem Wissen und Gewissen kenntlich gemacht, ein Literaturverzeichnis findet sich ebenfalls am Ende des Buches. Ein spezieller Dank geht in diesem Zusammenhang an Dr. Anne Sudrow. Ohne ihr Buch und ihre Zusammenarbeit vor Ort hätte ich das Kapitel über die »Schuhprüfstrecke« im KZ Sachsenhausen nicht schreiben können.

Ich wünsche Ihnen viel Vergnügen und möglicherweise sogar einige Erkenntnisse bei der Lektüre dieses Buchs.

Manuel Andrack
Köllerbach, im März 2016

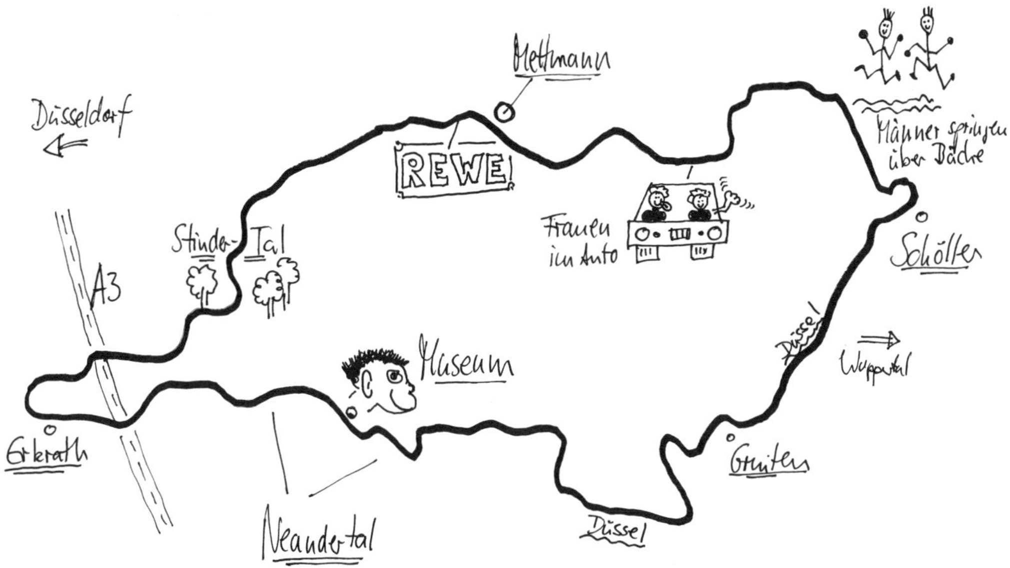
Mettmann
Düsseldorf
REWE
Männer springen über Dächer
Frauen im Auto
Stinder-Tal
A3
Schöller
Museum
Düssel
Wuppertal
Erkrath
Gruiten
Neandertal
Düssel

WENN DER NEANDERTALER HUNGER HAT

Schritt für Schritt gehen wir am Rande eines hüfthohen Roggenfelds in Groß-Schöllersheide entlang. Unsere Blicke wandern über die weite Ebene gen Osten, auf der Suche nach wilden Tieren. Wir haben großen Hunger. Plötzlich direkt neben uns ein Geräusch. Ein Reh fährt hoch, nur zwei Meter entfernt, und flüchtet. Das hätte unser Mittagessen sein können, aber das Tier ist entwischt. Wir gucken uns blöd an und denken wahrscheinlich beide dasselbe: Das wäre einem richtigen Neandertaler niemals passiert, viele Gene scheinen wir nicht von dem Steinzeitmenschen übernommen zu haben.

Ich bin mit meinem Fitnesstrainer Daniel auf den Höhen oberhalb des Neandertals unterwegs. Wir haben uns vorgenommen, einen langen Tagesmarsch zu machen: 20, 25, vielleicht auch 30 Kilometer, das Tagespensum eines Steinzeitmenschen. Gewohnt hat der Neandertaler im gleichnamigen Tal in einer Höhle. Aber gearbeitet, gejagt, die Grundlage für sein Überleben gelegt hat er in der Rheinebene und in den Höhen oberhalb des Tals. Allerdings wäre der Neandertaler etwas professioneller zu Werke gegangen als wir. Nun gut, ein Roggenfeld hätte es vor 40 000 Jahren nicht gegeben, Getreide ist eine Kulturpflanze des sesshaft gewordenen Menschen. Im wogenden Steppengras des Pleistozäns wäre das Reh weithin sichtbar gewesen. Aber unsere Fehlerliste ist enorm:

Erstens wären die Neandertaler nicht zu zweit, sondern in einer großen Gruppe von ungefähr 15 Leuten unterwegs gewesen. Alle mussten mithelfen, Frauen, Kinder; manchmal hat eine andere Sippe mitgeholfen, ein Tier zu jagen.

Zweitens hätten wir schon auf dem Weg zum Roggenfeld aufmerksamer sein können. Wie Fährtenleser hätten wir nach niedergedrücktem Gras, abgebrochenen Ästen und frischer Losung suchen müssen. Die Neandertaler hatten so was drauf.

Drittens hätten wir einen Plan haben müssen. Wohin wollen wir das Tier treiben, wenn wir es gefunden haben, damit es nicht flüchten kann? In einen Sumpf oder in eine tiefe Grube, die wir natürlich vorher hätten ausheben müssen?

Viertens sind wir dilettantisch ohne Waffen auf die Jagd gegangen, das wäre unseren Vorfahren vor 40 000 Jahren nun überhaupt nicht eingefallen. Man hätte im Vorfeld wenigstens mal einen kleinen Wurfspeer basteln können, damit hätten wir das Reh vielleicht sogar erwischen können. Na ja, hätte, hätte, Fahrradkette. Wahrscheinlich müssen wir unseren Hunger also doch im Supermarkt bekämpfen. Wenigstens wollen wir dort nur Nahrungsmittel kaufen, die der Steinzeitnahrung entsprechen. So halbwegs.

Um zehn Uhr morgens bin ich mit Daniel am Neanderthal Museum angekommen. Ich möchte Daniel aus unterschiedlichen Gründen auf einen Neandertaler-Memorial-Marsch mitnehmen. Zum Ersten ist er als Fitnesstrainer so durchtrainiert, wie ich mir einen durchschnittlichen Steinzeitmenschen vorstelle. Zum Zweiten kennt er sich hervorragend mit Diäten aus, vor allem mit der berühmt-berüchtigten Paleo-Diät, weiß also ungefähr, was unsere Vorfahren jeden Tag gegessen haben. Und zum Dritten ist seine Optik zurzeit großartig. Ich brauche einen richtigen Mann an meiner Seite, einen Mann mit Bart. Denn hat man je einen glatt rasierten Neandertaler gesehen? Teil unserer Versuchsanordnung ist es, keinen Proviant mitzuschleppen. Für eine »normale« Wanderung ist es immer vernünftig, ausreichend Wasser und eine Kleinigkeit zum Essen mitzunehmen, Rucksackverpflegung nennt man das. Es gibt unter den Wanderern regelrechte Rucksackverpflegungsfetischisten, die jede Form von Einkehr rigoros ablehnen. Ich halte das normalerweise für Blödsinn. Aber um halbwegs neandertaler-authentisch unterwegs zu sein, verzichten wir auf Rucksackverpflegung. Denn der Urzeitmensch wollte ja etwas erjagen und nicht etwas aus der Höhle mitnehmen. Das heißt aber auch, dass wir für die Nahrungsaufnahme auf das angewiesen sind, was wir am Wegesrand finden.

Das Neanderthal Museum hat gerade geöffnet. Wir schauen uns im Foyer den grinsenden Neandertaler an, Daniel soll doch wissen, auf wessen Spuren wir uns bewegen. Er ist begeistert, ich soll unbedingt mit seinem Handy ein Foto von ihm mit dem Herrn Neandertaler machen. Als die beiden so nebeneinanderstehen, fallen die Ähnlichkeiten sofort auf: Die nach hinten gekämmten Haare und der Bart kommen ganz gut hin. Die Hautfarbe des Steinzeitmenschen ist deutlich dunkler, klar, der war ja draußen zu Hause, während Daniel fast den ganzen Tag nur im Fitnessstudio herumsteht. Außerdem ist Daniel sehr viel größer. Er meint: »Wenn man sich so einen Neandertaler anschaut, sieht der nicht aus, als hätte er genug Nährstoffe zu sich genommen. Vielleicht ist er ja wegen fehlenden Essens ausgestorben.« Umso unverständlicher, dass im 21. Jahrhundert vernunftbegabte Menschen versuchen, die Nahrungsaufnahme der Steinzeit zu imitieren, doch dazu später mehr. »Wie hat denn der Neandertaler gelebt, überlebt, gejagt, wie muss ich mir das vorstellen?«, löchert mich Daniel. Ich will eigentlich mit unserem Marsch starten, hole aber aus meinem Auto noch schnell das *GEOkompakt*-Heft über den Neandertaler. Das Spannende bei der Steinzeitforschung ist, dass sich in den letzten Jahren – durch die Fortschritte in der Gentechnik und neue Knochenfunde – fundamental neue Erkenntnisse über den Neandertaler ergeben haben. »In der Paläoanthropologie, sagen Spötter, gebe es mehr Theorien über den Stammbaum des Menschen als Knochenfunde, um sie zu beweisen«, meldet die *FAZ*. »Tatsächlich wird es in der Paläoanthropologie langsam unübersichtlich. In den letzten 15 Jahren ist eine Flut neuer Fossilien zutage gefördert worden und hat die Forscher zu permanentem Umdenken gezwungen«, ergänzt die *FAS*. Das *GEOkompakt*-Heft hat den Stand der Dinge populärwissenschaftlich, aber unterfüttert mit dem Know-how aller Koryphäen dieses Fachs zusammengefasst. Wir setzen uns auf eine Bank vor dem Museum, und ich setze Daniel erst einmal in Kenntnis über den Stand der Forschung, indem ich mit meinem Wissen aus dem Magazin prahle:

»Forscher haben berechnet, dass die gesamte Population maximal 70 000 Individuen umfasste, wahrscheinlich weitaus weniger. – Die Jagd bestimmte den Alltag der Neandertaler, denn eine Jahrtausende währende Kaltzeit hatte Europa im Griff, pflanzliche Nahrung fanden die Urmenschen kaum. Und so war Fleisch, etwa von Pferden oder Rentieren, ihre wichtigste Energiequelle. Auf die Pirsch gingen nur die Starken, Gesunden. In der kalten Jahreszeit musste jeder bei der Suche nach Wild helfen. Egal, ob Mann oder Frau. Mit Fellen, die sie sich um die Füße banden, schritten sie über den hart gefrorenen Grund. Behutsam kreisten sie das Tier ein; sie umstellten die Beute wie ein Rudel Wölfe. Mühelos fanden die Jäger den Weg zurück zu ihrer Höhle im Neandertal, orientierten sich an auffälligen Felsen und Sträuchern. Viel zu selten zogen Pferde, Rentiere oder Bisons durch die Umgebung und boten die Chance, größere Mengen Fleisch zu erbeuten. Häufig kehrten die Urzeitjäger nach Stunden im Gelände mit leeren Händen ins Lager zurück. Es war offenbar kein dramatischer Genozid, bei dem der Homo sapiens die Neandertaler gewaltsam auslöschte. Vielmehr verebbte deren Zahl allmählich.«

Daniel nickt gemächlich, dann fragt er: »Wie alt wurde denn so ein Neandertaler? Und was haben die eigentlich getrunken? Nur Wasser? Und haben die sich gewaschen?« Was soll das geben, wenn es fertig ist? Wieso, weshalb, warum – wer nicht fragt, bleibt dumm? Leicht entnervt gehe ich zurück ins Neanderthal Museum und frage mit Blümchen in der Stimme am Infotresen nach, ob, aber nur falls er im Haus sei und wir nicht stören würden, ob also der Leiter des Museums, Herr Professor Weniger, uns nach unserer Tour eventuell ein paar Minuten für die bohrenden Fragen meines Fitnesstrainers zur Verfügung stehen würde. Man verspricht mir, das Beste zu tun. Und dann gehen wir, ich kann es kaum glauben, endlich los. Nach Neandertaler-Fotoshooting, Kurzvortrag und Hinterlassen eines Terminwunsches.

Schon wenige Hundert Meter hinter dem Museum haben wir eine wildromantische Stelle des Tals erreicht. Rechter Hand sprudelt der Bach, unser Weg schlängelt sich um eine Felsformation herum. So ungefähr muss man sich das Tal vorstellen, als es der Herr Neander entdeckte und berühmt machte. Ich war lange so naiv zu glauben, das Neandertal sei nach dem Fluss benannt, der in dem Tal fließt: die Neander. Die Neander kann man lange suchen, die gibt es nämlich nicht. Durch das Neandertal fließt die Düssel, die südlich von Velbert entspringt und in einer Großstadt, deren Namen mir gerade entfallen ist, in den Rhein mündet. Aber es gab im 17. Jahrhundert den Pastor Joachim Neander. Der fand dieses wilde Tal mit den Höhlen, Wasserfällen und beeindruckenden Felsformationen so spektakulär, dass er dort sogar Predigten hielt. Und im 19. Jahrhundert, als die Schönheit des Tals zerstört wurde, setzte sich für den kurzen Talabschnitt der Düssel die Bezeichnung »Neandertal« durch.

Der industrielle Aufschwung des Rheinlands forderte Unmengen an Baumaterial, und der Kalksandstein im Neandertal konnte praktischerweise in der Nähe der Ballungszentren abgebaut werden, eine Eisenbahnlinie von Mettmann nach Düsseldorf durch das Neandertal brachte den Kalk an seinen Bestimmungsort. Innerhalb von 30 Jahren wurde das Tal durch den Steinbruch im wahrsten Sinne des Wortes platt gemacht. Aber ohne den Steinbruch wäre nun mal auch nicht der Neandertaler gefunden worden. Pfarrer Neander hätte sein Tal nicht mehr wiedererkannt und der Steinzeitmensch, der nach dem Tal benannt ist, erst recht nicht. Denn für Letzteren war das Neandertal ein perfekter Rückzugsort: Mindestens neun Höhlen boten einen gewissen Grad an Wohnkomfort. In der Düssel schwammen Fische, und in der Nähe des Tals erstreckte sich die Niederrheinische Bucht mit dem Rhein. Und in dieser Rheinebene konnten die Urmenschen frühzeitig umherziehende Wildpferde oder Mammuts erspähen. Der Neandertaler war immer unterwegs, er war ein Nomade, nur zeitweise lebte er in Höhlen.

Der Fußweg im Neandertal ist höchst beschaulich, die Sonnenstrahlen erreichen noch nicht den Boden, sondern scheinen quer durch die Bäume am Bachufer. Daniel erzählt, wie er das wurde, was er ist. Er war Fußballer, aber als er sich am Knie verletzte, war die Karriere auf dem Rasen vorbei. Dann wurde er Mittelstreckenläufer – durchaus mit Ambitionen. Um seine dicken Fußballerbeine zu entschlacken, probierte er jede Diät der Welt aus und beschäftigte sich mit Kraftsport. Der gelernte Sparkassen-Betriebswirt wurde so – quasi nebenbei – zum profunden Kenner der Fitnessszene. Nachdem er seiner Schwester geholfen hatte, nach einer Schwangerschaft ihre Pfunde loszuwerden, sprach sich das im Bekanntenkreis herum. Und er hat das Talent, Menschen zu motivieren, ich kann das bestätigen. So hat er sich vor zweieinhalb Jahren als Fitnesstrainer selbstständig gemacht, leitet Gruppen an, arbeitet aber auch als Personal Trainer und ist ständig ausgebucht. Sein Credo ist: Ich kann nur abnehmen und fitter werden, wenn ich beim Sport an meine Leistungsgrenzen gehe und wenn ich intensiv auf meine Ernährung achte. Auf diese Weise hat er innerhalb von wenigen Wochen bei mir acht Kilo weggezaubert. Bei der Nahrungsumstellung gibt Daniel zwar Tipps, letztlich muss aber jeder seiner Kunden selbst wissen, was ihm persönlich guttut. »Ich bin einer, der alles ausprobiert: strikt vegan, Paleo – das kann man sehr gut durchhalten, weil man sehr viel Fleisch isst –, Low Carb natürlich.« Als Erstes rät Daniel seinen Kunden: »Hol dir einen Hammer und zerschlag deine Waage – der Gewichtsfrust macht unglücklich.«

Gewichtsfrust kannten Neandertaler nur, wenn sie mal wieder nichts zu beißen gefunden hatten. Und was hätten sich die Steinzeitmenschen gefreut, wenn es schon ein so schönes Wildgehege in »ihrem« Tal gegeben hätte wie das, an dem wir gerade entlanggehen. Passend zur Steinzeit werden dort urzeitliche Tiere gehalten und gezüchtet: Wisente, Wildpferde und Auerochsen. Alles Tiere, die der Neandertaler sicher gern gegessen hätte, und so schön eingezäunt, da wäre die Jagd nicht so kraftraubend und langwierig gewesen. Irgendwie scheinen die Tiere im Wildpark gerochen zu haben, dass Daniel und ich im Steinzeitmodus unterwegs sind und Kohldampf haben. So leer habe ich dieses Gehege noch nie gesehen, es ist kein einziges Tier zu entdecken, die haben sich anscheinend alle verdrückt. Wir sind nicht die einzigen Wanderer auf den Wegen des Neanderlands. Erstaunlich, wie viele Menschen an einem Mittwochvormittag die Zeit haben, draußen unterwegs zu sein. So viel Betrieb, das hätte unseren Steinzeitmenschen gewiss verstört. Es fällt auf, dass zu jedem Zweibeiner (mindestens) ein Vierbeiner zu gehören scheint. Die Idee, sich ein Haustier als Freund zu halten, wäre dem Neandertaler total pervers vorgekommen. Tiere sind zur Nahrungsaufnahme da. Punkt. Nun ja, unser Hunger ist noch nicht riesengroß, und Hundefleisch soll keine wahrhafte Delikatesse sein, berichten die, die schon mal davon gekostet haben. Man müsse sich den Geruch von nassem Hund vorstellen, diesen Geschmack habe man dann im Mund.

Wir gehen weiter an der Düssel entlang Richtung Quelle und kommen an einem flachen Haus vorbei, davor ein liebevoll gestalteter Holzladen. Eine Art Marktstand, nur ohne Marktfrau oder Marktmann. Secondhandbücher kann man erstehen und: Senf. Klar, Düsseldorf ist nicht weit entfernt, eine Stadt, die vor allem – zumindest kulinarisch – mit Altbier und Senf in Verbindung gebracht wird. Aber wir hatten uns ja vorgenommen, uns bei unserem Neandertaler-Memorial-Marsch ausschließlich nach den Vorgaben der Paleo-Enthusiasten zu ernähren: Beeren, Obst, Fleisch, Kokosmilch etc. sind erlaubt. Aber kein Getreide, keine Kulturpflanzen. Und daher auch nicht die Mischung aus Senfkörnern und Öl, die einen guten Senf ausmacht. Schade, sonst hätten wir uns ein ganzes Glas extrascharfen Senf gegönnt.

Dafür, dass der Kreis Mettmann, in dessen Mitte das Neandertal liegt, sehr dicht besiedelt ist, ist es landschaftlich sehr schön im Düsseltal. Wir dürfen jetzt ganz offiziell Düsseltal sagen, denn das Neandertal im engeren Sinne haben wir verlassen. Wir stellen uns aber vor, dass der Neandertaler auf der Suche nach etwas Essbarem durchaus auch erst mal durchs Tal gestreift ist. Denn auch der Fischfang war eine Option. Wir entdecken am Bachufer eine Gruppe von Kindergartenkindern. Die scheinen kein Frühstückchen um halb zehn bekommen zu haben, denn sie suchen – sehr erfolglos, wie es aussieht – nach Kaulquappen. Das ist ein eher dürftiges Frühstück, das macht zwei ausgewachsene Männer wie uns nicht satt. Genauso wenig wie das Eichhörnchen, das vor uns wegläuft und sich einen Baum hochwindet. Und dann findet Daniel noch die leere Verpackung eines Schokoriegels, der uns bei Arbeit, Sport und Spiel mobil hätte machen können. Wir scheinen nicht so recht etwas mit dem anfangen zu können, was die Natur uns bietet. Und wir haben das Urzeit-Navi nicht korrekt eingestellt. Eigentlich sollte man davon ausgehen, dass man sich in diesem Tal ganz gut am Lauf der Düssel orientieren kann. Doch immer wieder gehen wir falsch, müssen umkehren und unnötige Extrameter machen. Wenn sich die Neandertaler in diesem Tal so oft verlaufen hätten wie wir, wären sie noch früher ausgestorben.

Nach fast zehn Kilometern Fußweg im Tal haben wir also immer noch nichts gegessen oder getrunken, und so versuchen wir es auf der Hochebene des Neanderlands. Am Wuppertaler Ortsteil Schöller verlassen wir das Düsseltal und gehen wenige Höhenmeter hinauf. Daniel gibt zu, dass er seine Beine spürt. Und dabei ist er der fitteste Mensch, den ich persönlich kenne, wahrscheinlich wurde genau für seinen Körper der Begriff »Waschbrettbauch« geprägt. Aber er ist nun mal das intensive Wandern nicht gewöhnt. Diese Erfahrung habe ich auch schon gemacht: Die Muskelpartien, die beim Joggen, Radfahren und Wandern beansprucht werden, sind äußerst unterschiedlich, obwohl man doch alles mit Beinkraft macht. Daniel ist Läufer, und gelegentlich fährt er Rad. Aber als Fitnesstrainer steht er mehr im Studio herum und macht seinen Kunden an den Geräten Beine, als dass er sich selbst bewegt. Bei nur zwei bis drei Terminen am Tag geht er mit den Leuten auf die Piste. »Das wäre nicht jeden Tag zu schaffen, wenn ich immer alle Übungen mitmachen würde«, gibt Daniel zu. Als sehr guter Läufer bringt Daniel zumindest alle körperlichen Voraussetzungen für die steinzeitliche Jagd mit. Denn die überlegene Laufausdauer hat den Menschen zu einem äußerst gefährlichen Jäger im Tierreich werden lassen. Die meisten Tiere sind wesentlich schneller als der Mensch, aber nicht so ausdauernd. Wenn Daniel auf den Feldern oberhalb von Schöller ein – sagen wir mal – Gnu jagen würde, und das Gnu würde wegspringen, dann wäre es viermal so schnell wie Daniel. Aber es müsste sich immer wieder erschöpft ausruhen, das hat etwas mit den Drüsensystemen zu tun. Die meisten Säugetiere schwitzen – bei Hunden ist es durch das

Hecheln sehr offensichtlich – ausschließlich über die Zunge, das lässt nur kurze, intensive Sprints zu. Der Mensch dagegen verfügt über eine Art eingebaute Kühlung über die komplette Hautfläche. Daher ist er der ausdauerndste Läufer des Tierreichs. Mit diesen Fähigkeiten kann der Mensch theoretisch, vor allem wenn er in einer Gruppe jagt, jedes Tier zu Tode laufen.

Oberhalb des Düsseltals weitet sich unser Blick, wir können bis ins Rheintal schauen. In diesem Gelände konnte man natürlich viel besser als in einem engen Tal jagen, das Wild viel früher erkennen. Zumal man sich die Ebenen der Steinzeit nicht nur frei von Häusern und Besiedlung, sondern auch weitgehend baumfrei vorstellen muss, eher wie die sibirische Tundra. Und es war ordentlich kalt. In der aktuellen Forschung wird davon ausgegangen, dass es in den europäischen »Sommermonaten im Durchschnitt selten wärmer als elf Grad Celsius wurde. Die Jahresmittelwerte zwischen minus vier und minus neun Grad entsprachen denen, die heute in der Arktis herrschen.« Man muss sich das einmal vorstellen, unter welch widrigen Bedingungen der Neandertaler gelebt hat. Vor 40 000 Jahren, das muss man sich klarmachen, reichte das »ewige« Eis der Arktis bis an eine gedachte Linie der heutigen Städte Hamburg, Berlin und Warschau heran. Die Gegend um Mettmann war also klimatisch dem heutigen nördlichen Skandinavien vergleichbar, es war die nördlichste Region, in der menschliches Leben überhaupt vorstellbar war.

Wir wandern an einem Gerstenfeld vorbei, vielleicht handelt es sich ja um Braugerste für das köstliche Altbier. Getreide ist allerdings einem anderen Zeitalter zuzurechnen, dem der Sesshaftwerdung des Menschen. Dieses Thema möchte ich im nächsten Kapitel, wenn ich am Nil wandere, stärker ausleuchten. Der Neandertaler kannte wegen der rauen klimatischen Verhältnisse wahrscheinlich noch nicht einmal wildes Korn, wäre aber auch nicht auf die Idee gekommen, dieses ernsthaft für Nahrung zu halten. Deswegen verabschieden wir uns aus Authentizitätsgründen von der Idee, das Korn zu essen, wobei es sowieso keine sehr schlaue Idee wäre, unreifes Getreide zu sich zu nehmen.

Bis zu diesem Zeitpunkt sind wir auf markierten, auf kultivierten (Wander-)Wegen gelaufen. Ein X und der Neanderlandsteig haben uns durch das Düsseltal geführt, was uns jedoch nicht davon abgehalten hat, uns zu verlaufen. Am Bauernhof in Groß-Schöllersheide, in unmittelbarer Nähe zur B7 gelegen, verlassen wir die zivilisierten Pfade. Der Neandertaler hat sich ja auch nicht nach Wegmarkierungen gerichtet, wohl aber an Wegmarken orientiert: Ein außergewöhnlicher Strauch, eine Felsengruppe, eine Bodensenke, so etwas hat man sich in der Steinzeit gemerkt, um auch ohne Kompass und GPS-Gerät zurechtzukommen. Wir wollen in einem großen Bogen, zunächst in nördlicher Richtung, dann westlich abknickend, nach Mettmann hineingehen.

Wo kein Weg ist, muss man sich einen machen. Wir stapfen durch hüfthohes Gras und stellen fest, dass schon zwei Leute einen ersten Trampelpfad hinbekommen, wenn sie alles platt treten. Uns zu folgen und zu verfolgen, wäre ein leichtes Spiel. Aber wir wollen ja die Jäger sein, nicht die Gejagten. Beim Querfeldeingehen frage ich mich angesichts von Millionen Brennnesseln, warum ich keine lange Hose angezogen habe. Nach kurzer Zeit fällt es mir ein. Das war eine bewusste Entscheidung gewesen, denn ich wollte so authentisch wie möglich herumlaufen. Da ich keinen neandertaleresken Fellumhang im Kleiderschrank fand, habe ich mich für eine kurze Wanderhose entschieden – Hauptsache nackte Beine. Entweder gab es in der Steinzeit keine Brennnesseln, oder die Neandertaler hatten Hornhaut an den Waden. Mir schmerzen die Unterschenkel, als würde mir die Haut vom Leib gezogen. Das ist wirklich die Frage: Gab es schon Brennnesseln vor 40 000 Jahren? Googeln auf Daniels Handy macht schlauer: O ja, es gab sie, und die Steinzeitmenschen machten Schnüre und Seile aus den Fasern dieser Pflanze.

Wir kämpfen uns an einem Roggenfeld entlang und schrecken das arme Reh auf. Wahrlich keine jagdliche Meisterleistung. Dem Reh kann es recht sein. Wir gehen weiter und erreichen in einer Bodensenke den Mettmanner Bach. Das Wasser sieht nicht so aus, als könnte oder vielmehr sollte man es trinken. Aber Durst ist nicht unser Hauptproblem, denn wir wollen dieses Rinnsal einfach überqueren, und eine Brücke ist nicht vorhanden. Wir nehmen Anlauf, vorbildliche Arm- und Beinarbeit, und schon sind wir ans andere Ufer gesprungen. Unser Neandertaler-Experiment weitet sich zum Mehrkampf aus, nicht nur Wander-, sondern auch Sprungfähigkeit ist gefragt. Und die Sprungaktion zeigt, wie zivilisationsdegeneriert wir sind. Der Neandertaler wäre natürlich niemals so affig mit rudernden Armen über den Bach gehopst. Erstens hätte seine kleine Schrittlänge nicht gereicht. Zweitens wird er sich gesagt haben: Wieso soll ich springen und eine Verletzung riskieren? Unsere Steinzeitfreunde wären einfach gemütlich durch den mit Sicherheit eiskalten Bach marschiert.

Unsere Querfeldeinrunde ist trotzdem lehrreich. Denn bis auf einige Roggenfelder ist das Areal, das wir durchstreifen, halbwegs naturbelassen. Sprießende Gräser und Wildblumen, so könnte es im Kreis Mettmann vor 40 000 Jahren ausgesehen haben.

Wegmarkierungen wie auf unseren ersten Kilometern im Düsseltal gibt es zwar nicht, dafür stehen wir plötzlich vor einem massiven mannshohen Drahtzaun. Wir sind die Eingesperrten, auf der anderen Seite ist eine ziemlich neue Umgehungsstraße. Bevor wir uns ernsthafte Sorgen machen, wie wir über den Zaun kommen, sehen wir die bequemen Holzstufen. Ein wenig mehr Outdoor Adventure wäre schon schön gewesen, so mit Räuberleiter, sich am Zaun eine kleine Verletzung zufügen und sie wie ein Steinzeitmann konsequent weglächeln. Aber man muss es ja mit der Authentizität nicht übertreiben, also stiefeln wir entspannt über die frisch zusammengezimmerten Holzstufen. Wir gehen kurz an der Straße entlang und erreichen einen Kreisverkehr. Dort sehen wir mit weißer Schrift auf braunem Grund einen Hinweis Richtung Neandertal. Das ist natürlich enorm praktisch für die Neandertaler gewesen. So konnten sie sich prima an Schildern orientieren und haben immer zurück in die heimische Höhle gefunden. Aber so weit sind wir noch lange nicht, denn wir haben immer noch nichts Essbares gefunden, und der Magen knurrt mittlerweile ordentlich.

Wir wandern auf einem Bürgersteig auf der rechten Straßenseite an einem Umspannwerk vorbei, die Zivilisation schlägt voll zu, es ist seit einiger Zeit vorbei mit wild wogenden Grasfeldern. Zwei junge Frauen überholen uns im Kleinwagen und rufen uns etwas Unverständliches zu. Dann wenden die beiden den schwarzen Fiesta mit Mettmanner Kennzeichen. Nun kommen die zwei jungen Damen uns auf der gegenüberliegenden Fahrbahn entgegen, die Fenster sind runtergefahren. Die Fahrerin zeigt mit dem wippenden, ausgestreckten Arm auf Daniel und schreit: »Was für eine geile Sau!« Anscheinend ist noch ein größerer Neandertaler-Genanteil im Kreis Mettmann vorhanden – zumindest bei der weiblichen Bevölkerung. Daniels Lust auf Austausch von Körperflüssigkeiten ist nach eigener Aussage momentan eher unterentwickelt. »Ich habe schon seit vier Stunden keine Libido mehr.« Das sei kein Wunder, erklärt mir mein Fitnesstrainer und heimlicher Ernährungsberater. Denn wer meistens Hunger hat, und davon kann man bei unseren Steinzeitmenschen ausgehen, der hat keine Lust auf Sex – wenn die Kalorien fehlen, geht die Libido zurück. Jeder Leistungssportler, so Daniel, kenne das. In den extremen Trainingsphasen werden topfitte Modellathleten zu abstinenten Mönchen, sie haben schlicht keine Lust auf die schönste Sache der Welt.

Vielleicht sind die Neandertaler auch deshalb ausgestorben, weil die Steinzeitmänner zu oft gesagt haben, sie hätten Migräne. Wahrscheinlich sind sie generell ziemlich antriebslos und schlapp, um nicht zu sagen depressiv herumgelaufen.

Als wir uns die schlecht gelaunten Neandertaler – die allermeisten waren mit Sicherheit nicht so eine Grinsbacke wie das Exemplar im Foyer des Museums – vorstellen, erzählt Daniel einiges aus seiner beruflichen Erfahrung mit den Menschen, die zu ihm kommen. Eigentlich ist Daniel nicht nur Fitnesscoach und Ernährungsberater, sondern auch eine Art Therapeut. »Fitnesssüchtige und Diäten-Junkies sind Glückssucher«, meint Daniel. »Das Problem vieler meiner Kunden ist oft nicht das Gewicht an sich, das ist nur ein Symptom ihres Unglücklichseins. Die wenigsten sind wirklich happy.« Zuletzt wollte eine Frau bei Daniel ein ganz bestimmtes »Ursprungsgewicht« wieder erreichen, das sie im Alter von genau 27 Jahren gehabt hatte. Begründung: Als sie dieses Gewicht hatte, hatte sie ihre glücklichste Lebensphase. Aber zum Glücklichsein gehören natürlich unzählige andere Faktoren: Wie sieht es im familiären Umfeld aus, wie läuft es im Job, und gibt es eine funktionierende Liebesbeziehung? »Ich habe Kunden, die sind durch das Training von Psychopharmaka weggekommen. Das ist echt das Schöne in meinem Job, wenn du solchen Leuten hilfst.« Einen 180-Kilo-Mann hat er auf 96 Kilo heruntertrainiert, plötzlich bekommt dieser Mann Lob und bewundernde Blicke von jungen, hübschen Frauen. Das Prinzip Anerkennung funktioniere zu 100 Prozent. »Lob kann süchtig machen«, so Daniel.

Fakt ist, dass wir, mit ungefähr 20 Kilometern in den Beinen, langsam etwas zu beißen brauchen. Da die Wilddichte in der City von Mettmann zu wünschen übrig lässt, kaufen wir in einem kleinen türkischen Supermarkt getrocknete Feigen, Walnusskerne und zwei Flaschen Wasser. Alle Nahrungsmittel streng nach den Vorschriften der Paleo-Diät. Was hat es denn nun mit dieser Steinzeitdiät auf sich? Man darf alles essen, was ein Steinzeitmensch angeblich essen konnte: vor allem Früchte und Fleisch. Verboten sind kultivierte Nahrungsmittel wie Getreide und Milch. Also: kein Müsli, kein Brot, keine Nudeln, kein Joghurt, kein Käse. Daniel hat einige Paleos, wie er sie nennt, in seinen Trainingsgruppen. Die wenigsten setzen die Diät konsequent um. »Man wird eigentlich mit so einer Ernährung asozial.« Denn als Paleo-Jünger darf man nicht einmal ausnahmsweise auf einer Party etwas außerhalb der Regeln essen. Deswegen empfiehlt Daniel seinen Kunden eher die Low-Carb-Diät, jedoch mit einem Schummeltag, an dem man alles essen darf. Bei der Low-Carb-Diät verzichtet man auch auf Getreide, außerdem weitestgehend auf Zucker. Bei der Paleo-Ernährung kann man sich theoretisch zwei Kilo Beeren reinschaufeln und holt sich dadurch den Zucker, den der Körper glaubt zu brauchen. Wir verzehren unsere sehr zuckrigen Feigen und die Walnüsse an der zentralen Bushaltestelle von Mettmann. Vor allem die Zufuhr von Wasser war äußerst notwendig für unsere ausgezehrten Körper. Ich fühle mich, als hätte ich innerhalb von fünf Stunden schon fünf Kilo abgenommen. Funktioniert das Abnehmen eigentlich mit dieser komischen Steinzeitdiät, frage ich Daniel. Ja, es könne klappen, durch sie Gewicht zu verlieren. Aber kann man dann wirklich sagen, man habe sich wie ein Steinzeitmensch ernährt? »Eindeutig nein«, sagt Daniel. Was auf dem Speiseplan der Paleos steht, lag weit außerhalb der Reichweite der Bewohner des Neandertals. Keine Feigen, keine Kokosmilch, keine Hamburger, bei denen Ananasscheiben als Brötchenersatz dienen. Das Leben vor 40 000 Jahren war unattraktiv, denn wahrscheinlich aßen die Neandertaler eher Käfer und Schnecken.

Wir wandern weiter an den Straßen entlang. Und haben immer noch tierischen Kohldampf. Da kommt der REWE genau richtig. In den Auslagen vor dem Supermarkt finden wir Blaubeeren, Himbeeren, Heidelbeeren bio, Heidelbeeren nicht-bio, Brombeeren. Wir kaufen Brombeeren und Himbeeren aus Spanien, verpackt in Plastikschale. Wenn diese Beeren im Frühling von der Iberischen Halbinsel kommen müssen, wie kurz mag dann die Beerenzeit in der Steinzeit gewesen sein? Wenige Wochen nur. Das Schöne an der Paleo-Ernährung ist, dass man sich mit gutem Gewissen tonnenweise Fleisch reinhauen kann. An der Fleischtheke merken wir dann aber, dass wir ein Problem haben: Wurst dürfen wir nicht essen, total un-paleo durch die Beimengung von Gewürzen, Konservierungsstoffen und Zeugs. Und nach rohem Rindergulasch und rohem Kalbsschnitzel steht uns nicht der Sinn – der Neandertaler wäre da nicht so zimperlich gewesen. Als Kompromiss nehmen wir zwei große Scheiben von der gekochten Rinderzunge, Herkunftsland Deutschland. Und ziemlich nah dran an einer Wisentzunge.

Unsere Beute wollen wir nicht vor der Schiebetür des Supermarkts im Stehen verzehren, auch die Neandertaler haben, so die Steinzeitexperten, ihre Beute nicht an Ort und Stelle verschlungen. Vielmehr wurde das Tier zerlegt und die dampfenden Fleischstücke dann in die heimische Höhle transportiert. Nun, so weit wollen wir unsere Beeren und die Rinderzunge nicht tragen, wir suchen stattdessen eine geeignete Stelle für ein Picknick. Wir wandern durch ein Neubaugebiet, schon wieder werden eine Menge der alten Steinzeittrampelpfade zerstört. Wenn wir unsere eigentlich geplante Gehrichtung beibehalten wollten, müssten wir quer durch die squashfeldgroßen Reihenhausgärten gehen. Wir halten uns lieber an den Verlauf der Marie-Curie-Straße.

Wenige Minuten später endlich wieder ein freier Blick, es geht über ausgedehnte Felder, am Horizont die Rheinebene mit den rauchenden Kühltürmen der niederrheinischen Kohlekraftwerke. Nur kurz können wir diese Blicke genießen, dann geht es ins romantische Stindertal, und schon nach kurzer Zeit finden wir eine Bank für unser zünftiges Paleo-Picknick. Wir futtern die Beeren, alles zivilisiert mit Papiertaschentuch als Serviette gegen rote Flecken auf dem Hemd. Ich verschlinge in Rekordzeit meine Scheibe der Rinderzunge, echt lecker. Daniel schafft sein Rinderzungenstück nicht, es ist ihm zu eklig. Ich hätte Hunger auf mehr, aber jetzt, wo er reingebissen hat, ist mir der Appetit vergangen. So empfindlich wären die Neandertaler natürlich nicht gewesen. Beeren isst Daniel reichlich, die findet er nicht eklig. Ich frage ihn, was er von flüssigem Obst und Gemüse hält, den schwer angesagten Smoothies. Daniel verzieht das Gesicht. »Du trinkst dabei unnormal große Mengen an Obst. Wenn du ein, zwei Äpfel isst, bist du normalerweise satt. Die Smoothie-Fans trinken morgens zwei Orangen, eine Banane und drei Kiwis, total unnatürlich, die Nahrung kann auch gar nicht vom Körper eingespeichert werden.« Und dann würden sich die Leute wundern, dass sie dick bleiben oder werden, obwohl sie viel Obst und Smoothies konsumieren und trotz häufigen Trainings. »Zucker setzt mehr an als Fett, das kann man wirklich so pauschal sagen – und Obst ist die Zuckerquelle, die sie dick macht.«

Satt sind wir auf jeden Fall, jetzt gilt es, den Weg zurück in unsere Höhle im Neandertal zu finden. Erst einmal versuchen wir es auf dem direkten Weg: Raus aus dem Stindertal, jenseits des Höhenzugs können wir schon in das Tal der Düssel schauen, rechter Hand eine mächtige Autobahnbrücke, die A3 überquert das Neandertal bei Erkrath. Wir wollen talwärts, Bahngleise und eine Böschung versperren uns den Weg. Moderne Verkehrswege wie Autobahnen und die Eisenbahn sind geschaffen worden, um die Reise wesentlich schneller zu gestalten, behindern aber den modernen Fußreisenden. Dann müssen wir eben quer durch den Reitstall Hansen hindurch hinunter in das Neandertal. Der Hofhund teilt uns lautstark mit, dass es sich wohl nicht nur um einen Privatdurchgang, sondern um überhaupt keinen Durchgang handelt. Also wenden wir uns westwärts, obwohl unser Auto im Tal ostwärts steht. Wir überqueren die A3 auf einer Straßenbrücke, gehen in großem Bogen durch Erkrather Wohngebiete ins Tal hinein, auf der Talstraße endlich in der richtigen Richtung und unterqueren die A3, die auf der eben gesehenen Brücke über uns rauscht. Nach einer 30-Kilometer-Runde sind wir wieder im Tal der Düssel angekommen. Wir wandern auf dem kombinierten Fuß-Rad-Weg an der Landstraße, das hat Vor- und Nachteile. Vorteil: Keine Brennnesseln mehr, die Waden schmerzen sowieso, als hätte ich 10 000 Akupunkturnadeln hineingestochen. Nachteil: Das Gehen auf Asphalt belastet die Gelenke deutlich, am Ende einer Tour merkt man das an jedem Schritt.

Wir erreichen die Fundstelle des Neandertalers. Diese hat eine spannende Geschichte. Hier krachte Mitte des 19. Jahrhunderts das Dynamit, Brocken für Brocken Kalkstein wurde dem Felsen entrissen. Der Steinbruchbesitzer war Mitglied in einem naturkundlichen Verein, der von einem gewissen Herrn Fuhlrott 1843 in Elberfeld gegründet worden war. Als die Arbeiter 1856 im Steinbruch »komische« Knochen fanden, gab sie der Steinbruchbesitzer an den Naturforscher Fuhlrott, und der war sich als Zeitgenosse von Darwin sicher: Das waren die sterblichen Überreste eines Steinzeitmenschen. Kurioserweise gab man sich mit diesem einen Fund zufrieden, und es wurde an der Fundstelle weiterhin fleißig Stein gebrochen. Das Areal war bis Anfang der 1990er-Jahre ein unwirtlicher Schrottplatz. Eine Gruppe von Wissenschaftlern machte sich 1997 dorthin auf und schaute mal genau hin. Und nach dreijähriger Suche fanden sie tatsächlich weitere Knochen, die exakt zu denen passten, die 150 Jahre vorher dort gefunden worden waren. Es ist nie zu spät, bedeutende Entdeckungen zu machen. Im Boden der aktuellen Fundstätte stecken komische rot-weiße Speere, die die Stellen anzeigen, an denen die letzten Funde gemacht werden konnten. Wir setzen uns auf große Quaderblöcke und schauen uns um, zum Rumgehen sind wir ehrlich gesagt zu kaputt.

Unsere Muskeln sind dick, Daniel ist richtig groggy. Eine 30-Kilometer-Wanderung ist selbst für einen Power-Fitness-Typen wie ihn nicht ohne Schmerzen zu meistern. Wenige Hundert Meter nach der Fundstelle sind wir wieder am Neanderthal Museum angekommen. Hat der Chef nun Zeit für uns oder nicht? Wir haben Glück, Museumsdirektor Weniger empfängt uns in seinem Büro. Weniger ist Professor am Institut für Ur- und Frühgeschichte an der Universität Köln, und ich lege der weltweit anerkannten Neandertaler-Koryphäe den Fragenkatalog vor, mit dem mich mein wissensdurstiger Freund zu Beginn unserer Tour genervt hat. Wie alt wurde der Neandertaler, was trank er, hat er sich gewaschen? Die Antworten kommen prompt: »Der namengebende Neandertaler wurde mindestens 40 Jahre alt, wenn man die histologischen Untersuchungen am Knochen berücksichtigt. Nimmt man den Verknöcherungsgrad der Schädelnähte, dann war er eher 60 Jahre alt. Zum Trinken: Wir gehen davon aus, dass er vor allem Düssel- und Rheinwasser getrunken hat. Über das Waschen haben wir keine Erkenntnisse, da das Waschen am Körperskelett keine Spuren hinterlässt. Aber er hat regelmäßig Zahnpflege betrieben, was dem Klischee vom wilden Mann widerspricht.« Ich hake nach. Und das alles kann man von den Knochen ablesen? Einiges kann man, so Weniger, aus den Knochen ableiten, zum Beispiel das Alter. Bei anderen Erkenntnissen half ein Blick auf die Lebensumstände und das soziale Zusammenleben von Jägern und Sammlern, die in zivilisationsfernen Refugien überlebt haben. »Man muss als Ur- und Frühgeschichtler so eine Art Profiler sein, wie ein Detektiv Puzzlestücke zusammensetzen«, sagt Weniger. Den Fund des Neandertalers hält er für epochal. »Mit diesem Fund ist erstmals klar geworden, dass Menschen eine Entwicklungsgeschichte hinter sich haben. Es war der erste Fund dieser Art weltweit, drei Jahre bevor Darwin seine Thesen veröffentlichte. Der Neandertaler wurde zum Kronzeugen für die Richtigkeit von Darwins These – das hat das gesamte 19. Jahrhundert aufgewühlt. Selbst im 21. Jahrhundert ist er noch ein Stachel im Fleisch derjenigen, die die Evolutionstheorie ablehnen. Es stimmt einen sehr bedenklich, wenn man weiß, dass es Menschen – vor allem in den USA – gibt, die die Schöpfungsgeschichte wortwörtlich nehmen.«

Professor Weniger ist ganz entspannt, was die Unterscheidung der vielen Typen von Steinzeitmenschen angeht: »Offensichtlich haben sich Denisova-Mensch, Neandertaler und moderner Mensch miteinander vermischt. Das aber würde bedeuten: Sie gehören zu einer großen Spezies. Denn wenn sich Menschen miteinander fortpflanzen können, gehören sie zu einer Art – das ist eine Grundregel der Biologie.« Gegenüber dem Museum steht eine ältere Skulptur, die einen Neandertaler zeigt, wie man ihn sich im 19. und 20. Jahrhundert vorgestellt hat. Tumber Blick, Keule auf dem Boden schleifend. War der Neandertaler wirklich so eine stumpfe Type und vielleicht deshalb dem Homo sapiens unterlegen, der ganz andere sprachliche Fähigkeiten hatte? Weniger verneint und verweist auf ein Gen des Neandertalers, das seine Sprachfähigkeit beweist. Und ein stumpfer Haudrauf war unser Freund aus der Steinzeit auch nicht. Vielmehr ein sehr soziales Wesen.

Jeder in der Gruppe musste helfen, auch Kinder mussten mit auf die Jagd. Unnützes Zeug wurde nicht mitgenommen, es gab keine Gegenstände für das Prestige, keine Statussymbole. Wer der beste Jäger war, konnte nichts auf ein »Konto legen«. Wer Getreide anbaut, kann speichern, wer jagt und sammelt, muss das meiste sofort verzehren. Weniger strahlt und ist begeistert, er redet über den Neandertaler wie über einen sehr guten Freund. »Was macht also der erfolgreiche

Jäger, wenn er keine Gegenstände mit besonderem Prestige erwerben kann? Er verschenkt seine Beute als Gabe auf Gegenseitigkeit. Mit dieser Freigebigkeit erwirbt er sozialen Status und steigert sein Ansehen in der Gruppe ganz ohne dickes Auto oder teure Uhren.«

Der beste Jäger wird so zum Primus inter Pares. Es nutzt aber alles nichts, wenn man der beste Jäger ist und trotzdem zu wenig zum Überleben nach Hause bringt. Der Professor ist überzeugt, dass nicht der Homo sapiens dem Neandertaler den Garaus gemacht hat: »Die Neandertaler sind wahrscheinlich die ersten nachweisbaren Opfer eines Klimawandels.«

Ich schaue zu Daniel hinüber, er scheint keine Fragen mehr zu haben. Wir bedanken uns ganz herzlich bei Professor Weniger für die Zeit, die er sich für uns genommen hat. Langsam schlendern wir vom Museum zu unserem Auto. Wir sind zwar etwas kaputt, haben aber genug im Magen, dank Supermarkt und türkischem Laden. Unser Zu-Fuß-Gehen war eher eine Art Fitnessprogramm, lebensnotwendig ist das Gehen für den modernen Menschen schon lange nicht mehr. Man bewegt sich – das ist das Tagesgeschäft von Daniel –, um fit und schlank zu sein oder es zu werden. Das war vor 40 000 Jahren anders. Jeden Tag sind die Neandertaler auf die Jagd gegangen, mit Betonung auf »gegangen«. 20, 25, 30 Kilometer, wenn man nicht schneller Wildtiere gefunden hat. Und oft genug kamen sie ohne Beute nach Haus, weil es, ganz salopp gesagt, auch den Tieren arschkalt war, zu kalt, um die Steppen rund um das steinzeitliche Mettmann in nennenswerter Zahl zu bevölkern. Wenn ein Jagdgebiet unergiebig erschien, machte man sich auf die Suche nach einem neuen Areal zum Jagen – wenn dort nicht schon eine andere Gruppe unterwegs war. Gehen, um zu jagen, Wanderungsbewegungen, um zu überleben. Für uns ist das Wandern eine nette Freizeitbeschäftigung, für die Neandertaler waren ihre Wanderungen und Jagden täglicher Existenzkampf.

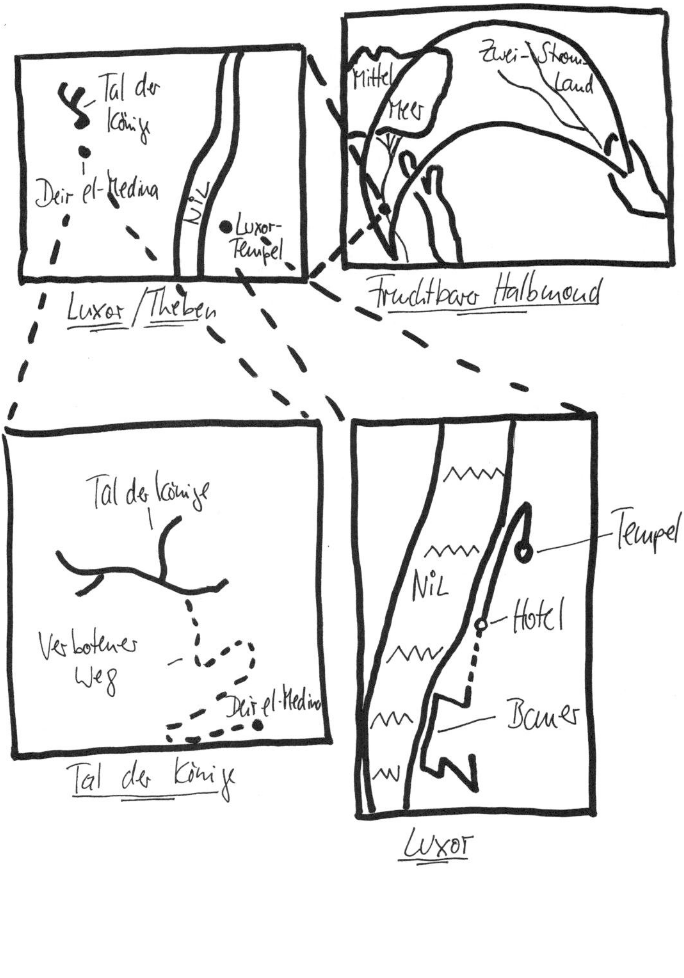
Tal der Könige
Deir el-Medina
Nil
Luxor-Tempel
Luxor / Theben
Mittel Meer
Zwei-Strom-Land
Fruchtbarer Halbmond
Tal der Könige
Verbotener Weg
Deir el-Medina
Tal der Könige
Nil
Tempel
Hotel
Bauer
Luxor

GEH'N WIE EIN ÄGYPTER

30 000 Jahre nach den Neandertalern, also ungefähr 10 000 Jahre vor unserer Zeitrechnung, fassten einige Menschen einen folgenreichen Entschluss. Der Homo sapiens wollte eine Stufe aufsteigen, er gründete die sogenannte Hochkultur. Das Etikett »hoch« wurde natürlich rückblickend durch die Geschichtswissenschaft der letzten beiden Jahrhunderte verliehen. Die Frage ist: Was ist »hoch« an den Hochkulturen? Mit Sicherheit die »hohe« Fähigkeit, Sprache und Schrift verstärkt zur Kommunikation einzusetzen. Ganz entscheidend war die »hohe« Kunst, nicht »nur« wie die Steinzeitmenschen Nahrung zu jagen und zu sammeln, sondern in zunehmender Sesshaftigkeit Ackerbau und Viehzucht zu betreiben. Und mit der Sesshaftigkeit kam die Notwendigkeit, Hoch- und Tiefbau zu intensivieren; da schließt sich der Kreis, die Bezeichnung »Hochkultur« bekommt einen tieferen Sinn. Sesshaftigkeit bedeutete für das Thema »Gehen«: Die Menschen mussten nicht mehr jeden Tag 20 bis 25 Kilometer in ihren Jagdgründen zu Fuß umherziehen, um Nahrung herbeizuschaffen. Der Horizont, der durchschritten werden musste, begann sich auf das Umfeld von Haus, Hof und Feldern zu begrenzen.

Wenn man wissen will, wie das mit den Anfängen der Sesshaftigkeit gewesen sein muss, reist man am besten zum Fruchtbaren Halbmond, einem sichelförmigen Gebiet zwischen Ägypten, der Türkei und dem Zweistromland, dem heutigen Irak. In diesem Areal gab es vor einigen Tausend Jahren die idealen Voraussetzungen, um Ackerbau zu betreiben.

Gleichzeitig handelt es sich um eine Gegend, die aktuell zu den unsichersten auf dem Globus gehört. Wenn man an Syrien, Ägypten, Iran und Irak denkt, fällt einem nicht als Erstes Wandern als Freizeitbeschäftigung ein – der Fruchtbare Halbmond ist zum »Furchtbaren Halbmond« geworden. Kriege, instabile Regionen, Despoten, die gestürzt und durch religiöse Fanatiker ersetzt wurden, die wiederum durch Militärbefehlshaber abgelöst werden. Keine idealen Wanderreiseziele.

Ich fasste vor drei Jahren den Plan, im Irak zu wandern, Ägypten schien mir nach den Unruhen der »Arabellion« zu instabil. Doch dann brachten die Gotteskrieger des IS Terror und Schrecken über Irak und Syrien, und ich änderte meine Pläne. Der westliche Teil des Fruchtbaren Halbmonds kam wieder in meinen Fokus: Ägypten. Nur, wo genau sind sie denn gelaufen, die alten Ägypter? Wo haben sie sich hinter den Pflug gespannt, um die ersten mickrigen Getreideernten einzufahren? Kann es nach Jahrtausenden überhaupt so etwas wie einen halbwegs authentischen und nachvollziehbaren Wegverlauf geben? Ich wurde bei meinen Recherchen am Nil fündig, in Luxor. Luxor ist der moderne arabische Name für die altägyptische Stadt Theben. Übersetzt bedeutet der Name so viel wie »Stadt der Festungen«. Und bei Theben/Luxor findet sich nicht nur das Tal der Könige, sondern auch das einstige Arbeiterdorf Deir el-Medina, zwei Orte, die seit Jahrtausenden durch einen Fußpfad verbunden sind.

Schnell wurde mir bei den Vorbereitungen auf meine Reise klar, dass es sinnvoll wäre, die ägyptischen Wege mit einem ortskundigen Führer zu erkunden. Einer größeren Reisegruppe wollte ich mich nicht anschließen, meine Wanderinteressen waren dafür zu speziell. Im Netz fand ich Nahla als Expertin für Luxor und Umgebung. Nahla führt seit 15 Jahren Touristen, meistens Gruppenreisende aus Europa. Bei meinen Recherchen hatte ich gelesen, die »Arabellion« sei »eine Revolution gegen die Reiseführer« gewesen und seit diesen unruhigen Tagen 2011 stünden pharaonische Sehenswürdigkeiten wie das Tal der Könige quasi touristenfrei herum. Ich wollte mir ein eigenes Bild machen.

Luxor an einem Morgen Anfang Februar. Angenehme 22 Grad, ein leichter Wind haucht über den Nil. Ich bin mit Nahla auf dem Weg nach Deir el-Medina. Am Morgen hatte sie pünktlich zum verabredeten Zeitpunkt mit einem Fahrer vor dem Hotel auf mich gewartet. Die Alternative, vom Hotel aus zu Fuß loszulaufen, hatte sie nicht in Erwägung gezogen. Warum, sollte ich bald sehen. Soweit ich das auf den ersten Blick aus den Fenstern unseres Minibusses sehen kann, ist der Ägypter – wenn ich das so pauschalisieren darf – kein großer Fußgänger. Man fährt viel Motorrad (natürlich nur ohne Helm, Ehrensache), quetscht sich in Minibusse, um dort in den unmöglichsten Körperhaltungen zu schlafen, fährt Auto, nicht ohne zu hupen, egal, ob links oder rechts überholt wird. Gern wird auf Eseln geritten oder werden auf doppelspännigen Eselskarren Hausrat und Waren transportiert, manchmal auch die Ehefrau. Und es gibt erstaunlich viele Wagemutige, die sich mit einem Fahrrad in den Straßenverkehr trauen. Zu Fuß gehen die meisten Ägypter anscheinend nur allerkürzeste Strecken. Meistens quer über die Straße beim schlimmsten Verkehrschaos. Grundregel Nummer eins beim Überqueren einer Straße: Nur nicht auf den Autoverkehr achten oder ihn eines Blickes würdigen. Regel Nummer zwei: Möglichst langsam die Straße queren. Manche sitzen aber auch nur an der Straße, viele mit einer Flinte auf dem Schoß. »Das sind Guards, Sicherheitsleute«, erklärt Nahla, die würden die Dörfer und Felder bewachen, damit kein Strolch eine Kuh oder einen Traktor klaut.

Sicherheit ist ein großes Thema in Ägypten. An vielen Dorfecken sitzen vier, fünf gelangweilte Polizisten und schauen sich den Verkehr und die Welt an. Der Terror ist aber eher an den touristischen Hotspots zu Hause. 1997 wurden 62 Menschen Opfer eines Anschlags im Totentempel der Hatschepsut bei Luxor, im Frühsommer 2015 wurde an den Karnak-Tempeln in Luxor ein neuerlicher Anschlag vereitelt und drei Attentäter getötet. Wie das ja oft ist, wenn man sich in sogenannten Krisenregionen aufhält, verspüre ich seit meiner Ankunft in Ägypten keinerlei Gefühl der Bedrohung.

Wir erreichen unser Ziel, Deir el-Medina, eine Ruinenstadt in der Nähe des Tals der Könige. Dort wohnten ab 1520 v. Chr. die Handwerker und Künstler mit ihren Familien, die in jahrelanger Arbeit die Grabstätten der Pharaonen schufen. In pharaonischer Zeit bezeichnete man das Dorf als Set Ma'at, »Stätte der Wahrheit«. Ein weiser Name, denn die wahrhaftigen Kunstwerke der Pharaonengräber entstanden durch die Menschen, die an diesem Ort lebten.

Das Tal der Könige steht für einen epochalen Umbruch in der Grabgestaltung der Pharaonen. Gräber waren fundamental wichtig für jeden Ägypter, denn ein Grab war das größtmögliche Statussymbol: »Mein Grab, mein Esel, mein Platz in der Gesellschaft« heißt passenderweise das Buch des Ägyptologen Gregor Neunert. Klar, denn die irdische Behausung war temporär, das Grab hingegen die Heimstätte für die Ewigkeit. Zunächst posaunten die Pharaonen von 2566 bis 2184 v. Chr. diesen Ewigkeitsanspruch durch die gigantischen Pyramiden von Gizeh in die Welt hinaus. Vergleichsweise winzige Gräber wurden durch Bauwerke ummantelt, die man sogar vom Weltraum aus recht gut erkennen kann.

Mit Amenophis I. (1525–1504 v. Chr.) verkehrte sich diese eher protzige, neureiche Einstellung radikal in ihr Gegenteil. Dieser Pharao hatte die Idee, die Pharaonengräber im Tal der Könige zu bauen, einem abgelegenen, streng bewachten Hochsicherheitsbereich. Und zu diesem Areal gehörte eine Siedlung für diejenigen, die jahre-, wenn nicht jahrzehntelang an der Ausgestaltung der prachtvollen und bildreichen

Gräber arbeiteten. Durch ihre Tätigkeit an den Gräbern wurden die Arbeiter zu richtigen Geheimdienstlern. Sie durften nicht mit Außenstehenden reden, damit der Ort der Königsgräber nicht bekannt wurde. Gregor Neunert fasst zusammen: »Das gesamte Gebiet der Nekropole (Deir el-Medina) war durch eine Mauer vom Fruchtland abgegrenzt, die eher eine Grenzmarkierung des Areals als eine schützende Befestigung darstellte. Das Areal wurde von einer speziell eingerichteten Polizeitruppe kontrolliert.« Deir el-Medina war »a guarded place«, wie es Nahla ausdrückt, normalen Bürgern war der Zutritt untersagt. Und was die Handwerker und Künstler genau machten, das war ein Geheimnis, dafür sorgte schon die Topografie. Denn von der fruchtbaren Ebene am Nil aus, wo die meisten Ägypter arbeiteten, sah man nur karge rote Felswände. Wenn Deir »a guarded place« war, ist davon auszugehen, dass auch der Arbeitsweg ins Tal der Könige »guarded« war und dort nicht jeder Heinz langgehen durfte. Wie in einem großen goldenen Käfig durften die Arbeiter also nur einen Weg benutzen, den zur Arbeit und wieder zurück.

Es gab 76 Häuser in Deir el-Medina, die Grundmauern sind noch gut erhalten, bis zu 1100 Menschen lebten dort. In den Grundrissen sind die Häuser topmodern, zwei Stockwerke, Schlafzimmer, die gute Stube zum Empfangen von Gästen, eine Küche, eine Art Toilette unter den Stufen zum ersten Stock mit einem genial entwickelten Abwassersystem. Aber das Wichtigste für einen Bewohner, der etwas auf sich hielt in Deir, das Allerwichtigste war eine gescheite Grabstelle. Nahla drückt es so aus: »In Deir el-Medina gibt es Klasse-C-Gräber, die Adligen in Theben konnten sich B-Gräber leisten und die Pharaonen A-Plus-Gräber.«

Man muss sich das so vorstellen: Tagsüber hat der Vater (und manchmal auch der Sohn, sollte er handwerklich begabt gewesen sein) die Grabstätte des aktuell regierenden Ramses hübsch gemacht. Die Arbeiter mussten aber nicht nur das Grab des Pharaos ausgestalten, sondern auch das Grab der Pharaonengattin, die Gräber der Pharaonenkinder, die Gräber der Adligen – die Auftragslage war also extrem gut. Wenn der durchschnittliche Grabarbeiter abends oder in seiner freien Zeit noch etwas Muße hatte, dann bastelte er (quasi im Heimwerkerkeller) an seiner eigenen Grabstätte.

Wir betreten das Grab eines solchen Arbeiters, er hieß Inherka. Das heißt, dass WIR, also Nahla und ich, dort hinuntergehen, ist nicht ganz richtig. Nahla erläutert mir anhand von Postkarten, was ich in der Grabkammer sehen werde. Denn sie dürfe nicht mitgehen, es sei zum einen sehr eng dort unten, und zum anderen würden die Guides immer zu viel reden, und die dabei abgesonderten »Munddämpfe« würden die Farben der Wandmalereien angreifen. Daher sei auch das Fotografieren verboten. Ich verspreche, den Blitz ausgeschaltet zu lassen, aber Nahla ist unbarmherzig, der Fotoapparat bleibt bei ihr. Ich rufe ihr noch zu: »Make a good prize for it«, dann steige ich die extrem enge Stiege hinab. Ein junger, dunkelhäutiger Mann im braunen Burnus empfängt mich in der Grabkammer. Als er hört, dass ich aus Deutschland komme, legt er sofort los. »Football number one is Germany«, sagt der Burnus-Mann in der Grabstätte von Inherka zu mir.

Er erklärt mir alles, was mir Nahla schon über der Erde erklärt hat, nun aber am Original. Er scheint über spezielle »Munddämpfe« zu verfügen, die den Gemälden nichts anhaben können. Das mit den »Munddämpfen« ist natürlich kompletter Unsinn, es geht nur darum, dem Touristen auf möglichst vielen verschachtelten Ebenen ein Extrabakschisch zu entlocken. Ist halt so, sagt Nahla später – »Egyptian tourism is different« – und lächelt dabei.

Am beeindruckendsten ist in der Grabkammer von Inherka sowieso nicht, was mir Nahla darüber erzählt hat und nun der Burnus-Mann wiederkäut, sondern das, was ich sehe. Und es ist alles so nah. Die Gewölbedecke ist komplett bemalt, Inherka scheint neben seiner Tätigkeit am Grabmal von Ramses II. sehr, sehr viel Zeit gehabt zu haben. Ich stehe in diesem niedrigen, im Scheitel kaum zwei Meter messenden Gewölbe und bin mit meiner Nase ungefähr 20 Zentimeter von dem durch keine Plexiglasplatte geschützten Farbauftrag entfernt. Da kann man jeden Pinselstrich erkennen, die Farbe leuchtet, als hätte sie der Burnus-Mann persönlich am Vortag aufgetragen. Zwei Szenen finde ich besonders schön. In der einen malt sich Inherka selbst, wie er die Pforte zur Unterwelt öffnet und mit einem Boot neben einigen Göttern zu Osiris, dem Chef der Unterwelt, übersetzt. Die fünf begleitenden Götter sind so hintereinander gemalt, dass sie fast wie eine Person erscheinen, und das scheint auch das Wesen Ägyptens zu sein. Hinter jeder Tür macht sich eine weitere auf, du denkst, du hast einen Guide, und plötzlich hast du in jeder Grabkammer einen.

Schon am Vorabend, bei meiner Ankunft am Flughafen, erschreckte mich das ein wenig. Es begrüßte mich mit einem Schild, auf dem mein Name stand, ein junger Mann am Gepäckband. So weit, so normal, der Fahrer des Shuttledienstes, der mich zum Hotel bringen sollte, dachte ich. Der führte mich aber nur zu einem Fahrzeug, in dem zwei andere Männer saßen. Der Fahrer und ein gewisser Achmed, der mir im Lauf der Fahrt viele Exkursionen empfehlen sollte. Damit nicht genug, kam ein vierter Mann, der mir den Koffer abnahm und in den Fond des Wagens bugsierte. Vier Mann, um einen einzigen Wanderer an einem Flughafen abzuholen, da wird der Begriff »Dienstleistungsgesellschaft« noch mal ganz neu durchdekliniert.

Aber zurück ins Grabmal von Inherka. Die schönste Szene zeigt, was Inherka und seine Frau (die Gattin ist auf allen Bildern mit dabei, die Liebe scheint überaus groß gewesen zu sein) im Paradies alles so machen. Nicht, was Sie jetzt denken, knick knack, nein, auch keinen Apfel vom Baum kosten, auch kein Leben wie im Schlaraffenland. Inherka, der Topkünstler von Ramses II., mit einem fürstlichen Gehalt ausgestattet (denn alle Bewohner von Deir waren Staatsangestellte, quasi verbeamtete Künstler), dieser Michelangelo der 19. Dynastie, sah sich dereinst im Jenseits als: Bauer. Man sieht ihn, wie er mit seiner Frau sät, man sieht, wie er gigantische Getreidehalme erntet, man sieht vor allem, wie er geht, und zwar geht er hinter einem Ochsen her, der die Erde pflügt. Auf das Thema Ägypten und seinen Kult um die Agrikultur werde ich später noch ausführlich zu sprechen kommen.

Nun möchte ich richtig losgehen, den alltäglichen Arbeitsweg von Deir über den Hügelkamm hinein ins Tal der Könige. Denn wer A sagt, muss auch B sagen, was ich jetzt mal aufs Hieroglyphenalphabet beziehe, da ist das B nämlich ein Fuß, und den beziehungsweise die – wir haben ja schließlich zwei davon – wollen wir jetzt mal bewegen, so wie es die Bewohner von Deir el-Medina auch taten. »Geht nicht«, sagt Nahla trocken. »Wie, geht nicht?«, frage ich entsetzt. Dieser Weg war immerhin der Hauptgrund für mich gewesen, die Reise nach Luxor anzutreten. »Es ist so«, Nahla ist das sichtlich peinlich, »dass die Sicherheitskräfte in Deir el-Medina den Fußweg in das Tal der Könige seit ein paar Tagen gesperrt haben.« Ich hake nach, eher ironisch, ob das etwa aus Sicherheitsgründen verboten sei? Genau, lächelt sie, aus »Sicherheitsgründen«. Man habe festgestellt, dass man als Wanderer auf dem Weg von Deir el-Medina in das Tal der Könige zum Beispiel einen Herzinfarkt bekommen könnte, und daher wolle man erst einmal eine Erste-Hilfe-Station auf dem Hügel installieren, bevor man die Strecke wieder freigebe. Ich schaue sie an, als hätte sie mir gerade versichert, Ramses II. herrsche noch immer über Ägypten. Es ist wahrscheinlicher, beim Überqueren einer Hauptstraße in Ägypten das Zeitliche zu segnen, als auf den vielleicht zwei Kilometern zwischen Deir und dem Tal der Könige einen Unfall zu haben. Viel hat sich bezüglich der Kontrolle der Staatsmacht nicht wirklich geändert in den letzten 3500 Jahren. Ich lasse nicht locker. Nahla verspricht mir, auf der Polizeistation im Tal der Könige zu verhandeln und zu schauen, was möglich ist.

Nachdem wir in Deir el-Medina so ziemlich jeden alten Ziegel angeschaut haben, versuche ich es erneut: »Und wenn wir jetzt einfach den Hügel hochgehen und schauen, was passiert?« Dann könne uns, so Nahla, die Polizei aufgreifen, und dann könne es äußerst unangenehm werden. Eine Nacht in einem ägyptischen Gefängnis wolle ich nicht erleben, das garantiere sie mir. Für das Wandern in den Knast zu wandern, das brauche ich echt nicht. Indiana Jones hätte anders entschieden, aber der hatte ja auch vor nichts Angst, außer vor Schlangen. Wir fahren also mit dem Auto um den Berg herum. Unser Fahrer parkt auf dem ziemlich leeren Parkplatz vor dem Tal der Könige. Ich kaufe mir ein Ticket für die Gräber, und Nahla verhandelt in der örtlichen Polizeistation, ob wir nicht doch den Weg nach Deir el-Medina wandern dürfen. Diplomatie auf höchstem Niveau.

Da ich nun »unbewacht« von meiner Reiseführerin bin, stürzt ein kräftiger Mann in grauem Burnus auf mich zu und möchte mir einen Touristikführer über das Tal in die Hand drücken. Ich habe keine Verwendung für den schmalen Band, aber mit meinem »Nein« wecke ich den Ehrgeiz des guten Mannes. »Where do you come from?«, fragt er. Auf diese Frage antwortet man in Ägypten am besten mit »From outer space«, denn belässt man es bei der Wahrheit, dann haben sie dich beim Wickel. »Oh, Germany«, dann auf Deutsch: »Wundervoll, wie geht ess Ih-nen?« Angeblich gibt es immer einen Freund oder Verwandten, der in Osnabrück, Würzburg oder Hildesheim lebt oder gelebt hat, und schon beginnt die Feilscherei. Bei 100 Ägyptischen Pfund knicke ich ein; es hat vier Minuten gedauert, bis er mich so weit hat. Daran, dass ich jede Menge Zugaben bekomme (ein buntes Lesezeichen für meine Kinder, eine kleine Alabasterpyramide), merke ich, dass ich auf den ursprünglich gebotenen 50 hätte bestehen sollen. Das wären sechs Euro gewesen und halbwegs angemessen. So habe ich dem grauen Burnus-Mann einen schönen Vormittagsverdienst verschafft. Auch Nahla hat fertig verhandelt, ähnlich erfolglos wie ich: Wir dürfen nicht wandern. »Wir versuchen es trotzdem«, sagt sie trotzig. Nun, das gibt mir wenigstens ein wenig den Glauben zurück, dass meine Reiseführerin nicht mit den Wanderverweigerern unter einer Decke steckt.

Nun könnten wir zum Tal der Könige gehen, aber das »Gehen« haben die Ägypter nun mal nicht erfunden. Also kaufe ich für wenige Pfund ein Ticket für einen motorisierten Touristenzug, der uns ganze 350 Meter von der Ticketstation zum Eingang des Tals der Könige fährt. Im Tal der Könige hat man ähnlich wie beim Lotto die Auswahl drei aus sechzehn. Sechzehn Gräber gibt es, drei davon darf man sich anschauen. Nahla rät mir vom Grab des Tutanchamun ab: »Sehr berühmt, aber leider sind die berühmten Sachen nicht mehr im Grab, sondern im Museum.« Und zwar im Museum von Kairo. Ich schaue mir das Grab von Ramses III., Merenptah und Ramses IX. an.

So ein Grabbau funktionierte in der Regel so: Nur wenige Monate nach der Thronbesteigung eines Pharaos wurde mit dem Bau seines Grabes begonnen. Es galt, keine Zeit zu verlieren, denn in den harten Stein Gänge und Räume zu treiben war sehr aufwendig und zeitraubend. Mit dem Tod des Pharaos wurde es hektisch, denn auch ein einbalsamierter und mumifizierter Leichnam hält sich an der frischen Luft nicht ewig. Daher musste – wie bei uns am Bau, wenn die Vertragszeit abläuft – im Akkord das Grab fertiggestellt werden. Die Bauzeit eines Pharaonengrabes war also mehr oder weniger identisch mit der Regierungszeit des Pharaos. Wenn ein Pharao sehr lange regierte, wie zum Beispiel Ramses II., wurden das Tempo der Grabarbeiten und damit die Kosten gedrosselt. So werkelten zu Beginn der Herrschaft von Ramses II. 48 Arbeiter und vier Vorarbeiter an seinem Grab, im Lauf seiner 66-jährigen Regierungszeit waren es dann nur noch 32 Arbeiter. Betriebsbedingte Kündigungen nennt man das.

Wenn man sich das umfangreiche Figurenprogramm in den Gräbern anschaut, fällt auf, dass sich viele Figuren ähneln, auch die Schriften und Hieroglyphen gleichen sich. Die Illustrationen sind keine individuellen Lobpreisungen auf die einzelnen Pharaonen, sondern eher ritualisierte Darstellungen. »Es handelt sich nicht um Kunst im eigentlichen Sinne, es ist eher ein Gebet, ein religiöses Konzept«, erklärt Nahla später. Denn auch im Tal der Könige muss sie leider draußen bleiben, jedes Grab hat seinen eigenen Grabwächter, der gegen ein Bakschisch gern weiterhilft.

Die Grabarchitekten der Pharaonen hatten für die Gräber keinen genauen Plan, es gab keinen übergeordneten Grundriss. Man grub vielmehr immer in die Richtung, wo der Berg am härtesten war, denn dort konnte man die Reliefs am besten in den Stein fräsen. Interessanterweise gab es auch keinen Plan, wie die bereits existierenden Gräber verliefen. So konnte es sein, dass die Arbeiter beim Korridor-oder-Grabkammer-in-den-Berg-Hauen ein Echo hörten. Dann mussten sie schleunigst die Richtung ändern, denn ein Durchbruch zum Nachbargrab wäre ein absolutes No-Go gewesen.

Ich hatte bei der Recherche über die Arbeiterhütten im Tal der Könige und in Deir el-Medina versucht herauszufinden, wo die Arbeiter übernachtet hatten. Die Historikerin Sabine Kubisch behauptet: »Das Dorf (Deir el-Medina) lag nun zwar erheblich näher am Arbeitsplatz der Handwerker, aber für einen täglichen Weg war es dennoch zu weit, sodass es direkt im Tal der Könige eine weitere Arbeitssiedlung gab, die aber nur aus temporären Hütten bestand. Dort zogen die Arbeiter am ersten Tag ihrer Arbeitswoche hin, nach zehn Tagen kehrten sie für das Wochenende wieder heim.« Nahla kann die These von den Arbeiterhütten nicht bestätigen, das wären höchstens Unterstände gewesen, »in denen sie in der Mittagspause eine Tasse Tee tranken«. Liebe Nahla, die haben sich eher ein Bier hinter die Binde gegossen, aber mir leuchtet ein, dass man nicht zusätzliche Übernachtungsmöglichkeiten am Arbeitsplatz geschaffen hätte, wenn der Wohnort der meisten Arbeiter so nahe ist. Vielleicht handelte es sich – und jetzt werde ich zum Interpreten der Ägyptologie – um die Hütten der ganz einfachen Arbeiter, die nicht in die »Künstlerkolonie« von Deir durften und deren Weg in ihre Heimatdörfer zu weit gewesen wäre.

Fakt ist auf jeden Fall, dass es Wege in das Tal gab, zumindest den Weg von Deir el-Medina, und den sind die Ägypter gegangen, zu Fuß gegangen, weil in der Pharaonenzeit keine Autos und Motorräder zur Verfügung standen.

In den hinterlassenen Bildwerken in den Gräbern im Tal der Könige ist die schreitende Fortbewegung die bevorzugte Darstellungsform. Es gibt einige wenige Figuren, zumeist Götter wie Osiris, die sitzen. Ansonsten sehen alle Menschen aus, als würden sie gehen; teilweise sieht man wirklich, wie die Röcke wehen, die die Herren und Herrscher anhaben, das erzeugt den Eindruck von Mobilität, von Vitalität. Die Damen scheinen eher zu stehen, aber das ist laut Nahla ein falscher Eindruck, denn die gehen ebenfalls, wegen ihrer knöchellangen, sauengen Röcke allerdings in Trippelschritten. »Das sind Schritte wie auf dem Catwalk«, erklärt Nahla und lacht. Das Komische ist aber, dass es so aussieht, als würde den Ägyptern ein Kniegelenk fehlen, die Beine sind immer durchgedrückt, sie gehen nicht, sie schreiten mit steifen Beinen wie die Soldaten bei einer Militärparade.

Diesen speziell ägyptischen Gang haben die Bangles in den 1980ern mit »Walk like an Egyptian« besungen, Die Ärzte schufen die geniale Version »Geh'n wie ein Ägypter«:

Ich sah die Sphinx mit erhobenem Kopf mitten in der Wüste steh'n.
Ich habe versucht, genau wie ein Ägypter zu geh'n.
Ich fühl mich einsam, wenn ich allein durch die Wüste gehen muss.
Ich stell mir vor, die Sphinx gibt mir einen Zungenkuss.
Aber eins fand ich ziemlich schwer:
Geh'n wie ein Ägypter.

Das »Geh'n wie ein Ägypter« hat seine Entsprechung in der bildreichen Hieroglyphensprache. Da gibt es zunächst die laufenden Beine.

Sie sind ein Präfix und weisen auf ein Wort hin, das mit Fortbewegung zu tun hat, zum Beispiel »herauskommen«.

Nicht immer kann man Hieroglyphen wie ein Silbenrätsel entschlüsseln, manchmal schon: der Grundriss eines Raumes, ein stilisiertes Auge, Beine. Aus dem Raum herausschauen und losgehen, das ergibt in der Summe eben: herauskommen. Ein anderes Beispiel ist »sich bewegen«.

Wieder die Beine und vor allem ein Tier, das auf den ersten Blick aussieht wie eine Schnecke. Aha, denkt man, wenn der Ägypter sich bewegt, dann tut er dies im Zeitlupentempo, daher auch die durchgedrückten Kniescheiben. Leider eine falsche Interpretation; das Wesen soll eine Hornviper darstellen, und die ist natürlich geschmeidig und wendig.

In den drei Gräbern, für die ich bezahlt habe, habe ich nun alle gehenden Ägypter eingehend studiert, und ich habe jedem Unterguide in den Gräbern ein Bakschisch gegeben. Das Trinkgeld ist mal niedriger, mal höher ausgefallen, je nachdem, ob ich fotografieren durfte oder nicht. Fotografieren ist ja streng verboten, außer es wird von den Grabhütern des Bakschisch erlaubt, und dann bekommen sie auch mehr Geld, als wenn sie »nur« etwas erklären.

Ich treffe Nahla an einem schattigen Platz in ihr Smartphone vertieft. »Sollen wir losgehen?«, frage ich. Sie schaut sich um, nickt. Sie sieht mit ihren luftigen, schicken Espadrilles nicht so aus, als würde sie auf einen felsigen Berg steigen können. Wir wandern auf einem schmalen Pfad bergan. Keine Vegetation, nur Geröll, dazwischen ein paar Verschlusskappen von Plastikwasserflaschen. Es geht ein wenig querfeldein, dann entdecken wir einen ausgebleichten, sandigen Pfad. Das könnte der richtige Weg sein. Doch dann kreuzt ein weiterer Pfad. Welcher Weg darf es denn nun sein?

Ich habe irgendwie den Eindruck, dass Nahla keine geborene Pfadfinderin ist. Die Wegfindung beruht eher auf dem Prinzip »trial and error«. Aber nach einigen Hundert Metern ist klar, dass wir auf den richtigen Weg gesetzt haben, denn unser Pfad schlängelt sich in einem langen Band bis zum Bergkamm rechts unterhalb der höchsten Erhebung hinauf.

Genau hier sind sie also gegangen, die Künstler der Grabkammern, zurück zu ihren Familien nach Deir. Sie werden müde gewesen sein, die Arbeit war mit Sicherheit anstrengend, stundenlang einen Schakalkopf, eine Rockfalte zu meißeln oder auszumalen, in gebückter Haltung, auf einem Gerüst stehend oder sitzend. An was werden sie gedacht haben, als sie den Fußweg nach Deir entlanggegangen sind? An das, was sie am nächsten Tag in der Grabkammer fertigstellen wollten? Oder haben sie insgeheim Pläne gemacht für den Hobbykeller, nämlich ihr eigenes Grab in Deir, wie alles noch farbenfroher und prächtiger (wenn auch im kleineren Maßstab) als beim Pharao werden würde? Oder haben sie an den nächsten Streik gedacht? Auch das gab es in Zeiten, als bei den Pharaonen das Geld knapp wurde. Oder haben sie ganz simpel an den großen Eimer Belohnungsbier gedacht, den sie ausschlürfen würden, sobald sie ihr bewachtes Heimatdomizil erreicht hätten?

Es ist nicht sehr heiß, zwischendurch verschwindet die Sonne, dann kann Nahla ihren grünen Regenschirm zusammenklappen, der ihr als Sonnenschutz dient. Wir werfen einen Blick zurück in das Tal der Könige. Dort läuft ein Grauer-Burnus-Mann, schreit und winkt. »Was will er?«, frage ich. »Er will, dass wir umdrehen. Jetzt ist er hinter einem Felsen verschwunden, lass uns weitergehen.« Meine schlanke Reiseführerin muss allerdings öfter mal eine Pause auf dem Weg nach oben einlegen. Eigentlich macht sie einen sehr fitten Eindruck, atmet nicht sehr schwer. Trotzdem muss alle 20, 30 Meter eine kurze Pause sein. Nun, da werden die Ägypter vor über 3000 Jahren etwas geübter gewesen sein, es war ja immerhin ihr täglicher Arbeitsweg. Es war sogar mitunter die einzige Bewegungsmöglichkeit in ihrem Leben überhaupt, denn das Arbeiterdorf war in gewisser Hinsicht ein Gefängnis.

Nach 25 Minuten sind wir trotz zahlreicher Pausen auf dem Bergkamm angekommen. Dort genießen wir einen fantastischen Fernblick. Im Vordergrund, also im Tal unter uns, liegt Deir el-Medina, unser Ziel, wenn wir es denn erreichen. Dahinter ein breites grünes Band mit bewirtschafteten Feldern, am Horizont das breite Bett des Nils und die Konturen der Stadt Luxor. Und wenn man sich umdreht, liegt das Tal der Könige friedlich unter uns, die Touristen sind nicht einmal ameisengroß, ihre Gespräche schallen nicht zu uns hinauf. Das ist ein 360-Grad-Panorama zum Niederknien, ein touristischer Mega-Hotspot. Das sieht Nahla genauso. »Und, sollen wir jetzt hinunter nach Deir gehen?« Der Pfad liegt malerisch geschwungen vor uns. Nahla schüttelt den Kopf. »Wir werden verhaftet! Für unsere Sicherheit wäre es besser umzudrehen.« Denn man habe ihr nun mal gesagt, dass wir diesen Weg nicht gehen dürften, und wenn wir wie auf dem Präsentierteller unter den Blicken der Polizisten in Deir den Berg herunterkämen, nun, dann würden wir wahrscheinlich wirklich festgenommen.

Beim Abstieg ins Tal der Könige wird mir auf einmal klar, warum der Weg der Arbeiter ein verbotener Weg ist. Es geht um die Kontrolle, wer in das Tal hineingeht, darum, wer Touristen hineinbringen darf und wer nicht, wer ein Ticket löst und sich dazu noch im Basar übers Ohr hauen lässt. Wer einfach zu Fuß über den Hügel in diesen touristischen Hotspot hineingeht, verpasst das Kassenhäuschen. Darauf kommt es wahrscheinlich an.

Nahla ist bergab sehr flink, das kann sie gut. Den Weg in dieser Richtung sind vor ungefähr 3000 Jahren auch einige zwielichtige Gestalten gegangen. Aber eher im Dunkeln und nicht in der Absicht, etwas zu schaffen, sondern etwas wegzuschaffen. Ich hatte immer gedacht, dass Grabräuberei ein Problem der letzten Jahrhunderte gewesen sei. Nein, schon kurz nach Fertigstellung der Gräber wurden sie von Ortskundigen geplündert. Und die Ortskundigsten waren natürlich die Arbeiter aus Deir. Es gibt Gerichtsakten aus dem Jahr 1112 v. Chr., die den Prozess gegen eine Grabräuberbande genauestens protokollieren. Da ist es wieder, das ägyptische Problem mit der Sicherheit. Wir gehen also sozusagen einen Grabräuberweg, wahrscheinlich hatten die Burschen damals Esel dabei, um die Schätze aufzuladen. Die armen Pharaonen hatten so viel Mühe und Geld darauf verwendet, in ihrer letzten Ruhestätte wirklich Ruhe zu finden, aber die ließ man ihnen nur bedingt. Die Mumien selbst verblieben zwar zumeist in den Gräbern und konnten, geschützt in den Sarkophagen, ihre Party in der Unterwelt von Osiris feiern, doch die wertvollen Grabbeigaben verschwanden.

Meine persönliche Wanderparty im Tal der Könige ist alles in allem etwas dürftig ausgefallen. Ich wollte einen zwei Kilometer langen Weg gehen, die Hälfte habe ich geschafft. Etwas mager, aber angesichts der »Sicherheits«-Lage in Ägypten mehr als nichts.

An meinem zweiten Tag in Luxor wende ich mich dem Nil zu. Ich möchte erkunden, ob es eine Art Treidelpfad am Fluss gibt, einen Fußweg am Strom entlang. Denn auch direkt am Nil wurde in der Pharaonenzeit zu Fuß gegangen. Keine aktuell mehr nachvollziehbaren Strecken, aber wie heute zog sich damals ein grünes Band von äußerst fruchtbaren Ackerflächen am Wasser entlang. Der Nil galt im alten Ägypten als eine Art eigenständiges Lebewesen, dem man gut zusprechen und Opfer darbringen musste, damit das jährliche Hochwasser die angrenzenden Felder nicht zu viel, aber auch nicht zu wenig wässerte. Denn das Korn am Nil wuchs auch vor 3500 Jahren nicht von selbst, sondern es war genau dies die Leistung der sesshaft gewordenen Menschen, in harter täglicher Arbeit zu säen, zu pflügen, zu ernten. Und in Ermangelung von landwirtschaftlichen Maschinen musste der Bauer ran, zu Fuß. Nahla holt mich am Tag nach unserer etwas verunglückten Wanderung im Tal der Könige wieder am Hotel ab, mit Fahrer. Wir sind anderthalb Kilometer in südlicher Richtung unterwegs, dann lässt Nahla den Fahrer halten, wir gehen zu Fuß weiter.

Wir marschieren an den Feldern entlang, ein richtiger Weg ist nicht auszumachen. Die Felder gehören zu einem Hof, zwei Hunde schlagen an. Mit erfahrenem Jeder-Wanderer-hat-einen-natürlichen-Respekt-vor-Hunden-Blick checke ich, dass sie angeleint sind. Der Bauer steht in seinem Feld und sät und grinst. Das ist wahrscheinlich das erste Mal in seinem Leben, dass ein Tourist mit Kamera vor dem Bauch durch seine Felder stapft. Ich finde es ja gut, dass er nicht etwa sauer wird, weil wir auf seinem Privateigentum herumstiefeln – ich gehe mal davon aus, dass es sein Privateigentum ist. Zu Zeiten der Pharaonen war das anders, da bestellten die Bauern nicht IHRE Scholle, sondern arbeiteten quasi für die »VEB Korn«, da das Land ausnahmslos den Pharaonen, also dem Staat, gehörte. Unser total entspannter Bauer lächelt und weist uns den Weg zum Nil.

Einige Minuten später können wir den breiten Strom sehen. An den Ufern liegen in Fünferreihen große Fluss-Kreuzfahrtschiffe und dümpeln rostend vor sich hin. Auf einem schmalen Feld zieht ein weiterer Bauer gemächlich seine Bahnen. Er hat sich hinter seinen Ochsen gespannt und geht auf und ab, auf und ab. Gelegentlich hebt er die Hand und treibt das Rindvieh mit einer Art Peitsche an. Er schlägt aber nicht fest zu, der Ochse geht deswegen auch nicht schneller, vielleicht vertreibt der Bauer mit dem Peitschendings auch nur ein paar Fliegen vom Rücken des Ochsen. Es ist ja eine Art Kumpel von ihm, der ihm bei der täglichen Feldarbeit hilft.

Das Bild des Bauern am Nil ist so großartig, weil es auf einen häufigen Bildtopos der Gräber im Tal der Könige verweist. Nehmen wir zum Beispiel Ramses II., der größte Pharao von allen mit der längsten Regierungszeit (66 Jahre), den meisten Frauen (52 – wie hat er die bloß alle auseinandergehalten?) und den meisten Söhnen (93, schändlich, dass die Anzahl der Töchter nicht überliefert ist). Dieser Ramses II. stellt sich nun vor, wie es dereinst im Paradies sein wird, und lässt sich auf den Bildleisten in seinem Grab hinter einem Ochsenpflug gehend bei der Feldarbeit darstellen. Egal, ob der Pharao oder der Künstler Inherka: Sie alle träumen von einem Ackerjob im Jenseits, das ist die ultimative Lobpreisung der Sesshaftigkeit.

Aber woher kommt diese geradezu besessene Fixierung auf die Sesshaftigkeit? Was ist so toll daran, stumpf hinter einem Ochsen herzulatschen, anstatt als freier Mensch zu jagen und zu sammeln? Was war so attraktiv daran, sein tägliches Brot zu erwirtschaften? Oder könnte etwas anderes dahinterstecken?

Der emeritierte Münchener Biologe Dr. Reichholf hat sich intensive Gedanken darüber gemacht, warum der Mensch sesshaft wurde. Seine Grundüberlegung: Der Ackerbau hat sich in einem vergleichsweise kleinen Gebiet der Welt zwischen dem Nil im Westen und dem Tigris im Osten durchgesetzt. Nun war dieser Fruchtbare Halbmond vor einigen Tausend Jahren wahrlich keine »Hungersenke«, es gab – im Unterschied zu den Zeiten des Neandertalers – ein Überangebot an jagbaren Tieren und an Früchten, das reinste Schlaraffenland für Jäger und Sammler. Es muss einen guten Grund gegeben haben, dieses freie, wilde Leben aufzugeben und sich der Landwirtschaft zuzuwenden.

Wobei man sich die Sesshaftwerdung natürlich als Prozess vorstellen muss. Es haben nicht Zehntausende Ägypter und Sumerer gleichzeitig gesagt: Ab morgen sind wir Ackerbauern. Zunächst war das nur ein »Nebenerwerb«, denn Dr. Reichholf rechnet vor, dass eine Großfamilie fünf Tonnen Getreide im Jahr gebraucht hätte, um ihren Grundbedarf an Kalorien zu decken. Zu Recht fragt der Biologe: »Wer sollte solche Mengen wo gesammelt haben?« Ohne halbwegs moderne Methoden der Landwirtschaft waren diese Erntemengen absolut nicht zu realisieren. Doch die frühen Sesshaften waren nicht dumm, denn sie hatten schnell erkannt, dass man selbst mit kleinen Mengen Getreide Spaß haben kann, sehr, sehr großen Spaß sogar. Wirft man etwas Getreide, Weizen oder Gerste, egal, in einen Wasserkrug und lässt das Ganze einige Wochen gären, hat man ein schönes erfrischendes und vor allem berauschendes Bier. Und dafür lohnt es sich schon, die Mühen des Ackerbaus auf sich zu nehmen. Das Feierabend-Bierchen lockt: Ein Prosit auf die Sesshaftigkeit!

Man muss sich den Biergenuss vor Tausenden von Jahren sehr archaisch vorstellen, sagen wir mal ballermannesk. Im Buch von Herrn Reichholf ist eine wunderbare Steinplatte abgebildet, auf der sich einige Sumerer um einen Bierbottich scharen und mit langen Strohhalmen den Gerstensaft heraussaugen. Bier war das entscheidende Argument für Sesshaftigkeit. Diese These ist meiner Ansicht nach nicht an den Haaren herbeigezogen, denn es gibt zahlreiche Belege, wie wichtig der Braustoff für die ägyptische Gesellschaft war, zum Beispiel die schöne Opferformel, die in fast allen Gräbern zu lesen ist: »Gib tausend an Brot, gib tausend an Bier«. Nicht Brot und Salz, Gott erhalt's, sondern: »Brot und Bier, das gönn' ich mir…« Bier war die legale ägyptische Glücksdroge, quasi die Lebensgrundlage für einen ausgeglichenen Gefühlshaushalt. In einem ägyptischen Liebeslied heißt es: »Küsse ich sie, und ihr Mund ist dabei geöffnet, so bin ich fröhlich, sogar ohne Bier.« Alter Ägypter, fröhlich ohne Bier, geht das überhaupt?

Die Ägyptologin Sabine Kubisch konstatiert, »dass alle Ägypter, vom einfachen Bauern bis hin zum höchsten Beamten, hauptsächlich von Brot und Bier lebten«. Und »da man Geld im pharaonischen Ägypten nicht kannte, bestand die Bezahlung der Arbeiter ... zum größten Anteil aus Brot und Bier«.

»Es gab Dattelbier, Johannisbrotbaumbier, Mohnbier. Letzten Endes setzte sich jedoch das Bier aus Gerstenmalz durch.« Das ägyptische Bier war dunkel, dickflüssig, süßlich, reich an Schwebstoffen, und man trank es wie die Sumerer mit einem Strohhalm aus Krügen und Schalen. Kühlungsprobleme wie im Mittelalter gab es nicht, weil sich jeder Haushalt sein Bier selbst braute. Grundlage waren halb durchgebackene Teigfladen, die in Wasser aufgeweicht wurden. Viele Umdrehungen hatte das Bier wohl nicht, zwischen 0,5 und 2,0 Prozent Alkohol. Dadurch erklären sich die enormen Mengen an Bier (bis zu 10 Liter pro Tag), die Bauarbeitern, Soldaten und anderen »Angestellten« des Staates als Lohn zustanden.

Man kann Hieroglyphen als Buchstaben lesen, dann kommt bei der Abbildung für »Bier« das Wort »HNQ.T.« heraus. Am Tresen »noch ein HNQ.T.« zu bestellen, kommt uns Mitteleuropäern nicht so leicht über die Lippen. Man kann aber auch die einzelnen Buchstaben in Bezug auf die Bierherstellung lesen. Das H ist ein Öldocht, klar, keiner will im Dunkeln trinken. Das N sind gezackte Wellen, auch verständlich, ohne Wasser kann man nicht brauen. Am Hügel (Q) wächst das Getreide und wird zu Brotfladen (T) gebacken, die man in einem Krug aufweicht. Altägyptisch für Anfänger.

Der Bauer, der hinter dem Ochsen im Ägypten der Jetztzeit herschlurft, sieht nicht danach aus, als wäre sein Antrieb übergroßer Bierdurst. Da hat sich in den Trinkgewohnheiten der Ägypter über die Jahrtausende Entscheidendes geändert. Jenseits seines Feldes gelangen wir an einen Seitenarm des Nils mit vorgelagerter Insel. Ein relativ breiter Fußweg führt uns einen guten Kilometer am Nil entlang. In der Ferne sind große Schiffe zu sehen. Vielleicht ist vor ungefähr 3500 oder 4000 oder 5000 Jahren auch einer der vielen Pharaonen mit seiner Frau, seinem Gefolge und vor allem den Priestern genau hier am Fluss entlanggegangen. Damals wurde jährlich ein Nilfest gefeiert. Bis zur 6. Dynastie (vor 4300 Jahren) wurde eine Jungfrau – später eine Puppe – in den Nil geworfen. Der Grund: Der Nil sollte guten Sex mit der Jungfrau haben und sich vermehren, sprich: viel Wasser führen. Schöne Überschwemmungen brauchte man jedes Jahr, denn ohne Überschwemmungen keine fruchtbaren Böden, ohne fruchtbare Böden keine gute Ernte, ohne gute Ernte nicht genug Bier. Eine Überschwemmung war nur dann schön, wenn sie einen guten Mittelweg fand. Zu wenig Wasser konnte für die Ernte ebenso schädlich sein wie zu viel. Daher ging auch der Pharao zu Fuß zum wichtigsten Fluss der Welt, um ihm zu opfern. Ich überlege, was ich ins Wasser werfen könnte. »Bitte nicht mich«, sagt Nahla. Keine Sorge. Aber eine Münze in den Nil zu werfen ist irgendwie albern. Bin weder Pharao noch Ägypter, also brauche ich dem Nil gar nichts zu opfern.

Immer noch sind die Gestade des Nils äußerst fruchtbar, so fruchtbar, dass dreimal im Jahr geerntet werden kann, mit unterschiedlichen Fruchtfolgen. Ich bin im Februar in Luxor, das ist keine Getreidezeit, wir sehen Frühlingszwiebeln, Zuckerrohr, Bananen, Orangen. Die Felder sind von einem ausgeklügelten Kanal- und Bewässerungssystem durchzogen. In so einem Kanal kann aber auch mal eine tote Kuh liegen, trinken sollte man das Wasser also besser nicht.

Zurück in Luxor, verabschiede ich mich am Hotel von Nahla. Obwohl das mit der Wanderung im Tal der Könige nicht geklappt hat, war sie mir eine große Hilfe. Ich kann ihre Kenntnisse und Guide-Qualitäten nur loben. Also, wenn es die Sicherheitslage erlaubt, fahren Sie nach Ägypten, und lassen Sie sich von Nahla die Schätze von Luxor zeigen.

Obwohl Bier in einem islamisch geprägten Land nicht das bevorzugte Getränk der Bevölkerung ist, trinke ich im Hotel nach meiner kurzen Nilwanderung ein Bier namens Luxor. Leider wird es nicht in Luxor gebraut, sondern in El-Gouna am Roten Meer auf der südlichen Sinaihalbinsel. Das ungefilterte »Wheat Beer« passt immerhin halbwegs zu der unfiltrierten Biersuppe, die die alten Ägypter geschlürft haben. Und es schmeckt noch mal so gut in dem Bewusstsein, mich langsam in eine sozusagen altägyptische Fröhlichkeit zu trinken.

Nach einem weiteren Belohnungsbier mache ich mich auf eigene Faust auf den Weg, für einen letzten Spaziergang durch die Stadt, immer am Nil entlang zum Luxor-Tempel. Einfach wird einem ein solcher Spaziergang nicht gemacht, denn alle Ägypter am Straßenrand scheinen es sich in den Kopf gesetzt zu haben, mich am Gehen zu hindern. »Calash, calash!«, rufen sie im Dutzend und wollen, dass ich in einer der bunt-kitschig verzierten Pferdekutschen eine Stadtrundfahrt absolviere. »Taxi, Taxi«, lautet ein vergleichbares Angebot, nur mit deutlich mehr Pferdestärken. Und als ich die Uferpromenade erreiche, kommen noch die Jungs dazu, die sich und ihre Boote als Transportmittel anbieten. »Sir, come on my boat, I'm Captain Ali!«

Sie laufen neben mir her, fragen, woher ich komme, lassen nicht locker. Ich weiß nicht, wie ich mit diesen Avancen umgehen soll. Soll ich sie einfach ignorieren? Freundlich immer wieder »Nein, danke« sagen? Erfahrungsgemäß werden die Jungs dann noch hartnäckiger. Ich versuche es mit einer Erklärung: »I don't want a calash, I don't want a taxi, I don't want a boat, I want to make a little walk.« – »Oho, walk like an Egyptian?«, fragt mich ein junger Bootsführer spöttisch. Irgendwie fühle ich mich durchschaut.

Inzwischen, ich bin an die zwei Kilometer gegangen, machen sich die zwei ungefilterten Luxor-Biere bemerkbar. Aber ich sehe keine öffentliche Toilette, kein Restaurant, in dem ich mal schnell verschwinden könnte. Zum Glück kommt der Luxor-Tempel in Sichtweite. Da wird es doch im Eingangsbereich bestimmt die öffentliche Einrichtung geben, die ich dringend herbeisehne. Nur, wo ist der Eingangsbereich? Eine bunte Kutsche fährt im Schritttempo neben mir her. »Calash, calash!« Nein! Toilette, Toilette! Ich frage einen Polizisten, wo der Eingang zu diesem riesigen Tempelgelände ist. Auf der anderen Seite, sagt er, der dem Nil abgewandten. Na super, dann muss ich einmal um das Gelände herumlaufen, ein Gebiet, so groß wie zehn Fußballfelder. Mein Problem wird immer dringender. Ich würde mich ja mit einer Kutsche zur Toilette fahren lassen, habe jedoch Angst, dass das Gerüttel und Geschaukel für ein großes Unglück sorgen könnte. Ich gehe an einer Art Basar entlang, linker Hand eine lang gestreckte Mauer. Soll ich dort…? Aber in einem Land, in dem fast alle Frauen sich verschleiern, kann ich nicht einfach gegen eine Wand pinkeln, da lande ich direkt im Gefängnis. Jetzt weiß ich, warum die Männer alle einen Burnus tragen, der ist im Fall des Falles eine Art Sichtschutz, ein Privatzelt, das man immer mit sich führt.

Ich suche die Geschäfte am Straßenrand ab. Juwelier, Elektroladen, Gemüsegeschäft, hilft mir alles nicht weiter. Hotel Susanna? Da gehe ich jetzt rein. Der Rezeptionist versteht erst gar nicht, dann aber sehr gut, wohin ich will. Erleichterung pur. Das war meine härteste Wanderung in Ägypten. Nach dem Besuch der Keramikabteilung im Hotel Susanna kann ich den Luxor-Tempel mit seinen gigantischen schreitenden Pharaonenskulpturen genießen. Und danach lasse ich mich sogar mit einer Kalesche zurück zum Hotel fahren. »It's for the horse, please, no customers, please take my calash, I buy some food for the horse«, hatte der Kutscher zuvor gebettelt. Die Mitleidsnummer also, aber es stimmt ja, es sind viel zu wenige Touristen in Luxor für all die Kutschenfahrer, Taxifahrer, Bootsfahrer. Werden irgendwann wieder mehr kommen, und wenn ja, werden sie sich auf die Straße trauen, wenn sie durch diese aufdringlichen Werber belästigt werden? Es ist eine abschreckende Art des Kundenfangs, gehört aber am Nil eben dazu.

Beim Abendessen im Hotel blicke ich in relaxter Stimmung auf den Nil. Die Weidenschilfstöcke biegen sich im frischen Wind, das ist das richtige Wetter, damit ein Moses im Körbchen an die Gestade des Nils geschwemmt wird. Riesenausflugsschiffe gleiten vorbei, und ich ziehe ein Fazit meiner kurzen Reise in das Ägypten von heute und das Ägypten der Pharaonen. Fakt ist, dass ich noch nie so weit weggefahren bin, um zu wandern, und dann im Endeffekt so wenig gewandert bin. Trotzdem kann ich nur jedem raten, nach Ägypten zu fahren, sofern es die Sicherheitslage erlaubt. So nah kommt man an derart alte künstlerische Zeugnisse nirgendwo sonst heran. Und so sonnensicher ist das Wetter auch fast nirgendwo. Und so preiswert ist es im Vergleich zum gebotenen Komfort auch fast nirgendwo. Und nirgendwo machen Sie die Menschen so glücklich, wenn Sie in ihr Land reisen.

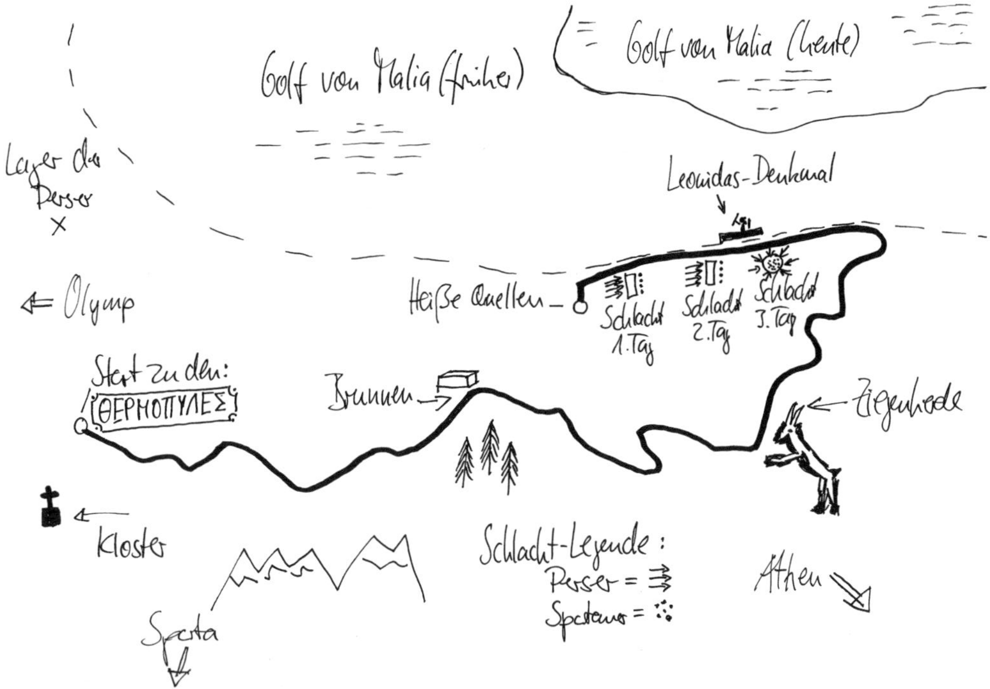

Golf von Malia (früher)
Golf von Malia (heute)
Lager der Perser
Leonidas-Denkmal
Olymp
Heiße Quellen
Schlacht 1. Tag
Schlacht 2. Tag
Schlacht 3. Tag
Start zu den:
ΘΕΡΜΟΠΥΛΕΣ
Brunnen
Ziegenherde
Kloster
Schlacht-Legende:
Perser =
Spartaner =
Athen
Sparta

480 v. Chr.

AUF DEM PFAD DES VERRÄTERS EPHIALTES

Bei meinen Reisen in die Vergangenheit wandert stets der Zweifel mit, ob die Wege, die ich benutze, wirklich historisch sind. Zumeist sind Verkehrswege noch vergänglicher als die Menschen, die sie einst benutzten, doch teilweise sind sie erstaunlich authentisch. Bei den Römerwegen in späteren Kapiteln wird das beispielsweise so sein, und auch in Griechenland bin ich auf einen (fast) authentischen Pfad gestoßen, einen Weg, der Weltgeschichte schrieb.

Anfang August 480 v. Chr., die Perser sind mit einem riesigen Heer (laut Herodot fünf Millionen Soldaten, wahrscheinlich eher 50 000) an der griechischen Küste unterwegs. Ziel ist natürlich kein Badeurlaub, vielmehr wollen sie das persische Imperium erweitern. An den heißen Quellen, den Thermopylen, einer engen Wegstelle zwischen Felsen und Meer, stellen sich den Invasoren einige griechische Soldaten entgegen, unter anderem aus Arkadien, Korinth und Sparta. Insgesamt geht man von etwa 5000 Kämpfern auf griechischer Seite aus, aber speziell die 300 Spartaner sind in die Geschichte eingegangen.

Der Preis für die interessanteste Nebenrolle in dieser Geschichte ist für Ephialtes reserviert, einen griechischen Verräter, der den persischen Elitetruppen, nachdem diese vergeblich in Wellen gegen die spartanische Verteidigungsmauer angerannt waren, die Lösung wies: Ephialtes zeigte den Persern einen Ziegenpfad, der es den Usurpatoren gestattete, den Spartanern wortwörtlich in den Rücken zu fallen – das war der Todesstoß für die 300 und ihre Alliierten.

Die Perser zogen nach dieser Schlacht ungerührt weiter und wurden von den Athenern erst in Marathon und Salamis gestoppt, quasi eine defensive Salamitaktik der Griechen. Die Perser hatten zwar die Schlacht an den Thermopylen gewonnen, aber der Mythos der 300 hat im Lauf der letzten 2500 Jahre die Spartaner zu den moralischen Siegern gemacht. Ich hatte mir 2007, als der Film »300« mit ziemlichem Erfolg in den Kinos lief, diesen Streifen nicht angesehen. Aus sozusagen wanderhistorischem, quasi wissenschaftlichem Interesse habe ich ihn mir schließlich an zwei Abenden hintereinander in zwei Hälften angeschaut, durchgehend hätte ich das nicht ausgehalten.

Was soll man resümieren: »300« ist ein widerliches Gewaltepos mit nicht mal unterschwelligem faschistischem Gedankengut und leichten Softporno-Einsprengseln, ein echter Qualitätsfilm also. Der Held Leonidas, König und Anführer der 300, und alle Spartaner mit ihm sind mir schon nach wenigen Minuten derart unsympathisch, dass ich zu 100 Prozent aufseiten der Perser bin und bereits vor seinem großen Auftritt dem persischen König Xerxes alles Gute für den Sieg wünsche.

Fragen der (Fuß-)Mobilität spielen im Film durchaus eine Rolle. Während der durchschnittliche Spartaner ziemlich spartanisch zu Fuß geht, werden Xerxes und seine Subalternen in riesigen Fantasy-Fahrzeugen von Sklaven gezogen. Ich möchte einen Dialog zu Beginn des Films wiedergeben. Ein (natürlich unsympathischer, weil verweichlichter) Athener möchte wissen, ob die 300 Spartaner sich zu den Thermopylen aufmachen. Der unsympathische Athener fragt: »Wohin GEHT ihr?« König Leonidas antwortet: »Ich mache hier nur einen SPAZIERGANG, vertrete mir die Beine – und diese Männer sind meine Leibwache, das Heer bleibt in Sparta.« – »Und wohin SPAZIERST du?« – »Wir gehen Richtung Norden.« Später eine dräuende Stimme aus dem

Off: »Wir MARSCHIEREN für unser Land, für unsere Familien – wir marschieren.« Das manifestiert einen jahrtausendealten Unterschied zwischen dem müßigen und dem geschäftsmäßigen, zumeist kriegerischen Gehen: spazieren und marschieren. Wer spaziert, ist ein Schlenderer, ein Müßiggänger, ein Flaneur. Wer hingegen marschiert, hat Mut, eine Mission, ist ein richtiger Mann. Der Neandertaler jagte zu Fuß, um zu überleben, in Ägypten gingen die Künstler und die Bauern auf ihren ausgetretenen Pfaden, aber immer öfter wurden Wege zu Heerstraßen.

Zu Beginn meiner Recherche hatte ich noch ganz naiv gedacht, ich müsse nach Sparta fahren und in der Umgebung dieser Stadt wandern, um in die Geschichte der »300« einzutauchen. Der Eingangssatz des Schiller-Gedichts mit dem schönen Namen »Der Spaziergang« ist zum geflügelten Wort geworden: »Wanderer, kommst du nach Sparta …« Aber wie geht das Gedicht überhaupt weiter? »Wanderer, kommst du nach Sparta, verkündige dorten (Mensch, Schiller, das Wort ›dorten‹ hätte mir mein Deutschlehrer aber mit Sicherheit angestrichen), Du habest uns hier liegen gesehen, wie es das Gesetz befahl.« In Sparta selbst sollte nämlich laut Schiller dieser 300 »nur« gedacht werden, die eigentliche Schlacht fand 400 Marschkilometer von Sparta entfernt an den Thermopylen statt. Schiller hätte also eigentlich dichten müssen: »Wanderer, kommst du zu den Thermopylen …«, das kommt aber vom Versmaß überhaupt nicht hin. Auch nicht mit dem Wort »dorten«.

Ich änderte also meinen Plan, wollte nicht mehr in und um Sparta wandern, sondern am Ort des Geschehens. Ich wollte den historischen Pfad finden und erwandern, auf dem Ephialtes die Perser zum Sieg geführt hatte. Ich besorgte mir eine Karte des Kalliopeia-Gebirges, 200 Kilometer nordwestlich von Athen gelegen. Im Internet fand ich mindestens drei verschiedene Wegvarianten für den historisch korrekten Weg. Ich überlegte, dass es besser sei, nicht auf eigene Faust loszugehen, sondern einen Wanderführer zu haben, einen modernen Ephialtes, der mir den Weg weist. Diesen Plan umzusetzen war schwieriger als gedacht. Ich versuchte es über Reiseveranstalter, die Wanderreisen anbieten, ich versuchte es über die griechische Tourismuszentrale in Frankfurt, die mir den Kontakt zu einem regionalen Wanderführer gab. Ich schrieb dem guten Mann mehrere Mails, bekam aber keine Antwort. Könnte es an einer generellen griechischen Antipathie gegenüber den Besserwisser-Deutschen liegen? Oder sind die Griechen bis heute so traumatisiert durch ihren Verräter Ephialtes, dass niemand in seine Fußstapfen treten möchte?

Ich habe mich schon auf eigene Faust in den Osterferien mit dem Auto Richtung Griechenland aufgemacht, als mich auf dem Balkan eine E-Mail von Loukas Pratilas erreicht. Sorry, er sei viel unterwegs gewesen, und wenn ich noch wolle, könne er mir übermorgen den Ephialtes-Pfad zeigen. Bingo, genauso machen wir das! Wir treffen uns am Gründonnerstag an den Thermopylen, wo sonst. An dieser ehemaligen Meerenge toste früher das Meer, in den letzten zweieinhalb Jahrtausenden ist aber fast alles versandet; der Golf von Malia hat sich dramatisch minimiert. Der Sand wurde nicht vom Meeresgrund herangeschwemmt, sondern aus dem Kalliopeia-Gebirge durch den Fluss Asopos. Eine dramatische Engstelle wie zu Zeiten der 300 ist also gar nicht mehr vorhanden. Wir sehen uns die heißen Quellen an. An einer aufgegebenen Tankstelle geht es in eine Stichstraße hinein Richtung Felsenmeer. Ich fühle mich wie in einem amerikanischen Roadmovie. Aber so schäbig es an der Straße aussieht, an den Thermopylen selbst ist es sehr idyllisch, bis auf den Müll am Straßenrand. In Kaskaden stürzt ein Wasserfall herab, alles ist grün, bewaldete Berge, Pinien. Und es stinkt – und zwar extrem. Nach Großfurz, sprich Schwefel. Ein Grieche badet in den heißen Quellen, dann kommen zwei Autos mit Badefreaks. Loukas und ich haben keine Badehose eingeplant, außerdem warnt mein Wanderführer: »Das ist ganz schön heiß da drin, da hat man sich schnell verbrüht.« In Deutschland würde man um diese heißen Quellen herum ein ganzes Kur- und Heilbad aufbauen, Bad Thermopylhausen oder so.

Mit dem Minibus von Loukas fahren wir zu dem früheren Dorf Trachina, ungefähr zehn Kilometer westlich der Thermopylen, bei dem die Perser campierten. Nur noch drei, vier Steinblöcke lassen Reste eines zivilisierten Lebens erahnen. Ich sehe kein Hinweisschild auf diesen historischen Platz. »Bei uns in Griechenland liegen so viele antike Steine herum«, sagt Loukas, »da kommt keiner mehr hinterher, die alle zu kennzeichnen.« Wenn wir wie dereinst Ephialtes und die persischen Krieger von Trachina loslaufen wollten, müssten wir über eine stark befahrene Landstraße Richtung Delphi wandern. Man braucht wahrlich kein Orakel, um zu prophezeien, dass so ein Weg überhaupt keinen Spaß machen würde. Also fahren wir wenige Kilometer bergan mit dem Auto, das wir unterhalb des Klosters Damasta abstellen. Ich schalte mein GPS-Gerät ein, wir befinden uns auf 580 Höhenmeter. Ein Schild in griechischer Schrift weist den Weg. Mit Mühe entziffere ich ΘΕΡΜΟΠΥΛΕΣ als »Thermopylen«. Erster Gedanke: Warum gibt es keinen Hinweis in lateinischer Schrift, zum Beispiel auf Englisch? Zweiter Gedanke: Steht an den Wanderwegen im – sagen wir mal – Schwarzwald irgendwo ein Hinweisschild auf Griechisch?

Der Weg heißt offiziell »Anopaia-Pfad«, das bedeutet übersetzt »Der Weg, den man nicht sehen kann«. Das hört sich ja fast indianisch-mystisch an, allerdings habe ich die Hoffnung, dass ich eine Menge sehen kann. Man kann zu dem Wanderweg auch der Einfachheit halber Ephialtes-Pfad sagen, wie es die Griechen tun. Loukas organisiert jedes Jahr einen Volkslauf auf dem Ephialtes-Pfad. Es dürfen maximal 300 (natürlich!) Läufer daran teilnehmen, der schnellste ist ungefähr anderthalb Stunden, der langsamste vier Stunden unterwegs. Wir werden uns mehr Zeit lassen: Die Wanderdauer auf dem Ephialtes-Pfad ist mit fünfeinhalb Stunden angegeben.

Die Organisation dieses Laufs ist eine der unzähligen Aktivitäten meines Wanderführers. Loukas ist ein Mann, auf den der Werbeslogan »Draußen zu Hause« 100-prozentig passt. Er hat vor ein paar Jahren mit zwei Kumpels die Firma Nature in Action gegründet. Sie bieten an: Wandern, Rafting, Bergsteigen, Klettern und so weiter. Seine Kunden sind zur Hälfte Ausländer, die seine Dienste über größere Reisefirmen in Anspruch nehmen, und zur Hälfte Griechen, die ihn buchen, weil Loukas in Griechenland eine kleine Outdoorberühmtheit ist, ein landesbekannter Bergsteiger. Er ist der Reinhold Messner von Hellas, nur ist sein Bart schwärzer. Er ist im Himalaja Skitouren gegangen und hat in Griechenland für Schlagzeilen gesorgt, als er 2011 das komplette Land in nur 29 Tagen auf Naturpfaden joggend durchquerte. 50 Kilometer und 2000 Höhenmeter pro Tag. Ich bin beeindruckt und vergleiche seine Leistung mit der legendären USA-Durchquerung der Filmfigur Forrest Gump. Er lacht, »stimmt schon, ich bin auch ein wenig verrückt«. Die Firma Nature in Action führt er mittlerweile allein, schuld ist die griechische Wirtschaftskrise. Die Ausländer kommen immer noch zahlreich, nur gibt es immer weniger Griechen, die sich die Outdoortrips leisten können, die Loukas anbietet. 40-mal pro Jahr wandert er ungefähr auf dem Ephialtes-Pfad, 20-mal im Jahr ist er auf dem Olymp, Loukas ist ein wahrhaftiger Wander-Herkules.

Loukas meint, die meisten Griechen würden sich gar nicht für ihre antike Geschichte interessieren, dafür sei der griechische Staat noch nicht gefestigt genug. Das irritiert mich ein wenig, ich hake nach. Loukas rekapituliert im Schnelldurchlauf die bewegte und vor allem fremdbestimmte Geschichte Hellas der letzten 600 Jahre. Erst besetzten die Türken das Land, dann kam vor knapp 200 Jahren der bayrische König Otto, im letzten Jahrhundert die beiden Weltkriege, eine Militärdiktatur, seit 40 Jahren ein demokratischer Staat, der aber seit Jahren mit den gravierenden Folgen der Euro-Krise zu kämpfen hat. Die *FAZ* resümiert: »Ein Volk wurde aus dem Mittelalter in die Moderne katapultiert und ist noch immer nicht ganz angekommen.« Vielleicht spüren die Griechen auch, dass die alten Schlachten zwar auf ihrem Gebiet geschlagen wurden, dass aber das antike Griechenland (das es ja als Staatsform nicht gegeben hat, es war eher so eine Art NATO) nicht mehr das Geringste mit den Menschen zu tun hat, die heute in Hellas leben. Der Österreicher Jakob Philipp Fallmerayer hatte schon vor 200 Jahren festgestellt, dass »die Hellenen im Mittelalter ausgestorben und die heutigen Griechen Abkömmlinge albanischer und slawischer Einwanderer sind«. Ein Volk in der permanenten Identitätskrise. Dazu passt, dass sich in der Spätantike die Griechen »Römer« nannten. Das nenne ich gespaltene Persönlichkeit.

Wir wandern zuerst über breitere Forststraßen, dann über schmale Gebirgspfade, die steil in die Berge hineinführen. Verlaufen ist quasi unmöglich. »So gut wie in diesem Jahr war der Weg noch nie markiert«, sagt Loukas. Das Wegzeichen ist ein blutrotes Rechteck, rot wie das vergossene Blut der Spartaner, denke ich mir, weil in Griechenland alles eine Bedeutung zu haben scheint. Die Markierungen hat nicht Loukas, sondern haben die Freiwilligen vom Alpin-Club der benachbarten Stadt Lamia angebracht. »Alpin-Club«, das kommt Loukas nur mit Verachtung über die Lippen, denn was wäre bitte schön an diesem Pfad alpin? Nun gut, mich erinnern zum Beispiel die ausgedehnten Wiesenflächen am Wegesrand ein bisschen an Hochalmen. Fehlen nur die Kuhglocken, aber die sollen wir später noch zu hören bekommen.

Als Loukas herausfindet, dass ich als Wanderreisender schon ein wenig herumgekommen bin, möchte er wissen, wo meiner Meinung nach der Ephialtes-Pfad in einem fiktiven Ranking der europäischen Wege steht. Ganz weit oben, versichere ich, bestimmt 90 von 100 möglichen Punkten. Der Weg ist sehr naturnah, hat einen hohen Pfadanteil, spektakuläre Aussichten auf die umliegende Bergwelt, sehr abwechslungsreiche Wegführung. Schade, dass die Perser mit ihrem Verräterführer Ephialtes in der Nacht durchgetapert sind, da haben sie ja so gut wie nichts gesehen. Und leider sieht man im Film »300« nichts vom Marsch der Perser auf dem Ziegenpfad, so eine Wanderung ist ja auch ziemlich undramatisch. Aber die Perser können durch die Entdeckung des Wanderwegs die 300 Spartaner schlagen. Die Moral von der Geschicht': Wahre Männer kämpfen Auge in Auge an breiten Wegpassagen, schmale Ziegenpfade werden von Verrätern und In-den-Rücken-Fallern benutzt.

Schauen wir uns Verräter Ephialtes von Trachis mal genauer an. Im Epos »300« ist er der Klassennerd, will ursprünglich aufseiten der Spartaner gegen die Perser kämpfen, aber dann wären es ja 301 und der Titel des Films im Eimer gewesen. Der Film-Ephialtes sieht wirklich übel aus, da hatte die Maskenbildnerin alle Hände voll zu tun: Er trägt einen meterhohen Buckel, dagegen ist der Glöckner von Notre-Dame ein Adonis. Er hat extrem schiefe Zähne, vor 2500 Jahren gab es eben noch keine Kieferorthopäden. Leonidas erklärt ihm ruhig und klar, warum er nicht an der Seite der spartanischen Soldaten mitkämpfen kann. Ihm würden nun mal eindeutig die körperlichen Voraussetzungen für den männlichen Kampf fehlen. So wird Ephialtes aus Enttäuschung zum Verräter. Die Quellen verraten hingegen: Der Beweggrund war – und so ist es in der Verrätergeschichte von Judas bis zu Clint Eastwood geblieben – eine Handvoll Sesterzen. Und es ist auch nirgendwo zu lesen, dass es Ephialtes nach dem Verrat schlecht ergangen wäre, so von wegen die Götter strafen ihn und Zeus schmeißt Blitze nach ihm (die Bewohner des Olymps haben sich anderen Kindereien gewidmet, dazu gleich mehr), nein, ganz im Gegenteil. Ephialtes kaufte sich, so scheint es, nach der Schlacht an den Thermopylen von dem Lohn des Verrats ein Stück Land und ließ es sich gut gehen. Ein höchst unmoralisches Ende der Geschichte.

Auf jeden Fall haben die Perser die spektakulären Aussichten des Trampelpfades verpasst, weil es nun einmal dunkel war. Loukas und ich dagegen können auf den Golf von Malia blicken und dahinter die Berge der Titanen sehen. In diesen Bergen haben also die Männer um Oliver Kahn gelebt. Die Titanen sollen sich von ihren Bergen aus mit den Göttern auf dem Olymp (schlappe 200 Kilometer entfernt, diesen legendären Gipfel können wir nicht mehr erkennen) eine Steinschlacht geliefert haben. Ziemlich pubertär, das alles. Und im Norden, gar nicht so weit wie der Olymp, höchstens zehn Kilometer Luftlinie, sind die Berge des Herkules zu sehen. Es ist schon der Wahnsinn, wenn man es sich überlegt: Alle Helden Griechenlands waren Bergfexe, keine Wassernixen. Loukas ist auch so ein Bergmensch, vor allem im Sommer lebt er auf den höchsten Gipfeln Griechenlands. Der Grund: Die sommerlichen Temperaturen in Hellas setzen ihm dermaßen zu, dass er sich einen Job in der Höhe besorgt hat: Er hält die Wanderwege zum Gipfel des Olymps frei. Seine Frau beschwert sich, immer sei er auf dem Berg. Nun, was soll er machen, als Hausmeister und Wegewart der griechischen Götter hat man eben seine Verpflichtungen.

Wir überlegen, wie es wohl vor 2500 Jahren im Kalliopeia-Gebirge oberhalb der Thermopylen ausgesehen haben mag. Zumindest, das ist sicher, war es nicht so heiß wie heute, im August 480 v. Chr. hätte es Loukas auch am Meer aushalten können. Man muss sich das Klima damals in Griechenland wie das Wetter heute in Deutschland vorstellen. Und wahrscheinlich sind die Perser und ihr Gewährsmann Ephialtes nicht durch so viele Wälder gewandert wie wir. Genau kann man es nicht mehr nachvollziehen, aber der Holzbedarf vor 2500 Jahren war mit Sicherheit enorm: Zum Hausbau, zur Energiegewinnung, zum Schiffbau brauchte man Unmengen von Holz. Dazu passt die Geschichte, dass die persischen Truppen, die mit Ephialtes über den (baumlosen) Pfad gingen, mit Eichenzweigen getarnt gewesen sein sollen.

Wir erreichen bei 1026 Metern über dem Meeresspiegel, das ist annähernd die höchste Stelle, der Scheitelpunkt unserer Wanderung, eine Kapelle und unweit davon entfernt einen Brunnen mit lang gestrecktem, gemauertem Becken, wie eine Badewanne. Loukas hat Ostergebäck dabei – ein großes, rundes, süßes Brot mit einem eingebackenen gefärbten Osterei in der Mitte. Das ist das sogenannte »Liebesmahl« (auf Griechisch für alle Schlaumeier: Agape) am Pfad des Ephialtes. Kein kriegerischer Kontext, keine Verräter in unserer Mitte, kein Krieg wie vor 2500 Jahren, sondern eben Agape, gelebte deutsch-griechische Wanderfreundschaft. Wir sind ungefähr sieben Kilometer gewandert, haben etwa die Hälfte der Wegstrecke hinter uns gebracht. Als wir weitergehen, geht es direkt bergab. Ein Abstieg von immerhin über 1000 Höhenmetern liegt vor uns. In der Literatur ist immerzu davon die Rede, die Perser seien mit Ephialtes über einen Pass gegangen, einen Pass habe ich allerdings nicht entdecken können, die richtig hohen, passfähigen Berge sind weit entfernt.

Wir sind nun schon einige Zeit hinabgestiegen und kommen ungefähr an der Stelle vorbei, an der Leonidas seine Wachposten postiert hatte. Denn der spartanische König hatte durchaus das Gebirge in seinem Rücken als Schwachstelle der Verteidigung erkannt. Allerdings waren die Soldaten, die die Stellung am Pfad halten sollten, anscheinend nicht die hellsten Kerzen auf der Torte. Als sie die Perser kommen sahen, zogen sie sich zurück auf ein Plateau, das sich für einen Kampf eignete. Wer weiß, vielleicht haben die Perser diese Aktion der Griechen gar nicht mitbekommen, oder sie haben sich einfach gefragt, warum sich die Blödmänner zurückziehen, auf jeden Fall sind sie einfach den Pfad weitergegangen. Loukas erzählt, dass das 600 Jahre später an exakt derselben Stelle noch einmal geschehen ist: Die griechischen Verteidiger haben gemeldet: Da kommen die Römer, sie kommen den Pfad herunter, und haben nichts weiter unternommen. Und die Römer marschierten ungestört weiter – Geschichte wiederholt sich eben manchmal. Andererseits: 600 Jahre sind eine lange Zeit, haben wir heute Lehren aus der Geschichte von 1416 bis 2016 gezogen? Na ja, eher nicht.

Wir kommen an einer Wanderhütte vorbei. Die ist laut Loukas immer offen und bestens ausgestattet. Gaskocher, Ofen mit jeder Menge Holz, Pritschen mit dicken Decken, ein Tisch mit Plastikstühlen. Total zweckmäßig und gemütlich. Wir gehen weiter, Richtung Thermopylen, wandern durch ein Meer aus Gänseblümchen, bei 550 Höhenmetern stellt sich ein Schweizer Bergwanderfeeling ein. Der Grund ist die Geräuschkulisse: Wir hören Kuhglocken, die Rufe eines Senners, ich erwarte eine griechische Heidi-Romantik-Szenerie zu sehen. Doch erst einmal kommen uns kläffend drei aggressive, gertenschlanke Hunde entgegen, die erstens so aussehen, als hätten sie noch nie von Leinenzwang gehört, und zweitens den Eindruck machen, als hätten sie mächtigen Hunger. Loukas bleibt ruhig – was soll er auch machen, denke ich, kann ja als mein Wanderführer nicht ebenfalls in Panik verfallen. Dann macht er eine komische, langsame Bewegung mit dem rechten Arm, die ein Wunder bewirkt: Die Hunde trollen sich, bellen nicht mehr, schauen scheu zu uns herüber. Was war das denn? »Ganz einfach«, sagt Loukas, »tu so, als würdest du einen Stein aufheben, und Hunde, zumindest griechische, ergreifen die Flucht.« Als die Hunde wieder mutig werden und erneut auf mich zukommen, probiere ich es. Und es wirkt. Ich könnte problemlos einen Job als Hundetrainer für griechische Hunde beginnen.

Die Glocken bimmeln lauter, aber sie hängen an den Hälsen von Ziegen und Geißen. Griechenland, du hast es besser, ein Land voll mit Wappentieren des 1. FC Köln! Der Ziegenschäfer (oder sagt man Zieger?) kommt auf uns zu. Loukas kennt Geórgios schon lange, er ist festes Ensemblemitglied des Pfades, lässt seine Ziegen immer auf denselben Magerwiesen grasen. Als er hört, dass ich ein deutscher Wandergast bin, grüßt er mich mit steifem Rücken und Hitlergruß. Ich lasse ihm durch Loukas übersetzen, dass dieser erhobene Arm seit 70 Jahren in Deutschland weitestgehend aus der Mode ist. Es soll leider nicht das letzte Mal an diesem Tag sein, dass ich den hochgereckten Arm sehe. Auf jeden Fall bezeichnet Loukas Geórgios später als typisch griechischen Waldschrat, und die haben vielleicht noch nicht mitbekommen, dass es in Deutschland 1945 einen leichten Politikwechsel gegeben hat. Immerhin hat er mich nicht für einen aggressiven Perser gehalten.

Dann verhandelt der Ziegenhirt mit Loukas, zeigt auf seine Schuhe, und die beiden scheinen sich zu einigen. Geórgios schaut sich um, die Ziegen sind weg. Fluchend, schreiend und pfeifend rennt er die kleine Anhöhe hinauf; ich hoffe, er hat sie alle wieder gefunden. Was es mit der kurzen Verhandlung auf sich hatte, erzählt mir Loukas kurz darauf, als wir weiterwandern. Immer wenn die beiden sich sehen, bittet der Ziegenhirt ihn, fast manisch, um Kleidung. Loukas hat schon Hosen und Jacken bei Geórgios' Frau vorbeigebracht, die richtig sauer wurde und darauf verwies, sie und ihr Mann hätten genug Klamotten. Da hat Geórgios zu Loukas gesagt: »Mensch, du musst die Klamotten direkt mir geben, nicht meiner Frau.« Ich glaube, der Ziegenhirt dealt nicht nur mit Ziegenfleisch, sondern auch mit Secondhandkleidung.

Weiter geht es bergab. Teilweise ist es so steil, dass ich manchmal froh um etwas mehr Profil unter meinen Joggingschuhen wäre und gern zwei gescheite Stöcke in den Händen hätte. Der Vorteil des steilen Abstiegs: Wir kommen den Thermopylen immer näher, wie in einem gläsernen Fahrstuhl geht es abwärts, und die ersten Dächer der Häuser einer kleinen Ortschaft kommen ins Blickfeld. Dieses Dorf heißt praktischerweise genauso wie die heißen Quellen in ihrer Nachbarschaft: Thermopylen. Wir gehen an der Landstraße entlang – erst wollte ich schreiben »an der staubigen Landstraße entlang«, aber das hätte sich so abgenutzt angehört. Obwohl es stimmt. Also gut, wir gehen an der staubigen Landstraße entlang und erreichen wie Ephialtes und die Perser vor 2500 Jahren aus Richtung Osten die Stelle, an der die Spartaner sich der Angriffe aus Richtung Westen erwehrten – die 300 waren umzingelt. Loukas zeigt mir das Schlachtfeld. Wir finden es deutlich oberhalb der Straße, 480 v. Chr. war diese Stelle 50 Meter über dem Meeresspiegel gelegen. Wir sehen hüfthohe Mauern aus Stein, die die Griechen für die Verteidigung gebaut hatten – keineswegs haushohe Mauern wie im Film. Was hält eigentlich Loukas als quasi Nachkomme der 300 von dem gleichnamigen Film? Er schnaubt verächtlich und findet nur ein Wort: »Miserabel!«

Wir steigen auf den kleinen Kolonos-Hügel am Rand des Schlachtfelds, es geht höchstens 15 Höhenmeter hoch. Von da oben hat man eine tolle Aussicht auf das Felsvorland, das vor 2500 Jahren tosendes Meer war. Auf diesem Hügel haben sich die letzten Spartaner ohne den toten Leonidas bis zum letzten Mann gegen die Übermacht der Perser gewehrt. Hunderte von persischen Pfeilspitzen sind auf dem Kolonos gefunden worden.

Anschließend besuchen wir das Denkmal zu Ehren des spartanischen Königs, direkt an der Straße gelegen. Leonidas steht aufrecht, mit wurfbereitem Speer, den Schild schützend erhoben und mit großem, federbuschgekröntem Helm. Ansonsten ist er nackt. Das Schöne an klassischen Darstellungen ist ja, dass die Helden zwar beneidenswert muskelbepackt sind, dagegen über einen vergleichsweise kleinen Penis verfügen; alles hat eben ein klassisches Maß. Wir gehen zu einem kleineren Denkmal neben dem des Leonidas und sehen einen kopflosen Körper mit zwei Flügeln, der aussieht wie eine Sagengestalt. Es ist das Denkmal für die 700 Thespier. Loukas erzählt mir deren Geschichte. Die 300 Spartaner hatten bei Licht betrachtet gar keine Wahl, so Loukas, lebend hätten sie nicht nach Sparta zurückkehren dürfen, dann wären sie als Feiglinge hingerichtet worden. Also *mussten* sie kämpfen. Mit aufopferndem Heldentum hatte das wenig zu tun, eher mit dumpfem Pragmatismus. Die 700 Thespier hingegen hätten sich angesichts der Übermacht der Perser ohne Gesichtsverlust zurückziehen können. Aber sie blieben und hielten die Stellung. Leider ist von den 700 nie die Rede, nur von den 300, die Thespier sind die (fast) vergessenen wahren Helden dieser Geschichte. Immerhin ein kleines Denkmal erinnert an ihren Wagemut.

Dann gehe ich mit Loukas noch einmal die wenigen Meter zum Monument des Leonidas. Ich hatte am Vortag bei der Anreise schon ein Leonidas-und-ich-Selfie gemacht, nun möchte ich nette Touristen fragen, ob sie ein Foto von Leonidas, Loukas und mir machen. Nette Menschen sind aber weit und breit nicht zu sehen, nur zwei Griechen mit Bierwampe, die sich gegenseitig vor dem Spartanerkönig fotografieren und dabei den ausgestreckten Arm im 45-Grad-Winkel in die Höhe heben. Loukas fragt wispernd: »Hast du das gesehen?« Sein Flüstern verrät mir: Ganz geheuer sind auch ihm die Typen nicht. Er erklärt später, dass die beiden wohl Anhänger der griechischen Partei Goldene Morgenröte seien, eine mehr als finstere Neonazi-Truppe, die selbst vor Mord nicht haltmacht. Bitter sei, so Loukas, dass die Morgenröte-Bande mit den Insignien des Leonidas für sich wirbt. Ich finde es hart, zweimal an einem Tag mitten in Griechenland mit dem Hitlergruß konfrontiert zu werden. Das Land der Götter und Helden präsentiert sich ab und an sehr unheroisch.

Interessant finde ich, dass die 300 Spartaner in der Rezeptionsgeschichte der Schlacht nicht durchgehend als glänzende, tapfere Helden gesehen wurden. Zeitgenössische Athener Stimmen bezeichneten die Spartaner an den Thermopylen als Verlierertypen, während ja die Athener den Herrn Xerxes in Salamis und Marathon besiegt hätten. Dieses Geschichtsbild hat sich in den Zeiten von damals bis zu »300« gewaltig gewandelt. Aus den Verlierern der Geschichte wurden theatralisch erhöhte Helden im Opfer-für-die-Heimat-Glanz. Das Spannende aber ist: Wenn man den Ephialtes-Pfad wandert, kann man sich, wie bei einem Rollenspiel, in die Köpfe und Schicksale aller Beteiligten hineindenken: in die der Thespier, in die von Ephialtes, in die der Perser und natürlich in die der 300 Spartaner. Dazu die herrliche Landschaft, das ist das schönste Kino, ein richtiges Wanderkino.

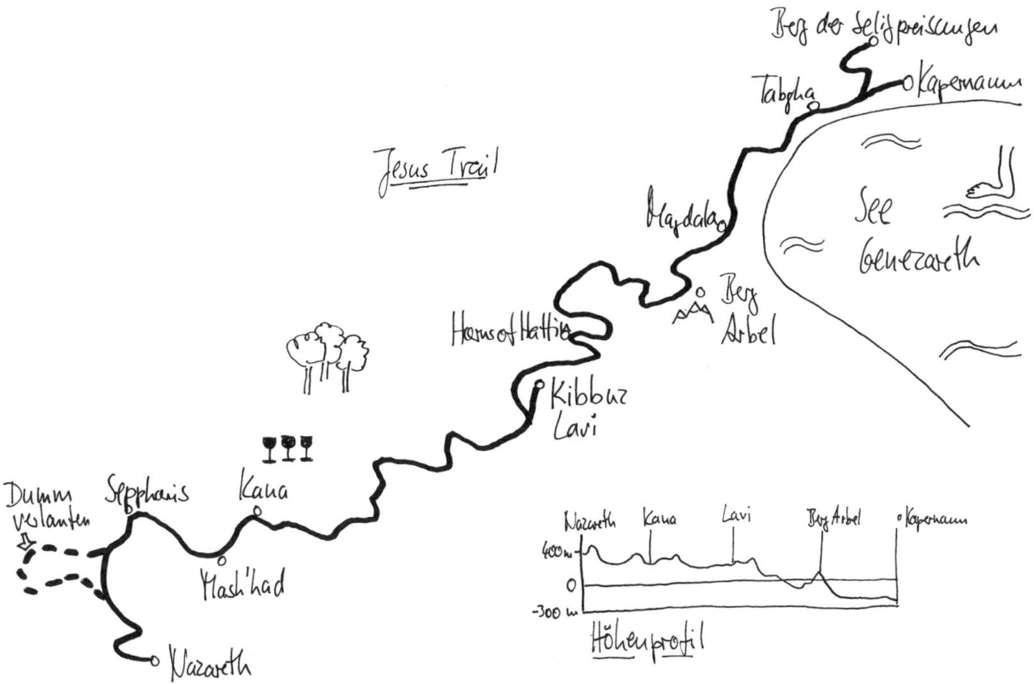

Jesus Trail
Berg der Seligpreisungen
Kapernaum
Tabgha
Magdala
See Genezareth
Berg Arbel
Horns of Hattin
Kibbuz Lavi
Dumm verlaufen
Sepphoris
Kana
Mash'had
Nazareth
Nazareth
Kana
Lavi
Berg Arbel
Kapernaum
400 m
0
-300 m
Höhenprofil

»WAS SOLL SCHON GUTES AUS NAZARETH KOMMEN?«

So habe ich mir einen orientalischen Basar immer vorgestellt: enge, verwinkelte Gassen, jede Menge Geschäfte mit bunten Auslagen: Nüsse, Süßigkeiten, Kleider, Spielwaren, Haushaltsgegenstände. Verschleierte Frauen (na gut, eher mit Kopftuch, wie in den meisten deutschen Städten auch), Männer mit um den Kopf geschlungenen Palästinensertüchern. Wir gehen durch den Suq in der Altstadt von Nazareth, ein höhlenartiges System aus schmalen Gassen. Der Reiseführer verspricht gut gelaunt: Verlaufen garantiert! Daher ist der Schritt des Fußgängers auf diesem orientalischen Markt tastend, suchend, forschend. Straßennamen gibt es nicht, dafür viel zu schauen, zu riechen, und auf die Stufen unter den Füßen muss man auch noch achten.

Der berühmteste Sohn der Stadt ist natürlich Jesus, der nicht umsonst »der Nazarener« genannt wurde. Einen Jesus des 21. Jahrhunderts wird man in Nazareth nicht finden. Wenn ich die Bibel richtig verstehe, war Jesus Jude, denn er war der Sohn einer jüdischen Mutter, das zählt. Doch Juden gibt es nicht in Nazareth, 70 Prozent der Bevölkerung sind Muslime, 30 Prozent Christen. Eigentlich sehr merkwürdig für eine Mittelstadt in Israel. Wegen dieses Juden aber sind wir hier, der vor über 2000 Jahren die Schriftgelehrten und Hüter des »wahren« Judentums aufschreckte und derart ungeheure Dinge predigte, dass eine ganze Religion um diese Heilslehre herum entstand: das Christentum.

Dass Jesus viel zu Fuß unterwegs war, ist unbestritten. In der Bibel heißt es: »Als Jesus am See von Galiläa entlangging«, »Er zog in Galiläa umher«, »Er stieg auf einen Berg«, »Jesus zog durch alle Städte und Dörfer«, »In der folgenden Zeit wanderte er von Stadt zu Stadt und von Dorf zu Dorf«. »Ziehen«, »gehen«, »schreiten«, »steigen«. Jesus war ein Wanderprediger, ein Wanderer im Dienste seiner Botschaften.

Das Spannende an Jesu Wirken und Leben ist, dass es ungewöhnlich gut dokumentiert ist, und zwar von vier Evangelisten. Die haben das Leben von Jesus zwar erst 100 Jahre nach seiner Geburt aufgeschrieben, kannten es also sozusagen nur vom Hörensagen, aber manchmal hilft ja durchaus ein wenig Abstand zum Gegenstand der Betrachtung. Diese zeitliche Distanz zum Geschehen hilft auch aus heutiger Sicht einzuordnen, welchen Fakten des Neuen Testaments Glauben zu schenken ist und welchen nicht. Das geht schon los mit der Frage nach dem Geburtsort. Die aktuelle Forschung ist sich sicher, dass der Geburtsort von Jesus Nazareth war. Wie bitte? Was ist denn mit der schönen Weihnachtsgeschichte, in der Maria und Josef nach Betlehem gehen müssen, um sich bei der Volkszählung registrieren zu lassen? Sehr unwahrscheinlich, denn Josef stammte aus Nazareth. Außerdem wäre es ein logistischer Albtraum gewesen, wenn alle Bewohner sich in ihrem Heimatort hätten registrieren lassen müssen. Warum erwähnt dann Lukas Betlehem? Ganz einfach, dieses Betlehem ist im Alten Testament als Geburtsort des zukünftigen Messias genannt worden, daher hat Lukas die Geburt Jesu dorthin verlegt, um ihn quasi als Messias zu legitimieren. Denn, wie es an anderer Stelle im Neuen Testament so schön heißt, was »soll schon Gutes aus Nazareth kommen?«

Anfang des 21. Jahrhunderts kommt auf jeden Fall etwas Gutes aus Nazareth, zumindest fängt etwas Gutes in Nazareth an, und das ist der Jesus Trail. 62,5 Kilometer von der Heimatstadt Jesu zum Dorf Kapernaum am See Genezareth.

Ob Jesus exakt diese Strecke jemals gegangen ist, ist natürlich äußerst zweifelhaft. Aber ein Drittel des Neuen Testaments besteht aus Beschreibungen seines Wirkens in Galiläa, und sehr viele Orte, die von den Evangelisten beschrieben wurden, finden sich als Stationen des Jesus Trails wieder. Ich werde den Jesusweg mit meinem besten Freund Markus erwandern. Markus kenne ich seit dem ersten Semester an der Uni, wir haben uns in den letzten 30 Jahren nie aus den Augen verloren, ich war zweimal sein Trauzeuge, er zweimal meiner, das verbindet. Markus ist zwar nur evangelisch (kleiner Scherz), aber ich wollte ihn auf dieser Wanderung durch das Heilige Land unbedingt dabeihaben. Er war als Deutsch- und Geschichtslehrer sofort begeistert von der Idee. Und, das darf ich vorwegnehmen, er hat es nicht bereut, denn für uns beide war der Trip nach Israel die wohl beeindruckendste Reise unseres Lebens.

Die Frage, die wir uns beim Herumschlendern natürlich stellen: Hat Nazareth vor 2000 Jahren nur ansatzweise so ausgesehen wie jetzt? Die Antwort der Forschung fällt eindeutig aus: Nein! Nazareth war zu Jesu Zeiten ein Dorf mit 200 bis 500 Einwohnern, ein richtiges Nest. Und Jesus war mit seiner Familie bekannt wie ein bunter Hund, was er zu spüren bekam, als er versuchte, die Nazarener zu bekehren. »Am Sabbat ging er in die Synagoge, um dort zu lehren. Die Leute, die ihm zuhörten, staunten über ihn und fragten: ›Wie ist so etwas nur möglich? Woher hat er diese Weisheit? Wer gibt ihm die Macht, solche Wunder zu tun? Er ist doch der Zimmermann, Marias Sohn. Wir kennen seine Brüder. Und auch seine Schwestern leben alle unter uns.‹ Sie ärgerten sich über ihn. Da sagt Jesus: ›Nirgendwo gilt ein Prophet weniger als in seiner Heimat, bei seinen Verwandten und in der eigenen Familie.‹«

Das ist ja auch hart, wenn die Leute sagen: Mensch, den kennen wir doch, und jetzt macht der hier einen auf dicke

Hose von wegen Prophet und so. Nein, nein, wir glauben nicht daran, dass unser Jesus der Sohn Gottes ist. Man muss sich das einmal vorstellen, in einem derart kleinen Ort wie Nazareth machte der Anteil der Familie des Zimmermanns Josef ungefähr drei Prozent aus. Das wäre andererseits eine irre Chance für Jesus gewesen, die Familienbande in Nazareth nicht als Belastung zu sehen, sondern quasi als Marketingmöglichkeit. In der Musikgeschichte gibt es zum Beispiel die Jackson Five oder die Kelly Family, und die haben sehr erfolgreich durch den Zusammenhalt in der Familie (Musik-) Botschaften in die Welt hinausgetragen.

Die Geschichte mit den vielen (Halb-)Geschwistern Jesu ist, wie so vieles in der Bibel, schwer umstritten. Während die Protestanten, die das Bibelwort über alles stellen, geneigt sind, an die Großfamilie von Christus zu glauben, winken die Katholiken entsetzt ab. Frei nach dem Motto: Das steht zwar in der Bibel, aber ist eigentlich nicht so gemeint, denn mit der Maria und den vielen Brüdern ist nicht DIE Maria gemeint, sondern eine andere, und die Brüder sind eher so eine Art Cousins (und Josef ist trotzdem der Vater? – was sind das denn für Verhältnisse?), denn, und das ist naturgemäß das Entscheidende aus katholischer Sicht: DIE Maria kann ja gar nicht gemeint sein, weil DIE Maria, frei von der Erbsünde, unbefleckt von ihrer Mutter Anna empfangen worden ist. Ergo kann diese Maria nicht nach der Paarung mit Gott einfach mit Josef noch einen Haufen Kinder gezeugt haben. Sehr interessant ist auch, dass sich Jesus ganz offensichtlich von der eigenen Familie nicht respektiert fühlt. Wahrscheinlich hielten ihn seine Geschwister und seine Eltern Maria und Josef für einen Spinner. Schon hart.

Um dem Mysterium der katholischen Marienverehrung auf die Spur zu kommen, heften wir uns dieser Maria in Nazareth an die Fersen. Nicht zu übersehen im Stadtbild ist die monumentale Verkündigungskirche im Ortszentrum, direkt neben der Altstadt. Dagegen kann einem die Kirche für den heiligen Josef in direkter Nachbarschaft leicht entgehen. Die armen Ehemänner, die werden immer untergebuttert. Dabei gibt die Josefskirche den Ort vor, denn sie ist über der vermuteten Zimmermannswerkstatt des Stiefvaters von Jesus errichtet worden. Genau genommen ist die Kirche für den heiligen Josef über seiner ersten Kirche erbaut worden, deren Fundamente man in der Krypta in mystisch grünlichem Licht besichtigen kann. Sie ist ein Dreischichtenmodell, wie man es im Heiligen Land oft beobachten kann. Unterste Schicht: Mauerreste aus dem ersten Jahrhundert. Zweite Schicht: die erste kleine Basilika aus dem vierten bis sechsten Jahrhundert. Oberste Schicht: der moderne Kirchenbau. Genauso ist es bei der Verkündigungskirche. Denn während Papa Josef hobelte und schreinerte, was das Zeug hielt, kam zu Maria ein Engel und verkündete ihr, dass sie von Gott ein Kind empfangen werde. Ist die Katze aus dem Haus, machen die Mäuse, was sie wollen. Das Schönste in der Verkündigungskirche sind die Mariendarstellungen aus der gesamten Welt. Man soll sich von Gott kein Bild machen, steht in der Bibel, aber steht dort etwas von der Muttergottes? Und wie Gott den Menschen nach seinem Ebenbild schuf, so schufen die internationalen Künstler die Maria nach ihrem Ebenbild: Die Marias aus Japan, Kamerun und Peru sehen nicht direkt so aus, als wären sie in Nazareth geboren. Jeder bastelt sich seine Maria, wie er sie braucht.

Wir gehen in das französisch geführte Centre Marie de Nazareth direkt gegenüber und sehen uns eine einstündige Multimediashow über die biblische Geschichte von der Schöpfung bis zu Christi Passion an. Eine geniale Propagandashow im Endeffekt, denn es werden wild Zitate aus dem Alten und dem Neuen Testament gemixt, um die herausragende Stellung von Maria zu beweisen. Pure Behauptungen, dass Maria zum Beispiel unter dem Kreuz gewesen sei, eine Tatsache, die nur der Evangelist Johannes erwähnt, werden gemischt mit Zitaten wie dem von »der Tochter Zion«, die sich auf alles, aber ganz bestimmt nicht auf Maria beziehen. Interessant ist, was mir Markus nach der pompösen Show in vier Räumen mit vielen Lichteffekten und Projektionen erklärt. 431 in Ephesos, auf einem sehr frühen katholischen Konzil, wurde ein Gegenmittel gegen den Artemiskult der frühchristlichen Gemeinden gesucht – und gefunden: eine starke Frauenfigur; und so wurde die herausragende Rolle Marias, die die Bibel eigentlich nicht kennt, erfunden. Sehr schön ist, dass man in den Filmen der Multimediashow (die aus sämtlichen verfügbaren Bibelverfilmungen collagiert sind) sehen kann, dass das Leben Jesu ein Leben auf Achse war. Immer zu Fuß, immer den Wanderstab in der Hand. Das stimmt wunderbar auf den Jesus Trail ein.

Am nächsten Morgen um sieben Uhr geht es endlich los. Im Winter ist es relativ früh hell, aber um 17 Uhr wird es schlagartig stockdunkel. Wir haben uns ein strammes Tagesprogramm vorgenommen, 28 Kilometer bis zum Kibbuz Lavi. Wir verlassen unsere ausgezeichnete Pension in einem 200 Jahre alten osmanischen Gebäude und sind schnell wieder in den engen Gassen des Basars unterwegs. Eine kurze Ouvertüre, bevor es hinaufgeht, Stufen über Stufen, eine sehr steile Stadt. Auf den Betontreppen immer wieder Fußabdrücke; da war der Beton noch nicht ausgehärtet, als schon eilige Menschen, Pilger womöglich, über die Stufen gehastet sind.

Wir erreichen den Rand des Talkessels und können weit in den Norden Galiläas schauen, vorbei an einer Moschee mit goldener Kuppel. In der gleichen Goldfarbe davor eine Luxusuhr auf einem Werbeplakat.

Dann geht es bergab durch Vororte, es wird viel gebaut, einiges scheint schon unverputzt bewohnt zu sein. Die Markierungen des Jesuswegs sind zunächst zahlreich und lassen keinen Wunsch offen. Dann sollen wir rechts abbiegen und landen mitten in einer Großbaustelle. Da WAR mal der Weg, jetzt stehen dort sechs Geschosse. Wir kämpfen uns um Berge von Baumaterial herum und ahnen, wo es weitergehen könnte. Eine neu gebaute Straße macht uns den nächsten Strich durch die Rechnung. Die haben den Wegweiserstein mit ziemlicher Sicherheit wegplaniert, israelische Bauarbeiter können äußerst rabiat sein. Dann ein Fingerzeig des Himmels: Am Horizont sehen wir einen fantastischen Regenbogen, zumindest den linken Teil davon, und darunter einen Feldweg, nicht der schönste Wanderweg der Welt, aber als Kontrastprogramm zu den nazarenischen Vorortstraßen eine Wohltat. Wahrlich, ich sage euch, wer suchet, der findet. Das muss unser Weg sein, wir machen uns beschwingt auf die Socken.

Nach 15 Minuten ohne weitere Markierung ist klar: Das war der falsche Pfad, da war eher der Wunsch nach einem »schönen« Weg Vater des Gedankens. Dieselbe Strecke zurück wollen wir nicht gehen, also nehmen wir den nächsten Abzweig hinunter zur viel befahrenen Nationalstraße und müssen am Straßenrand zurückwandern. Kaum sind wir losmarschiert, haben wir also schon einen Umweg von mindestens zwei Kilometern gemacht. Aber wir finden unsere Markierung wieder und gehen Richtung Zippori, dem antiken Sepphoris.

Kurz nach Sepphoris geht es in ein Waldstück, und es wird sehr bunt. Keine Pilze, kein Blumenmeer, keine Kieselsteine. Müll, sehr, sehr viel Müll. Plastik, Kleidungsstücke, Badewannen, Möbel, Kinderspielzeug, Speisereste, der Wald als Müllkippe. Wir nähern uns der Ortschaft Mash'had, einer rein palästinensischen Siedlung. Dort sehen wir durchaus Mülleimer, aber das wilde Müllabladen scheint eine Art Protest gegen den israelischen Staat zu sein. In der Stadt winken uns Kinder, rufen »Hello, hello«, zwei Hähne gockeln aufgeregt aus dem Weg, ein fliegender Händler trägt zwei riesige Henkeltaschen an den Schultern und schreit sein Angebot an Haushaltswaren heraus. Wir sehen Autowracks am Straßenrand, na ja, Fast-Wracks, denn offensichtlich werden sie noch gefahren, aber ebenso die neuesten Modelle eines Autoherstellers aus Zuffenhausen.

Wir lassen die letzten Häuser von Mash'had hinter uns, eine Brachfläche liegt zwischen uns und Kana, das sich in einen Talkessel an einen Berghang schmiegt. Wir finden unseren Weg zwischen Plastikflaschen, Verpackungen von Elektrogeräten, alten Fernsehern, Autowrackteilen. Irgendwo dazwischen muss die Gemeindegrenze zwischen Mash'had und Kana verlaufen, doch welcher Müll zu wem gehört, das kann man unmöglich sagen.

In Kana laufen wir an einer teichgroßen Pfütze vorbei. Es hat in den letzten beiden Stunden immer wieder geschauert, aber jetzt bescheint die Sonne unseren Gang. Wir gehen an der Hauptstraße entlang und sehen eine griechisch-orthodoxe Kirche. Natürlich gehen wir hinein, überall Bilder von der berühmtesten Hochzeit des Neuen Testaments. Auf einem länglichen Wandbild ist die Geschichte ganz gut auf einen Blick – wie bei einem Comicstrip – zu erfassen. Rechts eine Combo von vier Musikern, die ihre Instrumente bearbeiten: Trommel, Trompeten, Tambourin. Links daneben zwei Männer, die ekstatisch feiern. Ganz klar, in diesem Raum wird kräftig Party gemacht – aber: Der Wein ist ausgegangen, das Schlimmste, was bei einem Fest passieren kann. Daher sitzen an einer langen Tafel die zwei Brautleute leicht pikiert. Beide haben Kronen auf. Davon, dass das eine königliche Hochzeit ist, steht nichts in der Bibel. Na ja, meine Tochter bekommt im Kindergarten auch immer eine Krone aufgesetzt, wenn sie Geburtstag feiert. Jesus sitzt am linken Tischrand, hinter seinem Rücken seine Mutter Maria, die ihn auf den Weinmangel hinweist. Jesus pampt sie an: »Was willst du von mir, Frau? Meine Stunde ist noch nicht gekommen.« So redet man eigentlich nicht mit seiner Mutter, die obendrein frei von Sünde ist, aber da muss man Verständnis haben für Jesus, denn es ist laut Johannes das erste öffentliche Wunder, das der Messias nun zu vollbringen gedenkt, nur drei Tage nach seiner Taufe im Jordan. Da musste er sich wohl erst einmal in Ruhe konzentrieren, so ein erstes Wunder schüttelt man ja nicht aus dem Ärmel. Dann aber lässt es der Herr so richtig krachen, verwandelt 600 Liter Wasser in exzellenten Wein. Wenn man sich dieses Wandbild anschaut, zählt man inklusive der zwölf Jünger, die sich scheu hinter Jesus und Maria in der Ecke drängen, genau 30 Hochzeitsgäste. Für jeden also zwanzig Liter. Na denn, prost.

Da Wein DAS Thema in Kana ist, kommen wir natürlich an einer Weinhandlung vorbei. »Cana Wedding Wine« wird dort angeboten, »Best Free Wine Taste«. Von den 600 Litern scheint also etwas übrig geblieben zu sein. Wenige Hundert Meter hinter unserer Wandbildkirche eine weitere griechisch-orthodoxe Hochzeitskirche, vielleicht ist es aber auch eine orthodox-griechische, wer weiß das schon so genau. Im Innenhof des Klosters gibt es einen Kiosk, dort erstehen wir einen echten Wein aus Kana in der 200-Milliliter-Schraubverschlussflasche. Auf dem Etikett ist keine Herkunftsbezeichnung zu lesen, aber er wird wohl schon aus Trauben vom Weinberg des Herrn gemacht worden sein. Mit nur einem kleinen Schuss Zucker dabei, denn er soll ja schmecken. In der Kirche sehen wir einen riesigen steinernen Krug, der einer der sechs Wasser-zu-Wein-Tonkrüge sein soll. Sieht eigentlich zu schwer aus für einen Weinkrug, aber die Menschen vor 2000 Jahren haben sich ja wesentlich gesünder ernährt und waren daher wohl stark genug, so ein Wahnsinnsteil zu stemmen.

Hinter dem orthodoxen Kloster sehen wir eine katholische Kirche. Die schließt gerade ihre Pforten; wir dürften nicht eintreten, macht uns die freundliche Schwester klar.

Am liebsten hätte ich gesagt: »Was willst du von mir, Frau? Unsere Stunde ist noch nicht gekommen«, nur um zu zeigen, dass wir bibelfest sind. Aber das wäre reichlich unhöflich gewesen, so haben wir einfach das schmiedeeiserne Gitter mit dem Weintraubenzierrat am Kircheneingang hinter uns zugezogen. Schöner kann ein Tor auch nicht in Piesport an der Mosel gestaltet sein. Wir gehen weiter durch Kana, bergan, hinaus aus dem Talkessel und passieren eine kleine Moschee, in der werden wir wohl keinen Wein aus Kana finden.

Hinter den letzten Häusern von Kana gehen wir auf einem wunderschönen Feldweg mit Ausblicken in ein Tal rechter Hand, eine graue Regenwolke hängt über uns. Von hinten plötzlich Motorenlärm, wir treten an den Wegrand, lassen einen Traktor mit fröhlichem Palästinenser am Lenkrad passieren: Er ruft uns zu »Bad weather!« und hebt trotzdem grinsend den Daumen. Und – ein Wunder, so groß wie die Wasser-zu-Wein-Hochzeit von Kana – wir gehen an Wegabschnitten entlang, die vollkommen müllfrei sind. Es kommt so etwas wie Naturfeeling auf, das erste Mal seit unserem Start am frühen Morgen in Nazareth. Nun haben wir schon Mittag und wandern beschwingt auf unserm Jesusweg.

Wenn man länger geht, wird man nicht direkt ein anderer Mensch, aber man macht Sachen, die man normalerweise nicht tun würde. Singen zum Beispiel. Weil wir im Heiligen Land sind, versuchen wir, im religiösen Repertoire zu bleiben. »Hevenu shalom alechem – Wir wollen Frieden für alle« drängt sich im Kontext unserer Wanderung geradezu auf. »Herr, Deine Liebe ist wie Gras und Ufer«. Das Ufer des Sees Genezareth ist noch weit entfernt, und gern würden wir mehr Gras als Müll sehen. Zum Standardrepertoire jedes Kirchentags am Ende des letzten Jahrhunderts gehörte natürlich auch »Danke«. »Danke für diesen Morgen und alle Sorgen, die ich auf Dich werfen mag.«

Laut unserer Karte ist es nicht mehr weit bis zu unserem Tagesziel, dem Kibbuz Lavi, nur noch hinunter in das Tal, das sich in einiger Entfernung erstreckt. »Wir müssen bis an die Straße nach Tiberias wandern«, sage ich zu Markus und zeige mit gestrecktem Arm hinab. Er antwortet: »Das hätte Jesus zu seinen Jüngern wohl nicht gesagt, das mit der Straße.« Womöglich doch, denn die Nationalstraße 77 orientiert sich an der Streckenführung einer alten Römerstraße. Und die muss man von unserem Hügel aus auch schon zu Jesu Zeiten gesehen haben. Nur hat es damals wohl weniger gebrummt und gesummt als vielmehr gerattert und geklappert. Wir gehen, immer unseren orangefarbenen Markierungen folgend, auf einem naturnahen, traumhaften Pfad. Felsen wechseln mit Heidesträuchern und Mohnblumenwiesen. Knallrote Mohnblumen im Januar, das sind wahrhaft blühende Landschaften.

Im Tal kommen wir an einem Autorastplatz vorbei, dann müssen wir einige Zeit parallel zur Nationalstraße wandern. Wir unterhalten uns, wie man so schön sagt, über Gott und die Welt. Über unsere Arbeit, die Familie, unsere Träume, unsere Pläne. Und über die Auslautverhärtung. Deutschlehrer Markus erwähnt sie, als müsse die gesamte Menschheit darüber im Bilde sein. Er erklärt mir geduldig, was es mit der Auslautverhärtung auf sich hat. Aha, so ist das. An der nächsten Wegbiegung habe ich alles komplett vergessen. Über dem Schwatzen kann man mal eine Markierung übersehen, obwohl ich immer versuche, meistens unterbewusst, auf die orangefarbenen Zeichen zu achten. Damit habe ich für Markus den Job des Wanderführers übernommen, als wäre ich »der Meister« und den Jesusweg schon zigmal gegangen. Und ich kann ihm, dem ehemaligen Protestanten, diesbezügliche blasphemische Bemerkungen nicht austreiben. Mal merkt er unterwürfig an: »Dein Wille geschehe«, wenn ich ihn auf einen abzweigenden Weg aufmerksam mache. Dann entdeckt auch er mal eine Markierung und kräht: »Ich sehe ein Zeichen!« Mensch, Markus, wenn uns beide aus heiterem Himmel der Blitz träfe, wäre das nicht nur wenig verwunderlich, sondern mehr als gerecht.

Laut unserer Karte müsste jetzt langsam mal eine Unterführung kommen, um auf die andere Seite der autobahnähnlichen Nationalstraße 77 zu gelangen. Markus ist ein erfahrener Bergwanderer, aber ich merke deutlich, dass ich sehr lange nicht mehr mit einem größeren Rucksack gewandert bin. Wie hat das eigentlich Jesus gemacht? Rucksack hatte er natürlich keinen, ich kann mir auch nicht vorstellen, dass seine Jünger seinen Kram trugen, das hätte der Messias sicher nicht erlaubt. Es ist davon auszugehen, dass er, wenn er kreuz und quer durch Galiläa und Palästina ging, nichts, also nichts im Sinne von gar nichts dabeihatte. Er hatte seine Unterstützer, hat oft im Haus seines Top-Jüngers Petrus gewohnt, wo es ihm am Nötigsten nicht gefehlt hat. Eine irgendwie bewundernswerte Bescheidenheit, aber bei uns ist kein Petrus in Sicht, der uns aufnehmen würde, wir müssen schon zum Hotel in Lavi kommen, da gibt es keine Alternative.

Wir gehen und gehen – durch den Wald von Lavi, das steht auf einem Schild, immerhin, so ganz falsch scheinen wir nicht zu sein – und sehen uns schon im Geiste ein Belohnungsbier trinken, doch der Weg zieht sich endlos. Irgendwann wird uns klar, dass der Jesus Trail einen anderen Verlauf als auf unserem Faltblatt hat. Wir haben noch immer nicht diese verdammte Nationalstraße überquert. Als wir schon nicht mehr daran glauben (aber Glaube ist eben immer und überall wichtig!), entdecken wir doch noch den Durchschlupf auf die andere Seite. Und einen weiteren Kilometer später stehen wir am Fuß des Berges, auf dem der Kibbuz Lavi beheimatet ist. Dort sehen wir ein Holocaust-Mahnmal, das eng mit der besonderen Geschichte des Kibbuz verbunden ist. Denn der Kibbuz wurde gegründet, um eine neue Heimat für jüdische Kinder zu schaffen, die nach der »Reichskristallnacht« von englischen Wohlfahrtsverbänden nach Großbritannien gerettet worden waren. Die Eltern dieser Kinder haben den Holocaust nicht überlebt, ihnen zum Gedenken wurde das Mahnmal errichtet. Bis Kriegsende waren aus den Kindern Jugendliche oder junge Erwachsene geworden, die in Israel im Kibbuz Lavi ein neues Leben aufbauten.

Auf direktem Weg wäre es nur noch ein Katzensprung zum Kibbuz. Zäune versperren allerdings den Durchgang. Wir entschließen uns also, einen großen Bogen um den Berg zu schlagen, um von Norden her in den Kibbuz zu gelangen. Um es kurz zu machen: Wir haben den »Hintereingang« nicht gefunden, drei Kilometer umsonst gegangen, gefühlt 13. Und schon stehen wir wieder vor dem Holocaust-Mahnmal. Gut, letzte Chance, nehmen wir den Feldweg, der südlich um den Berg herumführt. »Feldweg« ist wörtlich zu nehmen, der Boden scheint so fruchtbar zu sein, dass es sich anfühlt, als wandere man auf Ackerkrumen. Auf jeden Fall klebt jede Menge palästinensische Muttererde am Schuh. Da ist die lang gezogene Autostraße, die wir schließlich hinauf zum Kibbuz gehen, eine wahre Erholung. Eine letzte Kurve, da, endlich der Kibbuz. Eine israelische Fahne weht, das Wärterhäuschen ist leer, das Hotel nicht mehr sehr weit. Wir sind mit allen Irrungen, Wirrungen und Wegverlegungen ungefähr 35 Kilometer gewandert. So viel wird Jesus nicht am Tag gegangen sein, das Gehen war für ihn kein Selbstzweck, der Schwerpunkt seiner Tätigkeit war eher das Predigen, Verkündigen, Heilen, Wundertun.

Wir sind froh, endlich unser Ziel erreicht zu haben. »Der Menschensohn hat keinen Ort, wo er sein Haupt hinlegen kann«, wird Jesus bei Lukas zitiert, wir schon. Später, an der Bar in Lavi, unterhalten wir uns mit Jehuda, dem jungen Barkeeper. Pechschwarzes Haar, kleine blaue Kippa. Wir sind überrascht, er spricht überraschend gut Deutsch. Ja, lächelt er, seine Großmutter sei 1928 in Lübeck geboren worden. Auf den Barhocker neben uns setzt sich eine gut aussehende Frau in unserem Alter mit schwarzer Hornbrille. Sie unterhält sich mit Jehuda intensiv auf Englisch. Unser junger Barkeeper legt der Dame diverse Dokumente vor, es scheint sich um eine Art Familienforschung zu handeln.

Ich unterhalte mich mit Markus über den globalen Klimawandel und die Chancen des 1.FC Köln, die Erste Liga zu halten (zwei Dinge, die nur bedingt etwas miteinander zu tun haben). Dann geht Markus eine rauchen, und die Dame spricht mich in reinstem Schwäbisch an: »Wasch macht denn der Andrack in Ischrael, im Kibbuz Lavi?« Wir kommen ins Gespräch. Anke wohnt in Reutlingen, ist Jüdin und dem Kibbuz Lavi seit Urzeiten verbunden. Sie erzählt: »Meine Mutter und meine Großmutter haben überlebt. Der Opa fühlte sich vor den Nazis sicher, weil er doch ein vorbildlicher, national denkender Deutscher war, ausgezeichnet mit dem Eisernen Kreuz.« Aber sowohl dieser Großvater als auch die restliche Verwandtschaft sind, so Anke, »in der Asche aufgegangen«. Da ist er dann plötzlich nah, so ganz persönlich, dieser Holocaust, den ich nur aus Geschichtsbüchern, Filmen und von Denkmälern kenne. Was sagt man in so einer Situation? »So ein Mist«, »Scheiß Nazis«, »Tut mir leid«? Ich schweige, und, ja, ich schäme mich auch.

Anke erklärt uns (Markus hat mittlerweile genug gequalmt), was sie mit Jehuda besprochen hat. Es ist nämlich so: Jehuda möchte unbedingt in Deutschland studieren, er möchte sogar einen deutschen Pass haben. Das ist nicht ganz einfach. Schon pervers: Die Vorfahren von Jehuda mussten unter großen Gefahren ihre deutsche Heimat verlassen und auswandern. Sie fanden in einem Kibbuz in Israel eine neue Heimat, einen Zufluchtsort; die Vision eines vorurteilsfreien, absolut gleichberechtigten Zusammenlebens schien sich auf paradiesische Weise zu erfüllen. Aber die aktuelle Generation findet das Modell des Alle-leben-und-arbeiten-und-essen-zusammen-und-bekommen-dafür-gleich-wenig wohl nicht mehr sehr attraktiv. Jehuda zieht es nach Deutschland, weil er dort

Musik studieren will. Er möchte also in das Land seiner Lübecker Großmutter einwandern. Durch deutsche Schuld ist Jehuda quasi nach Lavi gekommen, sonst wäre er eines von vielen Lübecker Smartphone-Kids. Aber für die deutschen Behörden muss er nun eine Art, ich will jetzt nicht sagen Ariernachweis, aber doch Deutschstämmigennachweis erbringen, um dauerhaft in Deutschland wohnen und arbeiten zu dürfen. Ich wünsche mir, Jehuda bald an einer deutschen Universität besuchen zu können.

Am nächsten Morgen gehen wir um acht Uhr los, die Sonne scheint, es wird ein herrlicher Tag. Die Straßen im Kibbuz glänzen regennass. Wir erreichen schnell den äußeren Straßenring des Kibbuz und kommen an einer Möbelmanufaktur vorbei. Auf diesen Betrieb sind die Leute in Lavi mächtig stolz, wird dort doch die Mehrzahl ALLER Synagogeneinrichtungen WELTWEIT hergestellt. In Synagogen auf der ganzen Welt gibt es also sozusagen koschere Sitzbänke und Rednerpulte, und die kommen im Zweifelsfall aus Lavi. Wir wandern an den landwirtschaftlichen Betrieben des Kibbuz, an weiten Feldern vorbei Richtung Nordosten, neben uns verabschiedet sich der Kibbuz mit der israelischen Fahne. Das Panorama hat etwas von »Alice im Wunderland«. In der Morgensonne schlängelt sich der breite Weg sanft durch die sattgrünen Wiesen und verliert sich am Horizont, wo Zwillingshügel das Blickfeld begrenzen. Das sind nicht irgendwelche Hügel, sondern die legendären Hörner von Hittim – manchmal auch »Hörner von Hattin« genannt –, unser erstes Zwischenziel. Wir nähern uns den beiden »Hörnern« und sehen Granitfelsen aus der Wiese sprießen wie nicht zu bändigende Pickel. Schnell haben wir das erste Plateau erreicht und nehmen uns die Zeit, die man dort oben braucht.

Zunächst einmal, um den gigantischen 360-Grad-Blick zu genießen. Der Blick geht zurück Richtung Kibbuz Lavi und nach vorn zum See Genezareth. Im Dunst, denn schließlich müssen wir noch 27 Kilometer wandern, sehen wir unser Ziel Tabgha am Ufer des Sees. Es existiert eine regelrechte Blickschneise, durch ein gewaltiges Flusstal führend, die uns wie ein Zielfernrohr die Richtung angibt. Das ist sehr selten, und aus den deutschen Mittelgebirgen bin ich es überhaupt nicht gewohnt, dass man das Ziel einer so langen Tageswanderung schon so früh am Tag erblicken kann. Stark. Aber noch ganz schön weit. Zum anderen nehmen wir uns Zeit, um uns die historische Dimension dieses Ortes zu vergegenwärtigen. An den Hörnern von Hittim fand nämlich 1187 eine Entscheidungsschlacht zwischen der muslimischen Armee des Heerführers Saladin und den Kreuzfahrern unter Führung König Guidos von Jerusalem statt. Die Kreuzfahrer hatten einen langen Weg von Westeuropa, zu Fuß und zu Pferd, hinter sich. Mehr dazu im Kapitel über Peter den Einsiedler.

Ich schließe die Augen und atme die frische Luft ein. Und dazu gesellt sich in meinem Kopf (ich weiß, wer Visionen hat, sollte zum Arzt gehen) das metallene Klirren von aufeinanderschlagenden Schwertern, Schreie, das Wiehern sterbender Pferde. Schlachtenlärm. Oder höre ich nur den Autoverkehr der nahen Nationalstraße 77 nach Tiberias? Wir gehen auf der nördlichen Seite der Hörner hinunter Richtung Kfar Zeitim, einem unscheinbaren Ort in der Ebene. Dieser Abstieg hat es in sich. Steil, rutschig, teilweise muss man die Hände zu Hilfe nehmen, um sich an Felsbrocken vorbeizuschlängeln und voranzutasten. Und es geht lange bergab, viel, viel länger, als der Aufstieg gedauert hat. Denn es kommt die Besonderheit unseres Höhenprofils ins Spiel.

In Nazareth standen wir am Vortag an der Moschee mit der goldenen Kuppel auf 500 Höhenmetern, dann gab es ein munteres Auf und Ab, bis wir schließlich den Kibbuz Lavi auf 300 Metern über dem Meeresspiegel erreicht hatten. Hinauf auf die Horns of Hittim waren nur 60, 70 Höhenmeter zu überwinden. Aber nun geht es auf den nächsten Kilometern erst steil, später eher kommod hinab auf 100 Meter UNTER dem Meeresspiegel. Und das, ohne dass wir Tauchermasken oder Sauerstoffgeräte anlegen müssten. Im Gegenteil, Anke an der Bar im Kibbuz Lavi hatte uns versprochen, dass der Sauerstoffgehalt der Luft unter dem Meeresspiegel rasant ansteigt, man fühle sich beschwingt, Doping sei nichts dagegen. Mal sehen.

Wir haben Kfar Zeitim erreicht und gehen an dem Ort vorbei auf einem Feldweg. Immer weiter, immer weiter, nur leider in die »falsche« Richtung, Richtung Westen. Die Wege und Visionen der Jesus-Trail-Markierer sind unergründlich, aber wahrscheinlich möchte man den sinnsuchenden Wanderern aus aller Welt ein wenig die Landschaft zeigen und natürlich das Wadi Hamam. Lustiger Name, denn ein Hamam ist doch eigentlich eine orientalische Badeanstalt und ein Wadi ein Tal, wir gehen also im Tal des Dampfbads. Im Wadi ändert unser Weg seine Richtung, und wir wandern wieder »richtig«, in nordöstliche Richtung, in Richtung See Genezareth. Nach den ersten Kilometern zu urteilen, müsste das Tal eigentlich Wadi Oliva heißen, denn weiträumige Olivenplantagen säumen den Weg. Der Taleinschnitt wird immer tiefer, und wir waten durch festen, matschigen Lehmboden. »Fest« und »matschig« ist normalerweise ein Widerspruch, im Wadi Hamam nicht. Denn der Matsch, durch den wir uns Schritt für Schritt kämpfen, legt sich Schicht um Schicht unter unsere Schuhsohlen, wir wachsen ein wenig in die Höhe, bevor er in großen Brocken abfällt und das Spiel von Neuem beginnt. Wohlgemerkt, dies sind Beobachtungen einer Wanderung auf dem Jesus Trail im Januar, im Hochsommer ist es in dem Tal wahrscheinlich brüllend heiß und der Untergrund staubtrocken. Dann doch lieber der Lehm. Vielleicht kommt der Matsch ja auch daher, dass wir mittlerweile den Meeresspiegel unterschritten haben und ein ganz klein wenig Meerwasser in die Lehmschichten unseres Wadis geflossen ist. Von einem rauschhaften Highsein wegen erhöhter Sauerstoffzufuhr ist allerdings überhaupt nichts zu spüren.

Wir haben den vorerst tiefsten Punkt unserer Wanderung erreicht, 100 Meter unter dem Meeresspiegel. Ich muss, an einen großen Stein gelehnt, eine kurze Pause machen, das Wadenbein schmerzt sehr, die Schuhe sind wegen des Lehms zu schwer, der Rucksack drückt auf die Schultern und das Kreuz. Der Jesus Trail geht nun bergan, 300 Höhenmeter, auf den Berg Arwel. Super Aussicht auf den See Genezareth garantiert. Dann wieder hinunter ins Wadi. Theoretisch könnten wir also einfach im Tal weiterwandern. Wäre wahrscheinlich auch theologisch korrekter. Denn war Jesus wirklich so ein Bergfex? Nun gut, Bergpredigt, okay, aber der Bergpredigt-Berg, den wir noch sehen werden, ist eher ein Hügel. Nein, Jesus war eher nah bei den Menschen, down to earth sozusagen, er wollte dort sein, wo das Leben tobt. Markus ist nicht überzeugt. »Wenn schon Jesus Trail, dann richtig. Aber entscheide du.« O Mann, das nervt langsam, noch immer tut Markus so, als sei ich der »Meister« und er mein »Jünger«, dabei drückt er sich einfach vor jeder klaren Entscheidung. Da ich nicht als Warmwanderer dastehen will, gehen wir natürlich bergauf. Wieder Matsch ohne Ende, dann eine Zufahrtsstraße zum Berg. Eine Schranke versperrt den Weg. Im Kassenhäuschen sitzt eine äußerst schlecht gelaunte junge Dame. Wir lernen: Erstens kostet es Geld, die Aussicht zu genießen, weil zweitens der Berg Arwel einer der 66 Nationalparks in Israel ist, und drittens, dass wir den Jesus Trail nicht gehen dürfen. Hä??? Es sei zu gefährlich, rutschige Steine, Matsch, der Weg sei bei diesem Wetter (es ist strahlender Sonnenschein, 18 Grad) gesperrt. Ob sie sich sicher sei? Langsam schaltet sie um von schlecht gelaunt auf richtig böse. Ja, es sei DANGEROUS; wenn wir ausrutschten, könnten wir leicht 15, 20 Meter tief von den Felsen stürzen. Das tut bestimmt weh, also lassen wir es sein.

Runter auf derselben Straße, dann ein kurzer alpiner Abstieg. Plötzlich stehen Rinder auf dem Weg, alles Jungbullen. Ich versuche den griechischen Stein-Aufhebe-Trick, der sie aber kein bisschen beeindruckt. Da müssen wir jetzt durch, es hilft nichts. Wir singen »Hevenu shalom alechem« und klatschen laut in die Hände. Die Rindviecher scheinen Hebräisch zu verstehen und wollen auch »Frieden für alle«, also rücken sie zur Seite und machen den Weg frei. Etwas mulmig ist mir trotzdem. Nachdem wir sie passiert haben, drehe ich mich nicht um, erwarte aber noch einige Hundert Meter weiter, dass die Erde anfängt zu beben und wir das Stampfen von zehn wild gewordenen Bullen hören werden.

Langsam weitet sich das Tal, von rechts kommt der Jesus Trail den Berg herab, und wir sind wieder auf dem richtigen Pfad. Wir gehen durch weitläufige Orangenplantagen und kommen nach Migdal. Die Bibel kennt diesen Ort als Magdala, berühmt wegen einer der vielen Marias der Evangelien. Maria von Magdala, oft Maria Magdalena genannt, hatte einen sehr traditionsreichen Beruf: Prostituierte. Perfekt passte sie als »Sünderin« in das sozialgesellschaftliche Programm von Jesus, der gerade den ausgegrenzten Minderheiten seiner (und im Endeffekt auch unserer) Zeit einen Raum in seinem Heilsprogramm einräumte. Dass diese Maria gerade hier ihrem Beruf nachging, ist logisch, denn Migdal war vor 2000 Jahren eine pulsierende hellenistisch-jüdisch-römische Hafenstadt mit Matrosen aus aller Herren Länder. Und berühmt für das größte Rotlichtviertel der ganzen Region.

Von alledem ist nichts übrig geblieben. Migdal ist weder pulsierend noch Hafenstadt, und auch ein Rotlichtviertel können wir nicht entdecken. Zögernd stehen wir an der Nationalstraße 90 vor einer Gaststätte mit Außenbestuhlung. Man könnte doch, also die Schultern schmerzen vom Rucksack, und die Waden sind schon ziemlich dick … und schwupps sitzen wir und haben ein kühles Goldstar-Bier vor uns. Eine moderne Maria Magdalena ist nicht in Sicht, dafür überrascht unser Kellner mit einem fast perfekten Deutsch. Er ist in Nazareth geboren, in Berlin aufgewachsen und hat in Heidelberg studiert, nun bringt er uns schon das zweite Goldstar. Nicht jeder gebürtige Nazarener scheint also im Messias-Business zu arbeiten. Wir entspannen und schauen Richtung Straße. Dort fahren ungewöhnlich viele Militärfahrzeuge vorbei, wir zählen mindestens 30 beige-braune schwere Fahrzeuge. Das hat womöglich mit der gar nicht so fernen Grenze zu Syrien jenseits des Sees zu tun. An der Gaststätte hält ein friedenstaubenweißes, allradgetriebenes Fahrzeug der UN. Zwei ultracoole schwarzafrikanische Soldaten steigen aus, kaufen Zigaretten, fahren weiter. Die sehen beide nicht so aus, als wäre Stress das größte Problem bei ihrem Job.

Nach dem dritten Goldstar und einem Blick auf die Uhr ist der Aufbruch unumgänglich. Wir verabschieden uns von unserem kellnernden Nazarener und machen uns schweren Schritts auf, die letzten Kilometer zu stemmen. Der Weg durch Bananen- und weitere Orangenplantagen zieht sich, der Lehm klebt wieder in mehreren Schichten unter unseren Schuhen. Schöner wird es, als der Trail Richtung See abknickt, wir die Nationalstraße 90 überqueren und dann bis Tabgha am See entlangwandern können. Denn ein See ist ein See und bleibt ein See, und es ist immer wieder wunderbar, beim Gehen auf Wasser schauen zu können. Besonders natürlich, wenn es sich um ein Gewässer handelt, das eine so große Rolle in der Bibel spielt.

Fast alle Jünger Jesu waren Fischer, weswegen sich so viele Gleichnisse von Fischern in der Bibel finden. Jesus stoppt einen Sturm auf dem See, und dann ist da natürlich die Geschichte, in der er über das Wasser geht. In einem Buch, in dem es um das Zu-Fuß-Gehen geht, darf, kann und soll das natürlich nicht unerwähnt bleiben. Es sind in den letzten 2000 Jahren viele Vermutungen angestellt worden, wie dieses

Wunder Jesu auf natürliche Weise erklärbar ist. Ich möchte zu diesem Thema nur einen Witz beisteuern: Jesus, der Papst und der Kirchenkritiker Eugen Drewermann treffen sich am Ufer des Sees Genezareth. Jesus schlägt vor, über das Wasser zu gehen, und er und Drewermann stiefeln los. Schnell merken sie, dass der Papst fehlt. »Was ist los?«, ruft Jesus zum Ufer hinüber. »Ich habe Angst unterzugehen«, antwortet der Papst. Lächelnd wendet sich Jesus an Drewermann: »Au Mann, hat der denn nicht die Steine unterhalb des Wassers gesehen?« Da fragt Drewermann irritiert: »Welche Steine?«

Tabgha ist unser Tagesziel, dort werden wir im Pilgerhaus übernachten. Das Pilgerhaus ist ein ganz besonderes Stück von Israel. 1889 kaufte der Deutsche Verein vom Heiligen Lande nach zähen Verhandlungen mit einigen Araberstämmen ein großes Areal direkt am See, genau an der Stelle, an der die wundersame Brotvermehrung geschehen sein soll. Jesus sah sich einer hungrigen Masse von 5000 Fans gegenüber, und als guter Gastgeber wollte er alle zufriedenstellen. Also ließ er sich fünf Brote und zwei Fische geben und befahl seinen Jüngern, diese an die 5000 auszuteilen, und wundersamerweise wollte der Vorrat nie zur Neige gehen. Schon bald, nachdem der Verein die Enklave erworben hatte, kamen die ersten Pilger, um diesen besonderen Ort zu besuchen.

Wir gehen nach der Nacht im Pilgerhaus zur Brotvermehrungskirche. Das ist ein Weg von vielleicht 600 Metern, aber einfach ist er nicht zu gehen. Erst einmal durch das riesige Sicherheitstor hinaus aus dem Gelände des Pilgerhauses, 100 Meter weiter stehen wir vor einem weiteren großen Stahltor, sehr zugesperrt, Schild daran: »Private Area«. Wir klingeln, mit einem Summen springt der Seitengang auf. Nach einem kurzen Spaziergang kommt die Brotvermehrungskirche in Sicht, daneben ein Kloster. In einer kleinen, schmucklosen, topmodernen Kapelle im Kloster besuchen wir die Neun-Uhr-Messe der Benediktiner. Die drei Bänke auf der rechten Seite sind mit philippinischen Nonnen besetzt, auf der linken Seite sitzen sieben Gläubige aus Deutschland und wir, um den Altar sind sieben Priester und Mönche versammelt. Heute ist der 6. Januar 2015, wir feiern das Fest der Heiligen Drei Könige.

Der Predigt können wir gut folgen, sie ist auf Deutsch. Obwohl es ein wenig anstrengend ist, dem Benediktinermönch zu lauschen, denn er hat wohl einen Kurs in »Salbungsvoll sprechen« mit Auszeichnung bestanden. Am Ende der Predigt werden wir alle dazu aufgefordert, unseren Horizont zu erweitern und »neue Wege einzuschlagen«. Na, dieser hochpriesterlichen Aufforderung sind Markus und ich ja in vorauseilendem Gehorsam voll und ganz nachgekommen. Wir sind auf dem Jesus Trail für uns ganz neue Wege gegangen und haben unseren Horizont gewaltig erweitert. Bis mindestens zu den Golanhöhen am Horizont des östlichen Seeufers. Und dann fühlen wir uns beide auch noch sehr heimatlich. Denn in den Fürbitten wird des Kölner Erzbischofs Woelki gedacht und aller Gläubigen, die »im Dom zu den Heiligen Drei Königen pilgern«. In DEM Dom, denn eigentlich gibt es nur EINEN richtigen Dom auf der Welt, und der steht in Köln. Glauben zumindest die Kölner. Es stimmt schon, was man uns an der Rezeption des Pilgerhauses gesagt hat: Tabgha ist ein Vorort von Köln – alles Gute dieser Welt kommt aus Nippes, Tabgha, Ehrenfeld.

Jetzt müssen wir aber endlich unseren Weg beenden, denn nicht Tabgha ist Ziel des Jesuswegs, sondern Kapernaum, gut zwei Kilometer nordostwärts am Seeufer gelegen. Es gibt keinen Ort in Galiläa, der so oft im Neuen Testament erwähnt wird, denn er war der Wohnort von Jesus. Man muss sich das wie eine Art Männer-WG vorstellen: Jesus hatte als Wanderprediger keinen festen Wohnsitz, doch wann immer er wollte, konnte er bei dem Primus inter Pares der Jünger, dem Fischer Petrus, wohnen. In diesem Haus hat Jesus ebenfalls Wunder getan, etwa die Schwiegermutter von Petrus von einer fiebrigen Krankheit geheilt. Nicht überliefert ist, ob das Petrus wirklich recht war. Über Petrus' Haus wurde 1990 von den Franziskanern eine UFO-ähnliche, verglaste Kirche errichtet. Das ist ein wenig schade, denn die alten Mauern sind unter diesem Ungetüm nur sehr schlecht zu erkennen. Durch den Glasboden des Gotteshauses hat man zwar einen besseren Blick, dafür muss man aber ein Zeitfenster zwischen den zahlreichen Gottesdiensten abpassen, denn während der Messen ist der Zutritt untersagt.

Es stehen reichlich Häuser, Hütten, Fundamente und Mauerreste in Kapernaum, alle durchnummeriert, wahrscheinlich waren das vor 2000 Jahren die ursprünglichen Hausnummern. Man kann sich ziemlich gut vorstellen, wie eng dieses Fischerdorf zu Jesu Zeiten gebaut war, labyrinthisch müssen die Gassen gewesen sein. In »Herders neuem Bibelatlas« las ich, dass die Gebäude der Stadt als »insula« angelegt waren, »geschlossene Wohneinheiten mit einer Größe von etwa 40 mal 40 Metern. Hier wohnte jeweils eine Großfamilie. Die zehn bis 15 Räume wurden teilweise als Stall, teilweise als Wohnräume genutzt, die meisten Häuser waren nicht größer als 18 Quadratmeter, gearbeitet wurde im Freien.«

Im 21. Jahrhundert wohnt niemand mehr in Kapernaum, der Ort ist eine Art Freilichtmuseum mit jeder Menge alten Steinen. Dass aus Kapernaum nichts geworden ist, ist eigentlich logisch, denn Jesus hat es verflucht: »Dann begann er den Städten, in denen er die meisten Wunder getan hatte, Vorwürfe zu machen, weil sie sich nicht bekehrt hatten … Du Kapernaum, meinst du etwa, du wirst zum Himmel erhoben? Nein, in die Unterwelt wirst du hinabgeworfen … Dem Gebiet von Sodom wird es am Tag des Gerichts nicht so schlimm ergehen wie dir.« Kapernaum also schlimmer als Sodom und Gomorrha, harter Tobak. Im Klartext: Da hat sich Jesus wundermäßig in Kapernaum abgerackert wie in keinem anderen Ort der Welt, und es wird ihm nicht mit bedingungslosem Glauben und Gefolgschaft gedankt. Da ist sie wieder, die Der-Prophet-gilt-nichts-im-eigenen-Land-Nummer. Zu Jesu Zeiten war Kapernaum ein wichtiger Ort am See Genezareth, verfügte über den größten Hafen neben Magdala, nur ein Rotlichtbezirk ist nicht überliefert. Das Kapernaum des 21. Jahrhunderts ist wirklich auf den Hund gekommen – überall Ruinen und das Raumschiff der Franziskaner. Jesu Prophezeiung hat sich bewahrheitet.

Auf dem Rückweg nach Tabgha gehen wir auf den Berg der Seligpreisungen, den Ort der berühmten Bergpredigt. Diese Predigt übermittelt quasi die zentralen Botschaften des Christentums mit geradezu sozialrevolutionären Kernthesen. Eigentlich hat Jesus auf dem Berg nahe Tabgha die Zehn Gebote ganz geschickt um drei ergänzt: Sei barmherzig, sei friedfertig, sei gewaltfrei. Und er erweitert die bestehenden Zehn Gebote inhaltlich: Der Ehebruch beginnt bei Jesus nicht beim sexuellen Seitensprung, sondern schon beim lüsternen Anschauen einer anderen Frau. Man muss auch nicht zum Äußersten gehen und jemanden töten, bereits einem anderen, einem »Bruder«, zu »zürnen« verstößt gegen das fünfte Gebot. Und eine ganz entscheidende Kehrtwendung gegenüber dem Alten Testament: Es gilt nicht mehr, so Jesus, Auge um Auge und Zahn um Zahn, sondern man habe gefälligst die linke Wange hinzuhalten, sollte man auf die rechte geschlagen worden sein.

Laut den Evangelisten muss man sich das bei der Bergpredigt so vorstellen: Scharen von Menschen waren Jesus gefolgt, sodass er sich einen erhöhten Punkt für seine Predigt suchen musste, also »stieg er auf einen Berg« und predigte von dort, damit ihn alle sehen konnten. Wir wandern auf diesen Berg, der sich hinter Tabgha erhebt. Ein voll besetzter Range Rover hält neben uns, ein älterer Mann fragt nach dem Fußweg, der hinunter zur Verbindungsstraße Tabgha–Kapernaum führt. Wir weisen ihm den rechten Weg und gehen zum Haupteingang des Geländes. Auf der Kuppe haben sowohl das israelische Verteidigungsministerium als auch die israelischen Ministerien für öffentliche Sicherheit und für religiöse Angelegenheiten Schilder angebracht, die davor warnen, auf dem Gelände der Bergpredigt Gewalt anzuwenden. Das wäre in der Tat nicht im Sinne des Herrn. Das Gelände ist von acht bis 11.45 und von 14 bis 16.45 Uhr geöffnet. Wir kommen um Punkt zwölf Uhr an, massive Stahltore versperren den Weg. Da sich wahrscheinlich auch Jesus beim Bergpredigen an die Mittagspause von 11.45 bis 14 Uhr gehalten hat, nehmen wir die geschlossenen Tore als Wink mit der eisernen Zaunstange, nach Tabgha zurückzukehren.

Auf dem Rückweg haben wir wunderbare Aussichten auf den See Genezareth und treffen die Leute aus dem Range Rover wieder. Sie haben zwar einen Fußweg gesucht, sind aber mit dem Jeep gefahren, immerhin hätten sie 1000 Meter bis zum schönsten Aussichtspunkt zu Fuß gehen müssen. Wenn das wirklich der Berg der Bergpredigt ist, dann muss Jesus, da sind wir uns alle einig, genau an dieser Stelle gestanden haben, mit gutem Blick über den See, zu seinen Füßen die Jünger, weiter unten am Seeufer die Menschenmassen. Wir fragen die sechsköpfige Gruppe, woher sie kommen: Aus Israel und Georgien seien sie, und man möge bitte das schlechte Wetter entschuldigen. Wahrlich, ich sage euch, selig sind die, die sogar die Verantwortung für das Wetter übernehmen. Und sie bedanken sich bei uns, dass wir ihnen den Weg gewiesen haben. Denn wahrlich, ich sage euch, selig sind die, die sogar den Einheimischen einen Fußweg zeigen können.

»Als die Zeit herankam, in der er (in den Himmel) aufgenommen werden sollte, entschloss sich Jesus, nach Jerusalem zu gehen.« Vielleicht hatte Jesus auch auf gut Deutsch die Faxen dicke in Galiläa, zumindest von Nazareth und Kapernaum war er ja tief enttäuscht. Also zog er durch Samaria und Judäa nach Jerusalem. Diesen Weg sind wir nicht gegangen. Nur die letzten Meter sind wir auf den Spuren des Messias gewandelt. Wir haben uns vor der Reise natürlich schlaugemacht. Im Internet informiert das Auswärtige Amt über die Reise- und Sicherheitshinweise für Israel: »Bei Aufenthalten in Jerusalem wird zu verstärkter Vorsicht geraten. Insbesondere in der Altstadt und den anliegenden Stadtgebieten von Ostjerusalem. Zurzeit wird davon abgeraten, in Jerusalem öffentliche Verkehrsmittel wie Straßenbahnen und Linienbusse zu benutzen.« Also steigen wir in ein Taxi zum Ölberg.

An dieser Stelle ein kurzer Exkurs zur Topografie von Jerusalem. Einen wirklichen Plan hatte ich nie von dieser Stadt, obwohl Jerusalem in den vergangenen Jahrzehnten nicht zu knapp in den internationalen Medien präsent war. Unser Hostel zum Beispiel liegt im Zentrum, das aber nicht mit der Altstadt zu verwechseln ist. In Jerusalems Zentrum findet man Geschäfte, oft für Klamotten. Wobei auffällt, dass es alles kleinere Geschäftseinheiten sind, die Verklumpung von Verkaufsflächen zu Passagen, Kaufhäusern, eine H&M-, Zara- und Mangoisierung kann ich in Jerusalem nicht entdecken. Und einen gigantischen Markt/Basar gibt es am westlichen Rand des Jerusalemer Zentrums. Am östlichen Rand überschreitet man die Grenze zu Ostjerusalem. Eine nicht ganz unheikle Grenze, gewiss, denn genau genommen gehört schon die Jerusalemer Altstadt zum palästinensisch verwalteten Ostjerusalem.

Ich hätte Straßensperren, Passkontrollen, Polizei und Militär erwartet. Nichts, aber überhaupt nichts dergleichen ist zu sehen. Ohne gemerkt zu haben, dass wir schon in Ostjerusalem sind, stehen wir beeindruckt vor der gigantischen Stadtmauer, die immer noch die Altstadt von Jerusalem umschließt. »Immer noch«, da man es von europäischen Großstädten gewohnt ist, dass sie ihre Mauergürtel spätestens zur Gründerzeit am Ende des 19. Jahrhunderts gesprengt haben. Die durchgehende Mauer um die Altstadt ist zwar »erst« 1538 von Süleyman dem Prächtigen angelegt worden, aber viel anders wird die Stadt auch nicht den Kreuzfahrern vor knapp 1000 Jahren und auch nicht Jesus vor 2000 Jahren erschienen sein. Die Altstadt ist geviertelt, es gibt ein muslimisches, ein jüdisches, ein christliches und ein armenisches Viertel. Das armenische ist eigentlich ebenfalls ein christliches, historisch begründet wird dieses Viertel dadurch, dass die Armenier sich als erstes Volk der Welt schon 301 n. Chr. für das Christentum als Staatsreligion entschieden haben. Und wer sich für das Christentum interessiert, der interessiert sich automatisch für Jerusalem, die Stadt, die untrennbar mit den letzten Tagen im Leben Jesu verbunden ist.

Östlich der Altstadt, im reinen Palästinensergebiet, ist von einer angespannten, bedrohlichen Situation ebenfalls nichts zu spüren. Liegt es daran, dass wir wenige Tage nach Neujahr nach Israel gereist sind? Vielleicht sind die Kamerateams der Sendeanstalten dieser Welt noch in Urlaub. Dann brauchen die palästinensischen Jugendlichen auch keine Steine zu werfen, denn ohne mediale Aufmerksamkeit entfällt eine wichtige Motivation für Krawall.

Wir stehen auf dem Gipfel des Ölbergs und sind wieder in der Spur oder vielmehr auf den Spuren von Jesus. Denn dort oben muss er mit seinen Jüngern gestanden haben nach seinem Marsch nach Jerusalem. Einiges in Jesu Blickfeld war anders als 2015, das ist klar. Jerusalem bestand nur aus der Altstadt, die zudem um die Hälfte kleiner war. Eine Mauer umschloss auch damals schon die Stadt. Statt des muslimischen Felsendoms mit seiner goldglänzenden Kuppel stand ein jüdischer Tempel auf dem Hügel gegenüber dem Ölberg. Deswegen wird dieser Hügel ja Tempelberg genannt. Es wäre allerdings möglich, dass Jesus überhaupt gar nicht so richtig vom Ölberg auf Jerusalem blicken konnte. Nur das Deutsche kennt einen »Ölberg«, im Englischen, Hebräischen und Arabischen ist es der »Berg der Oliven«. Und da es vor 2000 Jahren in Palästina im Jahresschnitt wesentlich kälter war als heute, kann man zu Jesu Zeiten von einer dichten Bepflanzung mit Olivenbäumen ausgehen. Da hat der gute Nazarener womöglich den Tempel vor lauter Bäumen nicht gesehen.

Wir gehen bergab. Der asphaltierte Weg ist so steil und gewunden, dass er mit 100-prozentiger Sicherheit auf einen alten Fußpfad zurückzuführen ist, vermutlich genau den, den Jesus mit seinen Jüngern nahm. Wobei Jesus, wenn man der Bibel glauben darf, im Unterschied zu seinen Jüngern nicht zu Fuß in Jerusalem einzog, sondern auf dem Rücken eines Esels. Wahrscheinlich hat er sich aber erst kurz vor dem Stadttor auf das Tier gesetzt, denn der Weg führt derart steil bergab, dass man einem armen Eselchen nicht hätte zumuten können, einen schweren Messias auf dem Rücken zu tragen. Zudem ist der Esel wahrscheinlich eine der vielen »Requisiten« im Neuen Testament, die auf Prophezeiungen aus dem Alten Testament (wie bei der Betlehemgeschichte) über einen Messias Bezug nehmen. Denn beim Propheten Sacharja steht der Esel nicht nur für Bescheidenheit, sondern ist auch »Sinnbild des gewaltlosen Friedenskönigs«. Und außerdem: Wie sollte denn bitte schön das bewusst demütige Gebaren des Nazareners dazu passen, seine Jünger gehen zu lassen, während er selbst bequem auf einem Esel sitzt? Nein, natürlich ist der Messias zu Fuß in Jerusalem eingezogen.

Jesus hat die Stadt laut Überlieferung durch das Goldene Tor – das im 16. Jahrhundert zugemauert wurde – betreten. Vier Tage danach, nach vielen Predigten, Reden, Ansprachen und Gleichnissen, feierte er mit seinen Jüngern das Abendmahl, das Leonardo da Vinci sozusagen fotografisch exakt auf einem Fresko in Mailand festgehalten hat. Nach dem Dinner machten sie, salopp gesprochen, einen kleinen Verdauungsspaziergang zum Ölberg. Dort ließ sich Jesus im berühmten

Garten Getsemani nieder und betete. Es ist die Nacht von Donnerstag auf Freitag, der Tag, den die Christen als Gründonnerstag feiern. Im Garten Getsemani fallen fast sprichwörtliche Sätze. Vom Kelch, der vorübergehen solle, bis zu »Der Geist ist willig, das Fleisch ist schwach«. Seine Jünger sind von Abendmahl und Verdauungsspaziergang derart ermattet, dass sie einschlafen, anstatt mit ihrem Chef zu wachen.

Markus (mein Freund, nicht der Evangelist) und ich erreichen den Garten Getsemani, amerikanische Touristengruppen schieben sich hinter ihren Reiseführern her. Der Garten ist klein, sehr klein, es stehen aber einige Olivenbäume herum, die an die 2000 Jahre alt sein sollen, eingezäunt mit starken Eisenstäben. Mächtige, knotige Baumstämme, richtige Wuchtbrummen. Es ist wirklich beeindruckend, wenn man sich vorstellt, dass Jesus tatsächlich an einen dieser Bäume gelehnt auf seine Verhaftung nach dem Verrat durch Judas gewartet haben könnte. Denn in ebendiesen Garten Getsemani führte Judas die Abgesandten der Hohepriester und gab ihnen durch den berühmten Judaskuss zu erkennen, wen sie festnehmen sollten. Wir folgen den letzten Schritten Jesu in die Stadt Jerusalem, die er in der Nacht vor seiner Kreuzigung gemacht hat. Wir streben dem Löwentor zu, und aus allen Ecken strömen mit uns Menschen. Es sind aber nicht Diener des jüdischen Hohepriesters Kajaphas und seiner Amtskollegen, sondern muslimische Gläubige, die bald zum Freitagsgebet in den Felsendom abbiegen. Der Felsendom ist für die Muslime die heiligste Stätte nach Mekka und Medina, da vom Tempelberg aus der Prophet und Religionsgründer Mohammed mit einem Kamel in den Himmel aufgefahren ist. Mit einem Kamel, nicht mit einem Esel. Wir befinden uns nun im muslimischen Viertel, dem größten Viertel der Altstadt.

Dann ist es so weit, Freitag, 15 Uhr. Wir stehen auf der Via Dolorosa an der ersten Station des Kreuzwegs Jesu. Neben uns 20 Franziskanermönche aus aller Welt und mehrere Hundert Gläubige. Jeden Freitagnachmittag ziehen die Franziskaner Jerusalems und ihre Mönch-Freunde aus der ganzen Welt den Kreuzweg entlang. Wir schließen uns an und gehen an einem Souvenirladen vorbei, der jede Menge Kreuze verkauft. Und Dornenkronen. Wer sich wohl so etwas kauft? Und was man wohl damit macht? Aufsetzen, an die Wand hängen wie ein Kreuz? Die Franziskaner sind Gott sei Dank keine Laienschauspieltruppe, die kommen ohne Dornenkronen aus, und ein echtes Kreuz wird auch nicht mitgetragen.

Es geht eine gepflasterte Straße bergab, was mich wundert. Christus, das Kreuz geschultert, den habe ich mir immer bergauf vorgestellt, steil bergauf, und wenn man einen beliebigen Kreuzweg in Deutschland geht, ist das genau so: Es geht immer bergan. Nun gut, der tatsächliche Weg geht leicht abwärts, ist doch schön. Nach 75 Metern bleiben die Franziskaner stehen. Ein streng blickender, beleibter Mann mit Fes und Lederpeitsche in der Hand weist die Gläubigen ein. Die Franziskaner stellen sich in einer Reihe auf, den Rücken zur Hauswand, die Gläubigen gegenüber, in Dreier- und Viererreihen. Dann wird gebetet, das übernehmen zwei Mönche, der Ton wird mit einer portablen Lautsprecheranlage übertragen. Sehr, sehr laut. Die Gebete sind lateinisch, italienisch, slowenisch. Slowenisch, weil ein slowenischer Franziskanermönch eine mindestens 100-köpfige Fangemeinde mitgebracht hat – wegen des »Heimvorteils« bekommen sie die Stationen von Jesu Leidensweg in ihrer Landessprache erklärt.

Es geht links herum, ultraorthodoxe Juden hasten seitlich an der Kreuzweggruppe vorbei, versuchen, nicht im Pfropf der christlichen Gläubigen in der engen Gasse stecken zu bleiben. Ein älterer Palästinenser mit rot-weißem Tuch auf dem Kopf hat einen schweren Fehler gemacht, denn er schwimmt in der

Mitte der Gruppe gegen den Strom und kommt nur sehr langsam vorwärts. Wir stehen vor der fünften Station des Kreuzwegs, an der laut Bibel Simon von Cyrene beim Tragen des Kreuzes geholfen hat. Ein wenig enttäuscht bin ich schon, dass das Ganze so unspektakulär abläuft, »nur« mit Gebeten. Man könnte den letzten Gang Jesu ja ein wenig oberammergaumäßig inszenieren, mit einem Jesus unter dem Kreuz und vielen Komparsen, wie eben einem Simon. Oder man sähe eine leibhaftige Veronika, die an der sechsten Station, eine Häuserecke weiter, eingreift und das berühmte Schweißtuch reicht.

Die gesamte Via Dolorosa ist von der ersten Station bis zum Kalvarienberg 600 Meter lang. Da kann man sich ausrechnen, dass wir nicht sehr lange von Station zu Station gehen. Mehr stehen als gehen, eher anstrengend. Irgendwann haben wir unter der Regie von einigen Franziskanern, die den Strom der Gläubigen regeln wie Verkehrspolizisten, den Haupteingang der Grabeskirche erreicht. Ein wenig ist es nun auch bergan gegangen, gegen Ende, einige Stufen hinauf, und wir sind nun im christlichen Viertel der Altstadt.

Am Eingangsportal der Grabeskirche befindet sich die zehnte Station, dort wurde Jesus entkleidet. Wir gehen in die Kirche hinein, aber statt einer großen Halle erwartet uns ein dunkler Vorraum mit einem Stein, den viele Pilger küssen. Rechter Hand führt eine steile Treppe hinauf in den ersten Stock. Dort sind wir bei Station elf bis 13 angelangt. An der elften Station wurde Jesus an das Kreuz genagelt, dort endet also sein Kreuzweg im engeren Sinne. Wenige Meter daneben die Stelle, an der das Kreuz stand, Station zwölf. Man sieht einen Felsen und fragt sich, wie in dem harten Gestein der Holzbalken des Kreuzes Halt finden konnte. Überhaupt wundert man sich, dass ein riesiges Gebäude um die Kreuzstelle herumgebaut ist und die Kreuzstelle zudem mitten in der Stadt steht. Die Erklärung ist natürlich, dass Jerusalem zu Jesu Zeiten um fast die Hälfte kleiner war und knapp östlich von Golgatha endete. Der Hügel, auf dem Jesus gekreuzigt wurde, befand sich in unmittelbarer Nähe der ursprünglichen Stadtmauer. Die Kreuzigungsszene ist in der Kunstgeschichte sehr häufig dargestellt geworden. Nie hatte ich den Eindruck, dass die Stadt Jerusalem in der Nähe war, vielmehr haben alle diese Bilder den Eindruck von landschaftlicher Weite vermittelt. Da bedarf es einiger Fantasie, sich innerhalb der dunklen, engen Mauern der Grabeskirche, zwischen silbernen Jesusdarstellungen, einem Felsen unter Glas und Hunderten von Pilgern den Ort vorzustellen, an dem das Kreuz stand.

Zwei Meter weiter die 13. Station. Dort wurde der Leichnam Jesu von den Frauen auf einem Stein gesalbt. Zu einem Weg im eigentlichen Sinn kann man das echt nicht mehr zählen. Der »Salbungsstein« ist übrigens nicht an der 13. Station zu finden, dort ist es einfach zu eng, er liegt direkt am Eingang, aha, das war der Stein, den die Gläubigen küssten. Jedes 1000-Teile-Puzzle ist übersichtlicher als diese Grabeskirche. Wir gehen weiter in eine mächtige überkuppelte Rotunde, in der sich eine lange Menschenschlange um eine Art Pavillon wickelt. Darin ist das Heilige Grab zu besichtigen, in dem Jesus bekanntlich nur sehr kurz verweilte. Dort, am Heiligen Grab, endet der offizielle Kreuzweg. Dabei war das Ende dieses Weges der Beginn seiner Auferstehung und damit auch der Beginn einer Weltreligion. Oder muss man sagen: mindestens einer Weltreligion, denn als wir die Grabeskirche verlassen, sehen wir ein auffälliges Plakat in einem Hinterhof. »Jesus said: I am indeed a slave of Allah, Allah is my Lord and your Lord, so worship him alone.« Perfekte Propaganda am Kalvarienberg, Jesus war also der erste Apologet des Islam, großartig, dass das mal so klar gesagt wird.

Es ertönt das Horn, das jeden Freitag eine Stunde vor Sonnenuntergang den Sabbat ankündigt. Und plötzlich kommen Bewegung und Tempo in die Menschenmenge, zumindest eilen alle Männer mit Kippa, schwarzem Mantel, hohem Hut und Schläfenlocken zur Mauer. Zu DER Mauer. Nicht um zu klagen, sondern um zu beten. Und alle haben es sehr eilig, teilweise sehr, sehr eilig, es ist ein extrem hohes Gehtempo, das die ultraorthodoxen Juden da vorlegen. Nicht zu verwechseln mit dem schlurfenden Gang der Gläubigen eine gute Stunde vorher auf der Via Dolorosa.

Warum heißt es im Deutschen eigentlich »Klagemauer«? Das ist ein wenig antisemitisch, »klagen« hat einen negativen Klang. Auf Englisch heißt diese Mauer, die westliche Mauer am Tempelberg, schlicht »Western Wall«. Um zur Klagemauer zu gelangen, muss man durch eine Sicherheitsschleuse. Die beiden äthiopischstämmigen Aufpasser wirken etwas gelangweilt und desinteressiert. 20 Meter vor der Mauer eine weitere Absperrung, an den Drängelgittern stehen wie im Zoo die Touristen und schauen sich das Treiben an der Mauer an. Das Gebiet vor der Mauer ist nochmals aufgeteilt, rechts dürfen die Frauen beten, links die Männer. Eine Art Wachpersonal achtet darauf, dass die Regeln eingehalten werden: keine Fotos, keine Frauen im linken Bereich, keine unbedeckten Köpfe.

Markus zieht seine Kapuze über den Kopf, ich sehe einen Stand mit Leihkippas und setze eine papstweiße Kippa auf. Nun ist es für uns überhaupt kein Problem, in den abgesperrten Bereich zu gehen. Wir werden zwar gefragt: »Are you Jewish?«, aber obwohl wir verneinen müssen, wünscht uns der Wachmann: »Enjoy it.« Wir treten Richtung (Klage-)Mauer. Die Kippa steht mir ganz gut, ich finde diese Kippas ja überhaupt für Männer im fortgeschrittenen Alter sehr sinnvoll, verdecken sie doch genau die prekär lichten Stellen am Hinterkopf. Ganz nah an die Mauer gehen wir nicht heran, dort wiegen sich die Ultraorthodoxen mit ihren hohen Hüten und den Schläfenlocken in laut gemurmeltem Gebet. Wir schlendern umher und sehen kleinere und größere Gruppen gläubiger Juden. Sie umarmen sich, als hätten sie sich lange nicht gesehen, bilden in Stuhlgruppen kleine Gesprächskreise, lachen viel, manche singen sogar. Direkt an der Mauer geht es hochspirituell zur Sache, aber im Bereich zwischen Mauer und Absperrung wird eine Art fröhliche Party gefeiert.

Wir verlassen die Klagemauer und machen einen letzten, schnellen Rundgang durch die Altstadt. Es ist beeindruckend, wie klein jedes der vier Viertel ist, in 20 Minuten haben wir im Sauseschritt drei große Weltreligionen durchwandert und landen schließlich im armenischen Viertel. Dort essen wir in einem armenischen Spezialitätenrestaurant, sehr voll, sehr urig, sehr lecker. Wir fühlen uns so wohl und fern von jeder Bedrohlichkeit, dass wir glatt mit der Straßenbahn zurück zum Hostel fahren würden. Aber es ist Freitagabend, totaler Sabbat, und da ruht der öffentliche Nahverkehr. Keine Straßenbahnen, keine Busse, keine Taxen, es sei denn, ein palästinensischer Fahrer sitzt hinter dem Steuer. Also gehen wir durch die unbelebten Straßen des Zentrums, keine Kneipe hat offen, kein Restaurant, sogar der 24-Stunden-Kiosk neben unserer Unterkunft hat die Gitter heruntergelassen.

Im Hostel, angeblich das fünftbeste der Welt, lernen wir eine ältere Dame aus Südafrika kennen. Rose ist Autorin – und beseelt von Israel. Sie ist sehr interessiert an unseren Erfahrungen auf dem Jesus Trail. Ob wir denn inspiriert worden seien? Markus denkt kurz nach, sagt dann: »Nein.« Ich für meinen Teil bin nicht in einem spirituellen Sinn inspiriert. Aber es macht etwas mit einem, wenn man im Heiligen Land zu Fuß geht, wenn man an den Stätten von Jesu Leben und Wirken ist, wenn man in Jerusalem Schritt für Schritt erlebt, wie drei Weltreligionen zusammenprallen. Mein Erkenntnisgewinn: Das meiste, was im Neuen Testament steht, ist wahrscheinlich historisch korrekt. Es gab einen Wanderprediger namens Jesus, der die Massen in Galiläa (außer in

Nazareth und Kapernaum) mit seinem Reformprogramm fasziniert hat, der überzeugt hat durch heilende Kräfte. Er ist auch mit Sicherheit am Kreuz gestorben. Aber vieles, was die katholische Kirche bis zum heutigen Tag als Glaubensgrundlage ansieht (die Rolle Marias in Jesu Leben, die Auferstehung Christi, Jesus als Sohn Gottes), wirkt arg an den Haaren herbeigezogen und zusammengebastelt. Die jüdische Religion erscheint prinzipienfester, durchdachter.

Im Hostel werden wir schließlich Zeuge einer einfachen jüdischen Sabbat-Zeremonie. Dafür braucht man anscheinend keinen Rabbi, auch keinen ultraorthodoxen Juden mit Schläfenlocken. Ein junger Mann mit Rainer-Langhans-Gedächtnis-Frisur spricht ein paar Sätze auf Hebräisch, ein Lied wird gesungen, das Brot und der Wein werden gepriesen. Auch die Nummer mit dem Brot und dem Wein haben die Christen also dem Judentum geklaut. Mit dem entscheidenden Unterschied, dass im »Original« der Hokuspokus mit »Leib« und »Blut« unterbleibt. Das ist einfach eine kleine, feine, fröhliche Zeremonie. Ich schaue mir die weiße Kippa an, die ich in die Hosentasche gesteckt hatte. Wäre es nicht eine geniale Idee, Jude zu werden? Koscher leben, Sabbat einhalten, Kippa tragen, Brot und Wein, alles kein Problem. Aber für dieses Projekt fehlt mir die jüdische Mutter. Und eine Beschneidung im Erwachsenenalter soll langwierig und extrem schmerzhaft sein. Da bleibe ich lieber ein ehemaliger Christ.

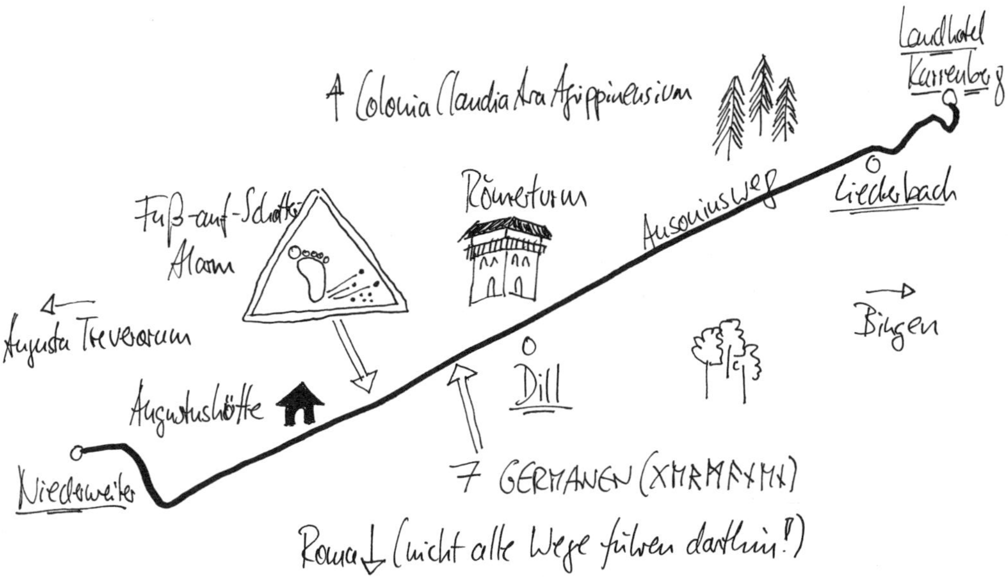
Landhotel Kurrenberg
Colonia Claudia Ara Agrippinensium
Liederbach
Ausoniusweg
Römerturm
Fuß-auf-Schott
Alarm
Augusta Treverorum
Augustushütte
Dill
Bingen
Niederweiler
7 GERMANEN
Roma (nicht alle Wege führen dorthin!)

371

ALS RÖMISCHER LEGIONÄR AUF DEM AUSONIUSWEG

»Erst mal Klamotten runter«, befiehlt Jörg. Ich kriege Angst. Das wird doch wohl nicht die erste Nacktwanderung meines Lebens werden? Aber erst einmal ausziehen muss sein, wenn ich genau so marschieren will wie die Römer, denn meine Klamotten, also meine Outdoorfunktionsbekleidung, ist überhaupt nicht legionärskompatibel. »Na gut, Unterhose kann anbleiben«, sagt der Zahntechniker Jörg in saarländischem Dialekt. Ich schlüpfe in ein sackähnliches Leinentuch mit Kopfloch, das für die nächsten Stunden meine Unterwäsche sein wird. »Darunter war der Römer blank, hatte keine Unterhose oder so etwas«, erklärt Jörg. Unten ohne war wohl sehr praktisch, denn so konnten sich die Römer bequem nebeneinander auf öffentliche Toiletten hocken und »Geschäfte machen«.

Die jahrhundertelange Vormachtstellung der Römer in Europa, Nordafrika und Kleinasien ist meines Wissens aber nicht auf die fehlende römische Unterhosenmode zurückzuführen. Eher war ein entscheidender, im wahrsten Sinn des Wortes stabilisierender Faktor für das Römische Reich der Straßenbau. Das römische Straßennetz reichte von Portugal im Westen, von den Britischen Inseln im Nordwesten bis in den Nahen Osten (im vorangegangenen Kapitel bin ich ja auf die ehemalige Römerstraße zum See Genezareth gestoßen) und nach Zentralasien hinein. Tausende Kilometer. Sogar eine Straßenkarte gab es schon. Auf der sogenannten Peutingerschen Tafel sind die wichtigsten Routen der Römer in einem verzerrten und wie platt gebügelten Europa zu erkennen.

Die Straßen der Römer waren nicht irgendwelche lehmigen und im Winter unpassierbaren Routen. Nein, der römische Straßenbau war große Ingenieurskunst, die Wege waren befestigt, mit einem ein Meter tiefen Fundament aus Lehm, Geröll und Steinen unterfüttert, gepflastert, normiert. Es gab Meilensteine, in regelmäßigen Abständen Versorgungsstationen für Mensch und Vieh, vergleichbar unseren Autobahnraststätten. Die Straßen waren das Rückgrat der römischen Zivilisation, befeuerten in der »römischen EU« den Handel, sorgten für einen von der Schifffahrt unabhängigen Warenverkehr. Aber der wichtigste Grund für den aufwendigen Ausbau des römischen Wegenetzes war natürlich die militärische Beweglichkeit. Falls nötig, konnten Truppen zügig über Hunderte oder sogar Tausende Kilometer verlegt werden. Und dabei sind die Legionäre immer Fußgänger gewesen. Offiziere sind geritten, Händler sind mit Ochsen- oder Pferdekarren vorwärtsgekommen, aber der gemeine Soldat ist – marschiert.

Ob der Herr Ausonius ebenfalls zu Fuß gegangen ist, ist in der Forschung umstritten. Ausonius war der Privatlehrer des Sohnes von Kaiser Valentinian I. (364–375). Also war er ein hochgestellter Beamter und verfügte daher wahrscheinlich über eine Pferdekutsche. In den Jahren 293 bis 392 war Trier eine der Residenzen der weströmischen Kaiser, und Kaiser Valentinian I. residierte nicht in Rom, sondern eben in Trier an der Mosel. Die Vorteile der Trierer Residenz liegen auf der Hand. Weniger Trubel als in Rom, weniger Streiks der Müllabfuhr. Dafür super Moselwein, direkte Nachbarschaft zur Luxemburger Finanzwelt, und vor allem war es nicht so weit in die Stadt aller Städte, die Colonia Claudia Ara Agrippinensium – Köln. Rom war in der Spätantike gestern, Trier war angesagt.

Der gute Ausonius reiste 371 über die Römerstraße von Bingen/Rhein nach Trier. Die ersten Meilen über die Höhenzüge des Hunsrücks, ab Neumagen-Dhron an der Mosel entlang. Und da es echt langweilig sein kann, tagelang durch den Hunsrück zu reisen, hat Ausonius zum Griffel gegriffen und aufgeschrieben, was er auf seiner Reise erlebt hat. Damit hat er einen sehr authentischen Reisebericht hinterlassen. Wer sich Schilderungen von Landschaften oder gar Erlebnissen im Hunsrück erhofft, wird jedoch enttäuscht sein. Im Endeffekt schreibt Ausonius über den Hunsrück nur vier dünne Zeilen:

Drauf den einsamen Weg durch waldige Öde betretend,
Nirgend umher auch Spuren von menschlichem Fleiße gewahrend,
Durch Dumnissus, das Dürre mit ringsum dürstender Landschaft,
Ging ich hindurch, und (sie netzt ein beständiger Quell) die Tabernä.

Tja, schmeichelhaft ist das nicht für den Hunsrück und seine Bewohner. »Waldige Öde«, »Dürre«, und wenn man keine »Spuren von menschlichem Fleiße« sehen konnte, spricht das nicht gerade für viele Arbeitsstunden der Hunsrücker Bauernschaft.

Die Mosel, die hatte es dem Herrn Ausonius dagegen angetan. Geschätzte 99 Prozent seines Reiseberichts – bezeichnenderweise mit dem Titel »Mosella« – beschäftigen sich mit dem mäandernden Fluss. Aber auch bei diesem Thema schreibt er wenig bis gar nichts über Land und Leute, sondern bietet vielmehr einen enzyklopädischen Überblick über die heimische Tier- und Pflanzenwelt – mit besonderer Würdigung des Weinbaus selbstverständlich. Wer sich durch die seitenlange Beschreibung aller Moselfische von Aal bis Zander durchgekämpft hat, besteht jede Bio-Leistungskurs-Klausur mit Auszeichnung. Da kommt eben bei Ausonius der Lehrer durch, wahrscheinlich musste der arme Kaisersohn Gratian alle Moselfische auswendig hersagen können.

Der Ausoniusweg folgt weitestgehend dem Verlauf der Römerstraße, und da es der Römer liebte, Straßen wie mit dem Lineal gezogen von A nach B anzulegen, verläuft auch der Ausoniusweg etliche Kilometer nur und stur geradeaus, man kann also quasi am Horizont schon sehen, wo man übermorgen gehen wird. Der Ausoniusweg ist daher unter Wanderfreunden berüchtigt, denn der Wanderer mag es eher kurvig. Ich fand die Vorstellung, diese Strecke allein abzugehen, nicht sehr reizvoll, ein bisschen Gesellschaft wäre schon schön, am besten ein paar echte Römer.

Seit etlichen Jahren gibt es weltweit eine höchst vitale Szene, die sich mit Reenactment beschäftigt. Jeder hat schon einmal einen Mittelaltermarkt besucht oder wenigstens gehört, dass es so etwas geben soll. Nun, auch auf einem Mittelaltermarkt wird im Bestfall Reenactment betrieben. Mit originaler Kleidung, originalen Zelten, originalen Waffen, originalen Speisen und Getränken. Manchmal riecht es auf diesen Mittelaltermärkten auch sehr original – nach einer Mischung aus Feuerrauch, Schweiß und Tier. Es gibt aber auch Menschen, die sich für andere Epochen begeistern. Und die »spielen« dann Hunnen, Kelten, Wikinger, Preußen oder eben Römer. Sehr böse werden die Reenactment-Leute, wenn man sie mit Karneval und Räuber-und-Gendarm-Spielen in einen Topf wirft. Nein, die historische Komponente wird überaus ernst genommen. Daher hörte ich überall, ich könne es vergessen, in Original-Legionärsmontur auf dem Ausoniusweg wandern zu wollen. Denn die Römerklamotten wären so teuer, weil maßgefertigt, dass sie einfach niemand mit klarem Verstand verleihen würde. Also habe ich beschlossen, zumindest einen oder zwei Römer aufzutreiben, die mich als Legionäre auf meinem Marsch durch den Hunsrück begleiten würden. Und fand schließlich Jörg und seinen Bruder Christoph aus dem Saarland.

Wir treffen uns auf dem Parkplatz eines Hotels in der Nähe von Kirchberg. Die beiden sind mit dem Minibus gekommen, immerhin muss eine Menge Equipment transportiert werden. Und – so ein Zufall – die beiden haben eine dritte Ausrüstung dabei. Es wird also einen dritten Legionär auf dem Ausoniusweg geben: mich. Meine Konfektionsgröße hatten sie im Vorfeld in Erfahrung gebracht, und so richtig »leihen« tun sie mir die Sachen nicht. Ich stehe ja unter Beobachtung und werde nun angeleitet, was denn zu tun ist, nachdem ich mich bis auf die Unterhose ausgezogen habe. Als Erstes holt Christoph eine Digitalwaage aus einer Kiste im Kofferraum des Busses. Die haben die Römer auch schon vor 1650 Jahren immer dabeigehabt. Ich soll zum Test mein Ausgangsgewicht dokumentieren. 91 Kilo ohne Bauch einziehen, das geht doch noch, ich war schon näher dran an den bösen 100.

Nach der Gewichtskontrolle streife ich mir also das lange Unterhemd aus Leinen über, das ist gleichzeitig Unterwäsche, T-Shirt und Pullover, sommers wie winters. Über dem linnenen Kleidchen wird eine Lederkordel festgezurrt, fertig. Fast fertig, denn nun muss ich das Kleidungsstück, das aussieht wie ein Nachthemd, hochziehen, sodass es sich über der Kordel bauscht und unten meine Knie zu sehen sind. Es gibt einen gewissen Kleidungskodex, und die römische Marschierregel Nummer eins lautet: »Der Legionär hat das Knie textilfrei zu tragen«, alles andere würde beim Marschieren behindern. Als Nächstes kommt das Schuhwerk dran. »Na ja, nicht ganz original römisch«, gibt Jörg zu. Aber sie sehen schick aus, die Ledersandalen. »Keine Socken?« – »Keine Socken!« Mit Sandalen, Hemd und Lederkordel sehe ich aus wie ein römischer Zivilist. Da muss jetzt noch ein Kettenhemd drüber, als Rüstung sozusagen. Schau an, ich hatte Kettenhemden immer in die Zeit von König Artus und seiner Tafelrunde, in die Ära des edlen mittelalterlichen Ritters datiert, aber schon die Römer haben einen solchen Körperschutz getragen. Ich teste das Gewicht des Kettenhemds, das Ding ist mindestens so schwer wie ein Bierkasten. »Elf Kilogramm«, grinst Christoph. »Spürt man aber gar nicht so, wenn man es trägt.« Mit vereinten Kräften wird mir das Kleidungsstück aus Metall über den Kopf gewuchtet. Es riecht nach Maschinenöl, die Brüder pflegen ihre Originalgarderobe anscheinend vorbildlich. Darum müssen die beiden sich natürlich selbst kümmern, ein Kettenhemd kann man ja schlecht in die chemische Reinigung um die Ecke bringen. Als ich das Elf-Kilo-Hemdchen am Leib trage, finde ich, dass man das Gewicht doch ein ganz klein wenig spürt. Das ist aber erst der Anfang. Denn nun kommt der »richtige« Gürtel mit Messer und einem kurzen Schwert. Um den Hals schlinge ich ein scharlachrotes Halstuch, das ist sehr praktisch, denn der fünf Kilo schwere Helm wird mir ebenfalls um den Hals gehängt, der kommt nur im Gefechtsfall auf den Kopf, ist ja logisch. Ganz wichtig ist der Schild, denn ohne Schild konnte der Legionär ja nicht die Schlachtformation »Schildkröte« ausführen. Der Schild wird beim Marschieren wie ein Rucksack auf den Rücken genommen.

Fertig? Noch lange nicht. Nun kommt das Marschgepäck: Ganz wichtig ist die zusammengerollte Decke. Bei großer Kälte wurde die Decke als Mantel benutzt. In diesem Moment verstehe ich die Legende um den heiligen Martin. Der hat ja keinen Mantel neuzeitlicher Prägung geteilt. Ich habe mich als Kind immer gefragt, was der Bettler von einem halben Mantel mit nur einem Ärmel hat. Nein, St. Martin war ja ein römischer Offizier und hat seine riesige Decke geteilt, die er als Mantel übergeworfen hatte.

Außerdem brauche ich als Kantine to go eine Kelle, einen Kochtopf, einen Napf, alles natürlich aus schwerem Metall.

Decke und Kochgeschirr werden zusammengebunden und an einem Kreuzstab festgemacht. Schließlich, ich habe ja noch eine Hand frei, drückt mir Jörg das *pilum*, den langen Speer, in die Hand. Jetzt bin ich komplett angekleidet und ausgerüstet und steige ein weiteres Mal auf die Waage. Ich bringe es auf 127 Kilo, 36 Kilo habe ich draufbekommen, das ist mal echtes Übergewicht.

Tja, ich stehe so herum und konzentriere mich darauf, dass das *pilum* mir nicht aus der Hand rutscht, während Jörg erklärt, wie man so genau wissen kann, wie ein römischer Legionär ausgestattet war. Zum einen ist einiges erhalten geblieben: »Das Schwert, das du trägst, liegt so, wie es ist, im Museum.« Ich erschrecke, ist das also Beutegut? Nein, natürlich ist alles in mühevoller Handarbeit nachgemacht, aber man kann sich ziemlich gut an den erhaltenen Originalen orientieren. Zum anderen gibt es im Gegensatz zu anderen Epochen der Weltgeschichte eine hervorragende Quellenlage, denn der Römer an sich hat gern und viel aufgeschrieben. So wie ja auch Ausonius alle Fischarten der Mosel auflistete. Hervorragend dokumentiert ist die Epoche der frühen Kaiserzeit von 27 v. Chr. bis 68 n. Chr., weswegen wir in unserer Legionärsmode dem guten Ausonius die Kleinigkeit von ungefähr 300 Jahren voraus sind. Hoffentlich gehe ich da als originaler Ausonius-Marschierer durch, denn auch die deutsche Militärmode hat sich in den vergangenen 300 Jahren einige Male geändert.

Eine Hotelangestellte nähert sich unserer kleinen Truppe und fragt, was wir im Schilde führen, ob wir eine Art Ritter seien. Wir kreischen entsetzt auf. Jetzt kleiden wir uns seit einer halben Stunde mit viel Liebe zum Detail wie waschechte Römer und werden mit barbarischen Rittern verwechselt! Jörg und Christoph sind verzweifelt, wie kann sie uns das antun? Die Hotelangestellte wird pädagogisch behutsam an die Wahrheit herangeführt. Ob sie nicht mal das Schild genauer anschauen könnte? »Legion XXII«, buchstabiert die junge Frau. Genau, hört sich das nach Rittersvolk an? Nein. Die 22. Legion des römischen Heeres war übrigens hauptsächlich in Mainz stationiert, passend zum Ausoniusweg auch in Bingen. Die Frau ist sichtlich beeindruckt und fasst das neu erworbene Wissen zusammen: »Aha, also Römer.« Richtig. Und zudem, kläre ich sie auf, dürfe man nach einer neuen Hunsrücker Wanderverordnung den Ausoniusweg nur noch in authentischer Römerklamotte wandern. Die Frau nickt anerkennend und geht an ihren Arbeitsplatz.

Ich bin immer noch erschüttert von einer derartigen geschichtlichen Unkenntnis. Immerhin weiß man doch durch intensives Studium der Asterix-Comics, wie ein Legionär ungefähr gekleidet war. Einzelne Teile der römischen Uniform – Helme und Harnische – rücken sogar immer in den Fokus, wenn die Römer mal wieder von den Zaubertrank-gedopten Galliern brutalstmöglich ein paar in die Fresse bekommen. Kann Asterix als Inspiration für die Reenactment-Szene dienen, taugen die Hefte womöglich sogar als Quelle? »Asterix ist sehr fantasievoll«, formuliert Jörg diplomatisch. An seinem Gesichtsausdruck merke ich, dass er die Comics um den kleinen und den dicken Gallier verachtet. Ist ja auch klar, die Römer mögen dort zeichnerisch halbwegs authentisch dargestellt sein, aber bitte schön, es ist doch keine Frage, wer in den Bildergeschichten immer der Blöde, um nicht zu sagen der Saublöde ist: der Römer. Die Römer bei Asterix nehmen die Rolle des Krokodils im Kasperletheater ein: gefräßig, dumm, bekommen immer eins auf die Mütze. Mit so einer Rolle möchte man sich als Römerdarsteller natürlich nicht identifizieren, dafür habe ich Verständnis.

Alle haben ihre mörderschweren Ausrüstungen geschultert, es kann also endlich losgehen. Nach 150 Metern erreichen wir über einen Zuweg den eigentlichen Ausoniusweg. Wir sehen ein paar Pflastersteine und eine Art Wegbegrenzung, es ist ein eingefasster Weg. Als Fußweg ist er breit genug, dass zwei Römer nebeneinander Platz finden, aber eigentlich zu schmal für einen originalen Römerweg. Drei bis sechs Meter war damals die Breite der Straßen, es sollten ja auch Karren und Kutschen problemlos passieren können. Wir gehen einige Schritte auf dem annähernd originalen Ausoniusweg, dann machen wir Frühstückspause. Das muss jetzt echt sein, hat Jörg entschieden, denn die Einkleidungszeremonie hat ganz schön geschlaucht. Außerdem: Was man jetzt wegisst, muss man nicht mehr mitschleppen.

Also essen wir belegte Brötchen und Croissants aus einem Backshop, die ich besorgt habe. Römermäßig total unauthentisch. Dafür zaubert Jörg einen original römischen Brotaufstrich aus seinem Bündel mit Kochwerkzeugen. Das grüne Zeug ist herzhaft, mit Schafskäse, Radieschen, Kräutern und sehr viel Knoblauch, ein toller Brotaufstrich. Das Rezept ist dem Buch von Edgar entnommen, einem Gleichgesinnten von Jörg und Christoph, der sich der römischen Kochkunst verschrieben hat.

Während des Frühstücks sind die diversen Habschaften eines durchschnittlichen römischen Soldaten unser Thema. Jörg zeigt mir ein Notizbuch – ein Legionär war also durchaus des Schreibens kundig und hat auf den langen Wanderungen und Märschen durch das Römische Reich auch mal Tagebuch geführt –, eine kleine Sichel, die »goldene Sichel«, klar, kenne ich aus Asterix, die braucht Miraculix zum Schneiden der Misteln, denn ohne Misteln kein Zaubertrank. Ein römischer Legionär benutzte diese Sichel jedoch eher als eine Art Handdusche. Erst die verdreckte Hautschicht mit Mandelöl einreiben, dann die Pampe mit der Sichel abschaben. Was man da an Brauchwasser gespart hat, eine wirklich gigantische Methode der Körperpflege, finde ich. Die Radieschen-Knoblauch-Paste ist ganz schön scharf, da wird man ein wenig durstig, und mit Entsetzen stellen wir fest: Keiner hat

Wasser dabei. Lustigerweise hat Jörg eine Trinkflasche mit, die im Römerbedarf um die 300 Euro kostet. Die Flasche ist verzinkt, lebensmittelecht, mit Wasser drin wäre sie nur unwesentlich teurer. Einerlei, wir wollen nur zehn Kilometer wandern, das werden wir wohl noch ohne Wasser hinkriegen. Es ist interessant, wie viel Geld die Reenactment-Leute für ihr Hobby hinlegen. Für ein authentisch gefertigtes Schwert sind 1500 Euro fällig, für ein Kettenhemd um die 700. Es gibt allerdings Spezialisten mit dem nötigen handwerklichen Know-how, die ein Kettenhemd abends vor dem Fernseher selbst zusammenstricken. So oder so, man kommt nicht umhin, für die Ausrüstung eines römischen Legionärs alles in allem den Gegenwert eines Kleinwagens hinzublättern. Das ist wahre Leidenschaft.

Wir haben uns mittlerweile ausreichend gestärkt, die Croissants und die Brötchen sind vertilgt, der Rest der leckeren Römerschmiere wird luftdicht in einer kleinen Tupperdose verpackt. Zugegeben total unauthentisch. »Authentisch« ist übrigens das Zauberwort der Reenactment-Szene. Je nachdem, welche Veranstaltung man besucht, wird durchaus darauf geachtet, dass es möglichst 100-prozentig authentisch zugeht. Keine Armbanduhr, keine Brille, kein Handy, keine Bierflasche am Lagerfeuer. Da würde man sich mit einer Tupperdose schnell die rote Karte einhandeln, aber wo kein Richter, da kein Henker. Dass unsere Tour kein lockerer Wanderspaß wird, merke ich am Marschbefehl, nachdem alle Notizbücher, Tupperdosen und leeren Wasserflaschen verstaut sind, der Schild umgehängt und das *pilum* wieder geschultert ist. »Pergite! Marsch los! Eine Reihe!!!«, kommt der Befehl von Jörg. Und Christoph ergänzt: »Wir haben nun zehn Kilometer Zeit, aus Manuel einen Mann zu machen.« Es ist ein sehr maskulines Hobby, das muss man sagen, Weibsvolk am *pilum*, das geht gar nicht, total unauthentisch.

Wir gehen los, und es klimpert und klappert ohrenbetäubend durch den Wald. »Geschepper und Getöse ohne Ende«, grinst Christoph, »das muss damals ein Radau gewesen sein wie bei der Blecharmee der Augsburger Puppenkiste.« Leise anschleichen war nicht drin mit dieser Ausstattung, das Zu-Fuß-Gehen der römischen Legionäre war der Gegenentwurf zum lautlosen Anschleichen der Indianer, wie es jeder Karl-May-Leser kennt. Kein Geräusch, zack, Skalp weg, Indianer weg, ohne einen Ton. Bei den Römern kündete der Lärm auch von einem gewissen Selbstbewusstsein. Seht her, und vor allem: Hört her. Da kommt sie, die glorreiche römische Besatzungsarmee.

Es geht zunächst leicht bergab. 400 Meter nach unserer Frühstückspause löst sich bei mir die Zierborte an der Sohle des rechten Schuhs. Ich habe zwar schicke Ledersandalen bekommen, die fest über dem Knöchel zugebunden sind, aber es sind leider ziemlich unauthentische Sandalen aus Pakistan. Nägel unter den Sohlen wie die beiden Jungs habe ich nicht. Das wäre nicht nur authentisch, sondern auch stabiler. Christoph erklärt, es habe vor 2000 Jahren sogar Nagelgeld für die Legionäre gegeben, damit sie sich die Nägel wieder komplettieren konnten. So manche Schlacht ist aufgrund der Intensität der herumliegenden Nägel rekonstruiert worden. Wo der Legionär Nägel verlor, war es zu einem heftigen Kampf gekommen, außerdem kann man von der Anzahl der Nägel auf die beteiligten römischen Soldaten schließen. 600 Meter weiter hat sich die komplette Sohle meiner rechten Sandale abgelöst. Ich versuche, mit Storchenschritten das Malheur vergessen zu machen, das geht aber auf Dauer mit 36 zusätzlichen Kilos nicht gut, also reiße ich die Sohle entnervt ab. Ich gehe auf einem dünnen Lederfußbett weiter, das noch gerade so von den Riemchen am Knöchel gehalten wird.

Nicht nur beim Schuhwerk klemmt es ein wenig. Auf dem ersten Kilometer halten wir gefühlt alle 200 Meter an.

»Blechbüchsenalarm!«, ruft Christoph. Dann werden die Tragegurte seines Schildes feinjustiert, das Kreuz neu gepackt, und weiter geht es. Bis wir wieder anhalten, weil das Bündel am Kreuz erneut verrutscht ist. »Das mit dem Packen müssen wir noch üben«, gibt Christoph offen zu. Doch genau darum gehe es ja, um die experimentelle Archäologie. Jörg und Christoph wollen ausprobieren, wie sich der Legionär im richtigen Leben gefühlt haben muss. Nur durch das praktische Experiment könne man dann theoretisch argumentieren, wie es gewesen sein muss. Es ist ein Teil ihres Spaßes, sich hobbymäßig in die römische Geschichte und Alltagswelt einzuarbeiten, einzuleben, hineinzumarschieren sozusagen.

Nach einem guten Kilometer haben wir so etwas wie einen Marschrhythmus gefunden, alles ist gut gepackt, nichts verrutscht auf dem Buckel. Aber uns allen läuft die Suppe in die Augen, wir schwitzen wie die Schweine. Es ist nicht gerade irrsinnig heiß, aber etwas schwül. Gewitter sind für die Mittagszeit vorhergesagt, die Blitze freuen sich schon auf unsere Kettenhemden und das Kochgeschirr. Jetzt mal ehrlich, hatten die Römer damals keine Angst vor Gewitter? Ein Kettenhemd ist ja nun wirklich kein faradayscher Käfig, die ganzen Eisenringe wirken auf Blitze sehr anziehend. Haben die einen Blitzableiter dabeigehabt oder sich bei jedem Gewitter unter einen Baum verkrochen? Vielleicht haben, das ist jetzt mal nicht experimentelle, sondern vermutende Archäologie, vielleicht haben sich die Legionäre einfach keinen Kopf gemacht, gemäß dem kölschen Motto »Et hät noch immer jot jejange«. Und wenn dann mal jemand vom Blitz getroffen wurde, nun denn, hat man jemand Neues rekrutiert, der sichere Sold des Legionärs und die üppigen Pensionen waren für viele einfache Leute der Antike ein finanzieller Anreiz.

Jörg flucht. Er flucht über sein *scutum*. Ich verstehe nur Bahnhof beziehungsweise »Scrotum«, aber das ist wohl nicht das, was Jörg nervt, er hat ja ebenfalls die Unterhose angelassen, da kann nichts schwingen oder baumeln. Nein. Das *scutum* ist der Schild, den wir alle schildkrötenmäßig geschultert haben. Manchmal fährt der Wind so unter das Ding, dass Jörg wie mit einem Paragliding-Schirm abzuheben droht, nur dass man nicht weiß, wie man in der Luft damit steuern soll. Irgendetwas scheint mit dem Wölbungsgrad nicht zu stimmen, seine *furca,* das ist das Tragekreuz mitsamt Gerätschaften, schmiegt sich nicht richtig an, rutscht ständig. Es ist das erste Mal, dass Jörg diese *furca* schleppt. »Gut, dass wir das ausprobieren, irgendetwas müssen die (also diese Römer) anders gemacht haben. Schade, dass man keinen von den Burschen mehr fragen kann.« Ich erbarme mich, weil ich kein eigenes Bündel abbekommen habe. Jörg nimmt meinen Speer, dafür nehme ich sein Kreuz mit dem Bündel, bei meinem Scrotum, äh, *scutum* liegt es sehr gut auf. Da habe ich also noch ein paar Kilos dazubekommen.

Ich halte mich ganz gut, außer dass meine rechte Sandale sich immer mehr in ihre Bestandteile auflöst. Ganz anders Christoph neben mir, der schnauft und fast zusammenbricht. Es ist sein erster Marsch in authentischer Klamotte, normalerweise spielen sie bei den Römertreffen das Lagergeschehen nach, dann wird ein wenig exerziert und viel Bier am Lagerfeuer getrunken. Alternativ gibt es extrem kurze Märsche über wenige Hundert Meter. Das, was wir heute auf dem Ausoniusweg machen, diese zehn Kilometer Fußmarsch in authentischem Outfit, ist auch für die beiden Römerprofis ein Experiment, es ist der längste Römermarsch ihres Lebens. Dabei muss man bedenken, dass alle Forscher davon ausgehen, dass die wirklichen Legionäre um die 25 Kilometer am Tag marschiert sind. Und das teilweise Tage und Wochen am Stück. Dagegen sind unsere zehn Kilometer richtiger Kindergeburtstag, und wir haben noch nicht einmal ein Drittel der Wegstrecke geschafft. Aber wir lassen uns nicht unterkriegen. Und was macht man, wenn es einem eigentlich nicht so toll geht beim Wandern, man aber guten Spirit braucht? Man singt. Die deutsche Nationalmannschaft sang nach der WM 2014 bei der Siegesfeier in Berlin »So geh'n die Gauchos (gebückt), die Gauchos, die geh'n so, und so geh'n die Deutschen (aufrecht), die Deutschen, die geh'n so.« Wir gehen natürlich ebenfalls mit durchgedrücktem Rücken, stolz, ein Römer zu sein, und singen gegen das Geklapper an: »So geh'n die Römer, die Römer, die geh'n so ...«

Ich frage Christoph und Jörg, aus welchen Gründen die Legionäre eigentlich marschiert sind. Nun, da ging es um den Austausch von Truppenteilen oder einen Zug ins Winterlager. Daneben gab es spezielle Aufgaben, zum Beispiel mussten die Steuereintreiber einen Begleitschutz haben. Das kann man sich vorstellen, denn wenn beim Hunsrücker Bauern der römische Steuereintreiber anklopfte, kam nicht unbedingt große Freude auf.

An einem nachgebauten Römerturm in der Nähe von Dill lagern sechs Jugendliche und sehen uns wie eine Epiphanie an, als wir vorbeimarschieren. Um eine Grillstelle liegen leere Bierflaschen und Plastikbecher. »O tempora, o mores«, haben schon die alten Lateiner gestöhnt. Je nachdem, wie gut oder schlecht die Drogen waren, die die feiernden Jugendlichen am Vorabend eingeworfen haben, könnte es ein Horrortrip für sie sein, uns zu sehen – »Ey, Alter, da kamen so Römer aus dem Wald und haben gesungen, das war voll krass«. Hinter dem Römerturm sieht ein Stück des Ausoniuswegs sehr authentisch aus, aber die »römischen« Brüder Jörg und Christoph sind skeptisch. Der Weg ist viel zu schmal, da passt ja gar kein Karren drauf. Und die Steine sind zu klein und zu spitz, die waren damals flacher, da wäre ja jede Karrenachse zerbrochen.

Diese spitzen Steine haben nun, nach fünf Kilometern, meine rechte Sandale endgültig gehimmelt. Wir machen eine kurze Pause, ich lege mein Marschgepäck ab, und Jörg bindet mein scharlachrotes Halstuch wie einen Verband um meinen Fuß, drumherum die übrig gebliebenen Lederbänder der kaputten Sandale. Bastelstunde auf dem Ausoniusweg. Dann alles wieder geschultert, weiter geht es, die Schuhersatzkonstruktion hält genau 800 Meter, dann zerfällt alles in die Bestandteile, das Tuch wickelt sich ab. Ich habe die Faxen dicke, denn das Lederband des kiloschweren Helms schneidet nun, weil ich kein Halstuch mehr habe, mühlsteinmäßig in meinen Nacken ein. Also setze ich wieder das ganze Römergeraffel ab und binde mir das zwischenzeitliche Fußtuch wieder dahin, wo es hingehört – an den Hals. Ist doch prima, eine richtige Barfußwanderung habe ich noch nie gemacht, ist mal eine Erfahrung. Obwohl es natürlich nur eine halbe Barfußwanderung ist. Denn die linke Sandale hält erstaunlicherweise, rechts gehe ich mit »bläck Fööss«, wie der Kölsche sagt. Das Gehen mit und ohne Fußbekleidung klappt zunächst halbwegs gut, auf jeden Fall fühlt es sich besser an als alle Hilfskonstruktionen davor. Hauptsache, es gibt immer eine breite Grasnarbe in der Mitte des Ausoniuswegs, auf der ich den rechten Fuß weich abrollen kann. So eine Grasnarbe ist natürlich wieder sehr unauthentisch, denn Römerstraßen waren schön gepflastert. Gab es damals eigentlich Straßengärtner, die das Unkraut und das Gras zwischen den Pflastersteinen herausgerupft haben? Das wäre doch mal ein antikes Forschungsgebiet.

Wir folgen unserer ehemaligen Römerstraße, es geht schnurgerade dahin. Aus einem Waldstück in 500 Meter Entfernung tritt eine Gruppe von sieben Germanen. Kein geschlossener Kampfverbund, es scheint sich eher um einen lockeren Wanderverband zu handeln. Aber sicher kann man sich ja nie sein. Was wäre denn, wenn die uns jetzt angreifen wollten? Jörg schüttelt wenig begeistert den Kopf. »Dann hätten wir keine Chance«, sagt er. »Bis wir kampfbereit sind, dauert das sechs bis acht Minuten.« Um aus einem marschierenden Legionär eine Kampfmaschine zu machen, braucht es halt seine Zeit. Daher habe es auch das Gemetzel in der legendären Varusschlacht gegeben. Die Römer wurden von der Guerillataktik des Cheruskerfürsten Arminius überrascht. Asymmetrische Kriegsführung heißt das heutzutage. Da gibt es Ähnlichkeiten vom römischen Heer bis zu den Armeen der modernen Reiche. Man muss sich nur das sowjetische Desaster in Afghanistan und das amerikanische im Irak anschauen. Da wir also im Spontankampf keine Chance hätten, müssen wir hoffen, dass uns die Germanen in friedlicher Absicht begegnen. Sonst heißt es womöglich bald: »O Jörg, o Christoph, o Manuel, wo sind meine Legionen?« Eine andere Möglichkeit wäre natürlich: WIR greifen an, wahrscheinlich wissen diese Germanen gar nicht, wie hilflos wir sind. Wir könnten ja fette Beute machen. Ich würde mich zum Beispiel sehr für die Wanderschuhe dieser lustigen Germanen interessieren.

Die sieben Germanen mit zwei Hunden kommen näher, wir erkennen Trinkgefäße, die um ihren Hals baumeln – Weingläser. Also eine sehr, sehr fröhliche Truppe. Wir sprechen sie an, und siehe da, die Teutonen scheinen in friedlicher Absicht unterwegs zu sein, sie bieten unseren ausgetrockneten Kehlen sogar Wasser an. Das ist doch mal ein Friedensangebot. Die sieben kommen aus einem Dorf am Ausoniusweg und sind unterwegs zu einem Sommerfest in dem Kirchberger Hotel, an dem wir gestartet sind. Nun, wenn wir unseren Zehn-Kilometer-Marsch überlebt haben, wollen wir mit meinem abgestellten Auto zurück zu diesem Hotel fahren, dann können wir noch einen heben und auf die römisch-germanische Völkerverständigung trinken.

Wir verabschieden uns und gehen weiter. Jörg erzählt von dem Verein *milites bedenses* (Bitburger Soldaten), in dem die Brüder Mitglieder sind. Zur Erklärung: In Bitburg hat sich dieser Verein der Römerfans gegründet, hat sich mit den Jahren in den süddeutschen Raum bis nach München ausgedehnt, aktuell gibt es allerdings fast keine aktiven Bitburger mehr im Verein. Von den ungefähr 1000 Römerdarstellern in Deutschland bildet die Bitburger Truppe (zusammen mit den Opladener Legionären) die römische Reenactment-Bundesliga in Deutschland, was Ausstattung und Ernsthaftigkeit angeht. Das mit der Ernsthaftigkeit kann ich bestätigen, denn ich habe ein Ausbildungslager der *milites bedenses* in Homburg an der Saar besucht. Dort habe ich gesehen, wie Zenturio Harald (immer wieder treffe ich Haralds, die das Heft in der Hand haben) einen bunten Haufen von Legionären über das Ausgrabungsgebiet in Schwarzenacker gejagt hat. So viel Authentizität muss sein, dass man nicht einfach auf der grünen Wiese übt, sondern stilecht zwischen den römischen Grundmauern eines alten Garnisonsstandorts. Zenturio Harald habe ich braun gebrannt in Erinnerung, mit scharf geschnittenen Gesichtszügen, wie aus einem Asterix-Comic gefallen. Er befehligte eine internationale Truppe – die mit den blauen Schilden waren Franzosen, die mit den roten Bitburger. Auch eine Art der Völkerverständigung. Gut, dass das Asterix nicht mehr erleben musste, dass sich gallische Legionäre von einem deutschstämmigen Zenturio anbrüllen lassen. Die Verkehrssprache war Latein, ich hörte den Befehl: »Ad sinistrum! – Nach links!« Und dann marschierte der verschworene Haufen ein paar Meter, bis der Zenturio wieder schrie und alle anfingen zu rennen.

Christoph erzählt, dass diese Lager leider nur zweimal im Jahr stattfänden und man daher immer sehr viel üben müsse, um eine gescheite Schlachtformation hinzubekommen. Eine Hundertschaft, die ein Zenturio eigentlich befehligen müsse, sonst hieße er ja Dutzendurio, eine Hundertschaft bekommt man dabei eigentlich fast nie zusammen. Das mit dem regelmäßigen Üben sei auch sehr sinnvoll, denn die schlimmsten Verletzungen in den Lagern gebe es, wenn nach getaner Arbeit das *pilum* in den Boden gerammt wird und man zufällig den eigenen Fuß oder den des Nachbarn trifft.

Der Einsatz als römischer Legionär ist im 21. Jahrhundert wohl alles andere als ungefährlich. Regelmäßig sind die *milites* unterwegs zu Schauwettkämpfen. Dann sind die Bitburger nicht unter sich, dann geht es Mann gegen Mann gegen die Reenactment-Fans, die sich als Germanen verkleidet haben. Christoph erzählt von einer Begegnung mit einem wütenden Germanen, die schmerzhaft für ihn verlief. An der Verletzung laboriert Christoph immer noch: Vor einigen Wochen hat ihn ein durchgedrehter Germanendarsteller mit dem Holzschwert übel erwischt. »Je authentischer es wird, die Kleidung, der Kampf, desto weniger merken die Beteiligten, dass das doch Spaß ist oder nur eine Darstellung. Das ist ein unglaubliches Phänomen.«

Jörg und Christoph haben 2011 zum Jubiläum »2000 Jahre Varusschlacht« in Kalkriese im Osnabrücker Land diesen Kampf mit vielen Römerdarstellern aus ganz Europa nachgestellt. »Dort sind wir sechsmal am Tag gestorben, dreimal morgens und dreimal mittags. Lustig waren die Italiener, die haben gar nicht eingesehen, warum sie verlieren sollen, die wollten (›Wir sind doch Römer!‹) auf der Siegerseite stehen.« Aber wenn alle das so ernst nehmen, Römer wie Germanen, ergeben sich faszinierende Möglichkeiten. Wie wäre es zum Beispiel, wenn die Römer dann auch mal die Varusschlacht gewinnen würden und das Hermannsdenkmal oberhalb von Detmold durch ein Varusdenkmal ersetzt werden müsste. So könnte Reenactment in die Geschichte eingreifen.

Bei großen Reenactment-Veranstaltungen, wie zuletzt in Xanten, bekommen die Brüder Gänsehaut, wenn das Publikum applaudiert und für die römischen Legionäre La-Ola inszeniert. Das sind die emotionalen Kicks, für die sich das Hobby lohnt. Wenn bei einer solchen Gelegenheit an die 100 Legionäre aus ganz Europa mit ihren genagelten Sandalen über eine Holzbrücke marschieren, erzählen die beiden, sei das ein irres Gefühl. Christoph schwärmt: »Krieg ist natürlich immer Scheiße, aber dieser Marschsound, der ist schon geil.« Na ja, das mit dem Marschsound kriege ich heute nicht mehr hin, halb barfuß marschierend. Jörg erklärt das Geheimnis des Reenactments: »Wenn ich die Uniform anziehe, das Halstuch umlege, dann schaffe ich es, mich von allem zu lösen. Das ist wie ein Kurzurlaub für mich, auch der heutige Vormittag. Da kann ich einfach abschalten.«

Ich frage Jörg und Christoph, wie denn so ihre Erfahrungen mit Mitmenschen seien, wenn sie in Legionärsrüstung herumliefen. Die Reaktionen der Nichtrömer seien durchweg positiv, manchmal gingen sie sogar in der authentischen Kleidung einkaufen, im Lidl, Aldi, REWE. Und das sei dann ganz normal. Aber das *pilum*, das müsse draußen bleiben. Kurios wurde es einmal, als Christoph im Saarland bei einer Schauvorstellung vor ein paar Jahren übel von einer Biene gestochen wurde und mit dem Notarztwagen ins Krankenhaus nach Merzig gebracht werden musste. Neben dem Merziger Krankenhaus gibt es eine Psychiatrie, und der Pfleger in der Notaufnahme wusste nicht so recht, wohin er diesen Römer im Kettenhemd stecken sollte. Zwangsjacke oder Bienenentgiftung beim Internisten?

Am schönsten, das erzählen die beiden Brüder immer wieder, ist es, wenn sich viele Römerdarsteller auf einem Haufen treffen, so wie in Kalkriese oder in Xanten. Dann sieht das »auch nach was aus. Das Ganze lebt schließlich von einem gewissen Teilnehmervolumen«, so drückt es Christoph aus. Ehrlich gesagt, machen wir drei bestimmt keinen sehr imposanten Eindruck, so, wie wir über den Ausoniusweg wandern. Jörg stramm voraus, mit einigem Abstand humple ich schief mit einer Sandale hinterher, Christoph meistens weiter zurück, er hat eklatante Konditionsprobleme. Eigentlich müssten wir, um authentisch zu marschieren, mindestens zu acht sein, denn acht Legionäre bildeten die kleinste Marscheinheit. Einem solchen *contubernium* war ein Maultier zugeteilt, das das Gruppenzelt und gemeinsame Gerätschaften trug. Die Anzahl der Maultiere pro Gruppe war während der langen Epoche des Römischen Reichs sehr unterschiedlich. Es gab Zeiten, in denen der Truppe wesentlich mehr Lasttiere zugeteilt waren. Aber viele Lasttiere bedeutete viel Logistik, man brauchte Maultiertreiber, dazu kam die Futterproblematik. Daher gab es unter dem römischen Feldherrn Gaius Marius 100 v. Chr. die marianische Heeresreform, um die marschierenden Einheiten flexibler zu gestalten. Zum einen wurden die Legionäre von Gladiatorentrainern (antike *drill instructors* und Fitnesstrainer) mit Dauermärschen und Läufen fit gemacht, zum anderen wurden die meisten Maultiere in Rente geschickt, und der gemeine Soldat hatte dementsprechend mehr zu tragen. Die Legionäre nannten sich seitdem selbstironisch »muli mariani«, die Esel des Marius.

Wie die marianischen Maultiere werden wir während des Marschierens immer schweigsamer. Allerdings höre ich, der nun voranmarschiert, hinter mir immer wieder das Kichern von Christoph und Jörg. »Das sieht so lustig aus, ein Fuß nackt und einer in der Sandale, hihi.« Haha, sehr, sehr lustig, im Moment wächst nämlich kein Gras auf dem Schotterweg, spitze kleine Steine bohren sich in meine Fußsohle. Und dazu die 36 Kilo Übergewicht. Ich wollte Römer spielen, nicht Fakir. Ich versuche zu meditieren, träume, ich hätte den gallischen Zaubertrank getrunken. Und dann – ZACK! – haue ich wie im Comic zwei kichernde Römer aus ihren Sandalen, und, komisch, die beiden Römer haben zufällig die Gesichter von Jörg und Christoph.

Die letzte Pause machen wir an der Augustushütte. Ich werde von den römischen Brüdern durch eine Geschichte über den »Tagesschau«-Sprecher Jens Riewa aufgemuntert. Den hat man für einen kleinen Film des NDR mit der vollen Legionärsausrüstung laufen lassen. »Aber der hat nicht mal einen Kilometer geschafft, Mann, hat der gewinselt!«, lacht Jörg. Ha, was für ein Weichei, und halb barfuß musste der sicher nicht gehen. Die Story gibt mir einen Motivationsschub, und die letzten anderthalb Kilometer unseres Marsches gehen ruckizucki vorbei. Als wir in Niederweiler ankommen, sind wir nur zehn Kilometer gewandert, trotzdem gehe ich auf dem Zahnfleisch bzw. auf dem Fußsohlenfleisch. In Situationen, in denen es schnell gehen musste, haben richtige römische Legionäre mit Notausrüstung 70 Kilometer abgerissen, unglaublich! Am Auto angekommen, ziehe ich mein Kettenhemd aus, und sofort habe ich das Gefühl zu schweben. Wir fahren zurück zu unserem Startpunkt.

Am Hotel Karrenberg tobt das Sommerfest mit Kutschfahrten, Hüpfburg, Kuchenbüfett. Wir werden von den sieben Germanen mit großem Hallo begrüßt: »Da kommen ja unsere Römer!« Unsere, wieso unsere? Ich entledige mich am Minibus von Jörg und Christoph in Windeseile meiner restlichen Klamotten. Unterwäsche und Leinenhemd sind komplett durchgeschwitzt. Daran muss der Klimawandel schuld sein, die Römer haben bestimmt angenehmere Temperaturen gehabt. Erst jetzt merke ich, wie mir die Kordel in meine Wampe geschnitten hat, ich trage einen roten Striemen am Fettgewebe als Andenken. Am wichtigsten ist mir aber, wieder Schuhe anziehen zu können, feste Schuhe, bequeme Schuhe, meine Schuhe.

Wir holen uns Apfelschorle und Hefeweizen vom Getränkewagen, sehr unrömische Bratwurst und Salatteller aus dem Verpflegungszelt. Jörg und Christoph tragen immer noch ihre Leinenwäsche mit Ledergürtel, ansonsten haben auch sie abgerüstet. Vom Nebentisch kommt der Spruch: »Ach, guck mal, die Mönche.« Jörg und Christoph schauen sich entgeistert an. »Das haben wir noch nie gehört.« Die Armen, erst werden sie als Ritter, dann als Mönche verkannt. Ich glaube, die beiden werden noch lange an der Authentizität ihres Outfits arbeiten, damit ihnen das nicht mehr passiert. Ich kann den beiden aber nicht genug danken, dass sie mich auf diese faszinierende Reise in ihre Parallelwelt der *milites* mitgenommen haben.

Man sagt, alle Wege führen nach Rom. Ausnahmen bestätigen die Regel, denn der Ausoniusweg führt entweder nach Bingen oder nach Trier, je nachdem, in welche Richtung man ihn geht. Den kompletten Weg vom Rhein durch den Hunsrück an die Mosel, 118 Kilometer, würde ich jederzeit wandern, mit meinem schmalen Rucksack und in bequemer Wanderkleidung. Aber bitte nicht noch einmal mit dem ganzen Römerzeugs am Leib und auf den Schultern. Das verbindet die Soldaten aller Zeitepochen: Immer wieder mussten sie marschieren, marschieren, marschieren. Schon allein deshalb bin ich zum Pazifisten und Zivilisten und nicht fürs Militär geboren. Schwerter zu Pflugscharen, Kettenhemd und Marschgepäck zum Alteisen, so soll das sein.

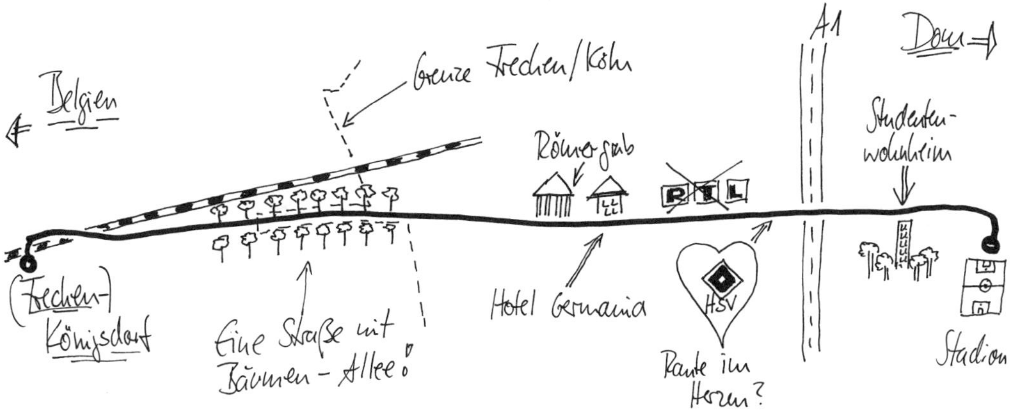
Belgien
Grenze Frechen/Köln
A1
Dom
Römergrab
RTL
Studentenwohnheim
(Frechen-Königsdorf
Eine Straße mit Bäumen - Allee!
Hotel Germania
HSV
Raute im Herzen?
Stadion

1096

MIT DEM VOLK UNTERWEGS INS GELOBTE LAND

Der erste Rosenmontagszug in Köln fand 1823 statt. Der Erfinder dieses Karnevalsbrauchs ist ein gewisser Heinrich von Wittgenstein. 160 Jahre später erfand Udo Lindenberg den »Sonderzug nach Pankow«. Und am 27. November 1095 erfand Papst Urban II. einen ganz besonderen Zug, den Kreuzzug. Der Papst hatte sich einen schon fast pedantischen Plan zurechtgelegt. Ein Dreivierteljahr später, am 15. August 1096, sollten die edelsten Ritter des europäischen Kontinents nach Palästina ziehen, um die Heilige Stadt Jerusalem zu erobern. Und tatsächlich machten sich Ende 1096 Ritter aus allen Ecken des Abendlandes auf ins Gelobte Land, das Kreuz auf der Brust, das Schwert in der Hand. Unter uns gesagt, da hatten sie wenigstens mal eine »sinnvolle« Aufgabe. Einer von ihnen war Gottfried von Bouillon, übrigens nicht der Erfinder der gleichnamigen Fleischbrühe.

Der Historiker Kurt Frischler geht davon aus, dass es für Papst Urban ausgemachte Sache war, dass nur Ritter sich auf den Weg machten, denn im Vergleich zu der heutigen Kreuzfahrt war so ein Kreuzzug ein äußerst teurer Spaß. (Allein die Kosten für Pferd, Stallmeister, Pferdeburschen, Koch, Magd und so weiter…) Aber Urbans Plan, so Frischler, »wurde durch eine Massenbewegung durchkreuzt (sic!), die weder der Papst noch seine Berater noch die großen Adligen einkalkuliert hatten«. Denn viele Prediger fanden diese komplett irre Idee mit dem Kreuzzug so toll, dass sie durch ihre Gemeinden gingen und die Menschen als Minipäpste zur Teilnahme aufriefen.

So kam es, dass sich bereits vor dem offiziellen »Start« Leibeigene und Bauern auf den Weg machten, die die Aussicht auf ein Kreuzzugabenteuer ihrem schlimmen Leben vorzogen. Die europäische Landbevölkerung hatte in den Jahren vor Urbans Aufruf unter Hungersnöten, Missernten und Seuchen gelitten. Als dann noch eine Mondfinsternis anstand und sich Kometen am Himmel zeigten, war für viele einfache Menschen des ausgehenden 11. Jahrhunderts klar: Wir müssen uns auf die Socken machen, das Ende der Welt naht, wenn wir nicht unser altes Leben hinter uns lassen und dem Willen des Papstes folgen. Weil sich hauptsächlich die Landbevölkerung von der Kreuzzugsidee begeistert zeigte, hat man in der Geschichtsschreibung lange vom »Bauernkreuzzug« gesprochen. Da aber auch viele Landadlige mit von der Partie waren, spricht man heute eher vom »Volkskreuzzug«. »Wir sind das Volk« galt eben auch schon 1096. Einer dieser Landadligen, der den Volkskreuzzug, quasi den Vorläufer des Ersten Kreuzzugs, anführte, war Walter Sans-Avoir, also unser Walter ohne Habe.

Die ersten Ströme des Volkskreuzzugs Richtung Jerusalem formierten sich im Burgund und im heutigen Belgien. Das erste historisch gesicherte Datum ist der 12. April 1096, ein Karsamstag. Zwei Tage bevor Jesus das Kreuz nehmen musste, maßten sich 15 000 zerlumpte Gestalten an, das Kreuz gegen die angeblich Ungläubigen zu führen. Jedwede historisierende Sympathie mit diesen Typen ist völlig fehl am Platz, da es sich – in der heutigen Diktion – um Antisemiten und Fremdenfeinde handelte, die Juden beraubten und töteten, wenn sie ihnen auf ihrem Weg ins Gelobte Land begegneten. Kriminelle, einfach Pack. Der charismatischste Anführer dieser Bande war ein belgischer Prediger, der Peter der Einsiedler genannt wurde. Der Historiker Kurt Frischler porträtiert Peter so: »Man beschreibt ihn als sehr klein, erschreckend mager und von sehr dunkler Gesichtsfarbe. Er selbst und sein Mantel waren abstoßend schmutzig und stinkend;

wenn er nicht predigte, schien er geradezu kontaktscheu, in sich gekehrt, stumpfen Auges. Er aß kein Fleisch und kein Brot und lebte nur von Fisch und Wein.«

Welchen Weg haben Peter der Einsiedler und seine 15 000 Kreuzzügler genommen, als sie nach Köln kamen? Das ist eigentlich sehr einfach. Auch wenn es keine verlässlichen zeitgenössischen Aussagen gibt, kann man davon ausgehen, dass im 11. Jahrhundert die alten Wegrouten benutzt wurden, die auf dem Netz der Römerstraßen basierten. Wenn ein Flusstal vorhanden war (Rhein, Donau), wurde dort gegangen, ansonsten den schnurgeraden Römerwegen gefolgt. Und das ist seit 2000 Jahren gleich geblieben: Wer sich aus Westen der rheinischen Hauptstadt Köln nähert, der kommt über die Aachener Straße in das Zentrum der Stadt. Als mir das klar geworden war, fasste ich einen Plan.

Für Peter den Einsiedler und seine fanatischen Begleiter waren Köln und die Aachener Straße nur eine erste Zwischenstation auf dem Weg in das Gelobte Land. Für alle Fans des 1. FC Köln weltweit ist das Ziel ihrer Wünsche, ihr »gelobtes Land« sozusagen, das Müngersdorfer Stadion direkt an der Aachener Straße. Also möchte ich mit einer Gruppe von fanatischen FC-Köln-Fans von Westen her die Aachener Straße bis zum Stadion gehen, einen kleinen Fankreuzzug veranstalten. Früher trugen sie das Kreuz, wir tragen Fahnen mit dem Geißbock, die einen wollten Jerusalem erobern, wir wollen im Stadion drei Punkte erringen. Die einen hatten Peter den Einsiedler, ich bin als Anführer der Fangruppe Manuel der saarländische Aussiedler.

Wir starten am S-Bahnhof Frechen-Königsdorf vor den Toren von Köln an der Aachener Straße. 45 FC-Fans haben sich versammelt, um mit mir zum Stadion zu ziehen. Alle Altersklassen sind vertreten, fast alle tragen Trikots im kölschen Rot und Weiß. Zwei Fahnen sind auch dabei. So unterschiedlich die Fans sind, eint sie doch ein Glaube, der

Glaube an einen Fußballgott, der sich in der Vergangenheit oft unbarmherzig gegenüber den Geißböcken zeigte. Aber diese Saison wird alles anders, diese Saison wird alles besser. Wie immer. Um Punkt zwölf Uhr setzt sich der Zug in Richtung Westen in Bewegung. Aus den hinteren Reihen wird der Schlachtruf »Come on, FC!« angestimmt, ein Traditional gewissermaßen. »Come on« ist sehr international, wobei ich mich frage, ob die Volkskreuzzügler vor 919 Jahren lateinische Choräle gesungen haben. Vermutlich nicht, denn es waren sehr wenige gebildete Kleriker unter diesen Menschen.

Wir gehen an der Einkaufsmeile von Königsdorf vorbei. Vor einem riesigen Supermarkt stehen aufgereiht sechs Menschen an einem CDU-Stand. Es ist Kommunalwahlkampf, in Frechen soll, wenn es nach den CDU-Fans geht, Susanne Stupp Bürgermeisterin werden. Rein optisch ist sie ihrem SPD-Herausforderer, der Ähnlichkeiten mit Bernd Stelter aufweist, klar überlegen. Susanne Stupp ist verdammt hübsch! Deswegen ist auch direkt klar, dass keiner der sechs Wahlhelfer Susanne Stupp sein kann. »Wo ist Susanne Stupp?« – »Die Susanne ist gerade weg.« Mist. Ein CDUler, Typ Eckart von Klaeden, versucht sich an unsere Truppe heranzuschleimen: »Ah, endlich mal sympathische Rote!« Der Annäherungsversuch scheitert kläglich. Allerdings decken sich einige FC-Fans mit Wahlkampfgeschenken ein, Kugelschreiber in CDU-Orange und Notizblöcke mit dem Konterfei von Susanne Stupp. Das hat schon etwas von den Plünderungen, von denen im Zusammenhang mit dem Volkskreuzzug berichtet wird. In allen Städten, auch in Köln, nahm sich der Kreuzzugsmob, was er kriegen konnte. Und das mit gutem Gewissen, denn man betrachtete sich als Soldaten Christi in heiliger Mission. Nun, wenn man sich die Gruppe von FC-Fans und die Gruppe von CDU-Fans anschaut, sind eher Letztere Soldaten Christi in heiliger Mission, sofern man das C im Parteinamen noch ernst nimmt.

Wir gehen über eine Brücke und überqueren nicht nur die S-Bahn-Strecke von Köln nach Düren, sondern gleichzeitig die Strecke Moskau–Paris. In der Ferne sehe ich die Kölner City im Hitzedunst, es sind aber keine definierbaren Gebäude zu erkennen, kein Dom, kein Stadion, kein Fernsehturm. Auch für die Kreuzzügler muss die Stadt Köln eher eine amorphe Masse am Horizont gewesen sein. Köln war 1096 noch nicht die pulsierende mittelalterliche Metropole, die sie durch die Platzierung der Gebeine der Heiligen Drei Könige 1164 wurde. Und der gotische Dom war auch noch Zukunftsmusik. Allerdings müssten schon sieben der großen Kölner romanischen Kirchen errichtet gewesen sein, die für eine mehr oder weniger charakteristische Skyline gesorgt haben könnten.

Wir haben inzwischen den Ort Königsdorf verlassen und gehen schnurgerade an einer Grünfläche entlang. Die Aachener Straße ist zur Allee mutiert, die Autos stören nicht weiter, bilden nur ein Grundrauschen. Es nerven eher die zahlreichen Freizeitradfahrer, die uns auf dem kombinierten Rad-Fuß-Weg entgegenkommen oder uns überholen wollen. Unsere Gruppe ist zwar nicht riesig, dehnt sich aber dennoch. Das scheint ein wanderphysikalisches Gesetz zu sein, dass sich eine Wandertruppe immer über die gesamte Breite des Wegs ausbreitet. Glücklich sind die Radfahrer nicht, unsere Truppe im Schritttempo passieren zu müssen. Es spielt sich wenigstens keiner auf und meckert herum, der moderne Radfahrer ist ja als eine Art neuzeitlicher Herrenreiter verschrien. »Hoppla, hier komme ich!« Genau so, wie sich die adligen Kreuzzügler auf ihren hohen Rossen verhalten haben. Wobei es ziemlich lächerlich ist, dass gewöhnlich auf Zeichnungen und Gemälden die Kreuzzügler fast ausschließlich kämpfend auf dem Pferd zu sehen sind. Denn die meisten Teilnehmer eines Kreuzzugs, namentlich die unteren, die dienenden Ränge latschten zu Fuß. Und gekämpft wurde auch nicht permanent, sondern im Schnitt alle 1000 Kilometer.

So ein Kreuzzug war eher ein öder, langer Marsch als eine heroische Schlachtenanordnung.

Neben mir geht Arnold, hager, gebräunt, rheinischer Dialekt, knapp 70 Jahre alt. Arnold ist Mitglied beim Eifelverein. Samstags trifft er sich mit seinen Wanderfreunden zu zahlreichen Ausflügen, natürlich nur, wenn der FC nicht spielt. Heute ist eine Ausnahme, und so hat er seinen Wanderfreunden verkündet: »Heute mache ich eine FC-Wanderung.« Da haben die gefragt: »FC-Wanderung?« – »Jo, FC-Wanderung.« – »Sach bloß, 'ne FC-Wanderung …?«

Diesen Dialog könnte man endlos im Stil des legendären Colonia Duetts fortsetzen. »FC-Wanderung – echt?« – »Jo, echt!« – »Dann sach doch mal, wat is dat denn, so ne FC-Wanderung?« In der Wochenmitte bietet der Eifelverein auch Wanderungen an, aber, so Arnold: »Mittwochs mache ich nie mit. Dat musst du dir mal vorstellen: 15 Teilnehmer, davon 13 Frauen, ich laufe nur mit Frauen durch die Gegend, hör mal.« – »Ist doch spannend«, vermute ich. »Ne, dat Gelabber von denen. Wenn da wenigstens wat Vernünftiges dobei wär …« – »Aber«, versuche ich es weiter, »mit so vielen Frauen zu wandern könnte doch trotzdem sexy sein.« – »Ach wat, die sind doch alle über 70. Und ich bin erst 69!«

Es fällt in der großen Gruppe und bei den Gesprächen gar nicht auf, wie langweilig der Weg ist. Schon zwei Kilometer sind wir auf dem asphaltierten Rad-Fuß-Weg unterwegs. Aber alles ist so schön grün, ich finde das gar nicht schlecht. FC-Fan Daniel, mit dem ich schon mal in Schottland gewandert bin (siehe »Gesammelte Wanderabenteuer«), sagt resigniert: »Okay, ich habe verstanden, das ist hier besser als auf dem West Highland Way.« Ich muss ihm leider recht geben. Was den Naturgenuss etwas beeinträchtigt: Es riecht nach nichts, nicht nach Bäumen, nicht nach Gras, nicht nach Autos, nicht nach Menschen. Und die Kläranlage am Wegesrand scheint Ruhetag zu haben. Ein weitgehend klinisch reiner, geruchloser Weg. Bei Kurt Frischler ist nachzulesen, dass das vor 919 Jahren ganz anders war. Ein Zeitgenosse »erzählt von einer ›Wolke eklen Gestanks und übler Ausdünstung‹, die die heiligen Scharen begleitete, von den Bergen von Exkrementen und Abfällen, die sie überall zurückließen«. Klar, die hatten keine Dixi-Klos dabei, und Hygiene wurde damals generell nicht sehr groß geschrieben.

Inzwischen hat sich unsere Wandergruppe in zwei kleinere Einheiten aufgesplittet, es klafft eine Lücke von ungefähr 100 Metern. Wie hat eigentlich Peter der Einsiedler seinen Mob zusammengehalten? Haben die Langsameren geschrien: »Macht da vorn mal nicht so flott«? Musste Peter der Einsiedler dann immer warten, bis alle angedackelt kamen? Wohl eher nicht, wahrscheinlich handelte es sich um einen riesigen, mehrteiligen, chaotischen Lindwurm, der sich durch die Landschaft zog.

Wir erreichen Köln, gehen sogar ungefähr 200 Meter exakt auf der Stadtgrenze zwischen Frechen und Köln. Zwei jüngere FC-Fans, die aus Frechen-Königsdorf kommen, erklären mir, dass Königsdorf früher zu Köln gehört habe. Jeder Königsdorfer würde darunter leiden, dass das nicht mehr so sei. Die Zugehörigkeit zum kleineren Frechen wird als Frechheit empfunden. »Und dann müssen wir auch noch mit einem BM (Bergheim) auf dem Nummernschild leben!« 1096 hatten die Volkskreuzzügler an dieser Stelle längst nicht die Stadtgrenze erreicht. Es gab die Vororte Weiden, Junkersdorf, Müngersdorf, Braunsfeld – wenn überhaupt – nur als kleine Dörfer und Weiler, die Stadt Köln drängte sich auf einem winzigen Areal innerhalb der römischen Stadtmauern. Aber vor den Toren von Köln dürften viele der ungebildeten Kreuzzügler gedacht haben, dass das vielleicht schon Jerusalem sein könnte. Zeitgenossen berichten, dass dies bereits in Südbelgien bei jeder größeren Ortschaft vermutet wurde. Die meisten Kreuzzügler waren in ihrem bisherigen Leben nicht einmal im nächstgelegenen Dorf gewesen, wie sollten sie die riesigen Entfernungen bis zur Heiligen Stadt einschätzen können?

An einer großen Kreuzung müssen wir an der Ampel warten: rechter Hand eine Riesenerdbeere, daneben eine Hinweistafel auf Kartoffelverkauf, Ländlichkeit wird vorgetäuscht, am Horizont Hochspannungsleitungen. Uns kommt ein Bus der Linie 963 entgegen, der laut Anzeige nach El-Esch fährt. El-Esch? Ist das schon die Islamisierung des Abendlands? Ist der umgekehrte, der muslimische Kreuzzug schon bis an die Aachener Straße gekommen? Die Königsdorfer klären auf: Der Bus fährt nach Elsdorf-Esch. Beruhigend. In Weiden wandern wir an einer Grabkammer vorbei, die auch schon 1096 existierte. Wahrscheinlich wollten damals so viele Kreuzzügler die römische Grabstätte besichtigen, dass der Besuch seitdem streng reglementiert ist. Besichtigung ist nur für Gruppen ab mindestens sieben und bis maximal 15 Personen möglich, Montag bis Freitag von acht bis 15 Uhr, und selbst dann nur nach Voranmeldung. Mist. Es ist Samstag, wir sind mehr als 15 und haben uns nicht angemeldet. Drei Gründe, die gegen eine Besichtigung sprechen.

Im Hotel Germania machen wir eine kurze Einkehr. Kurz war sie zumindest geplant. Um Plünderungen vorzubeugen, spendiere ich der durstigen Meute vier Kölschkränze. Diese Kölschkränze, in die mit gutem Willen 15 Kölsch passen, sind eine geniale Erfindung. Die Versorgung dürstender Kehlen gelingt damit deutlich besser, als wenn ein überforderter Kellner Biergläser auf einem Tablett balancieren müsste. Ich trinke mein Kölsch an einem Stehtisch im Biergarten des Gasthauses, zwischen den Schlucken muss ich einige Autogramme geben.

Ich unterschreibe mit orangefarbenen CDU-Stiften auf orangefarbenen Susanne-Stupp-CDU-Notizblöcken und frage mich, was aus diesen Edelautogrammen dereinst werden wird. Werden die in güldene Rahmen gefasst oder direkt entsorgt (hoffentlich ins Altpapier und nicht zum Restmüll)? Zusätzlich muss ich einige FC-Fans umarmen und in ihre Smartphones grinsen. Dabei bemerke ich, dass nicht jeder morgens sein Deodorant gefunden hat, kann ja mal passieren, Peter der Einsiedler hat ja wohl ebenfalls gestunken wie ein Iltis. Im Gegensatz zu mir war Peter für die Kreuzzügler aber ein richtiger Superstar. Die Gemeinsamkeiten mit mir: Auch ich trage seit einigen Wochen einen Bart, auch ich habe mich den ganzen Tag von Fisch bzw. Meeresgetier ernährt (Pfahlmuscheln in pikanter Soße und Matjesbrötchen von Nordsee). Allerdings trinke ich nicht (nur) Wein, sondern Bier und bin nicht kontaktscheu. Und vor allem reite ich nicht wie Peter der Einsiedler auf einem Esel. Peters Esel war ebenfalls ein richtiger Superstar. Die Kreuzzügler balgten sich, um ein Schwanzhaar zu erhaschen, denn man glaubte, dass diese Eselschwanzhaare Kranke heilen könnten. Fällt das noch unter die christliche Heilslehre, oder ist das purer Aberglaube? Die Schwanzhaare wurden sogar zu einer harten Währung, für ein Schwanzhaar gab es zwei Hammel.

Das mit dem Esel ist so eine Sache. Denn wirklich alle Chronisten berichten von diesem legendären Tier, Peter ist also im Gegensatz zu seinen Jüngern nie zu Fuß gegangen. Aus Gründen der Authentizität wäre ich daher gern mit einem Esel gewandert. Das Eselswandern liegt ja voll im Trend. Unzählige Wanderer berichten von der unvergleichlichen Ruhe, die von einem Esel ausgeht. Mit einem Esel und den FC-Fans zu wandern wurde für mich zur fixen Idee. Ich fragte beim Lindenthaler Tierpark nach, unweit des Stadions gelegen. Die Antwort: »Der Tierpark ist eine kommunale Einrichtung, die Tiere gehören also der Stadt Köln. Aus ähnlichen Anfragen dieser Art wissen wir, dass das Veterinäramt der Stadt Köln hier grundsätzlich aus unterschiedlichen Gründen die Zustimmung verweigert. Hinzu käme, dass wir keinen

Esel haben, der bei der Aktion freiwillig mitmachen würde.« Das habe ich verstanden. Da kann man natürlich nichts machen, wenn die städtischen Esel keine Lust haben, dann haben sie keine Lust. Nach dieser Absage habe ich es bei mehreren Eselbesitzern im Kölner Umland versucht. Die Antwort war mehr oder weniger immer die gleiche: Mit einem Esel in der Stadt wandern und dann noch mit FC-Fans; was wäre denn, so die Nachfrage, wenn die anfangen würden zu singen, das könnte dem Esel eventuell schaden, Tierschutz und so, das müsse ich verstehen. Hm. Vielleicht hätten die Esel ja totalen Spaß gehabt, man müsste sie mal fragen, diese Esel, ob sie so viel vorauseilenden Tierschutz überhaupt gut finden. Der Esel hätte mir durch übergroße Störrischkeit schon zu verstehen gegeben, wenn er auf die ganze Aktion keinen Bock habe. Sei's drum. Ich wollte dann die ganze Aktion schon abblasen, ein Volkskreuzzug ohne Esel ist eigentlich kein Volkskreuzzug, dachte ich mir. Aber an diesem sonnigen Samstag habe ich den Eindruck, dass man auch sehr schön ohne Esel, also nur mit FC-Fans, zum Stadion wandern kann.

Wir überqueren die A1, von der man gar nichts mitbekommt, da sie im Bereich der Aachener Straße komplett gedeckelt ist. Einige Meter vor uns gehen zwei junge Frauen im HSV-Outfit in Richtung Stadion. Die Gelegenheit, Menschen anderen Glaubens zu bekehren, kann sich ein guter Kreuzzügler nicht entgehen lassen. Da wir nicht mit dem Schwert unterwegs sind, muss ich es mit geschickten rhetorischen Mitteln probieren. »Ihr wisst doch, ihr habt nicht die richtige Religion. Was müsste passieren, dass ihr konvertiert?« Ich bekomme die etwas patzige Antwort, dass das niemals passieren würde. »Wir haben die Raute im Herzen!« Ich habe mir schon immer gedacht, dass so eine Raute im Herzen beim Atmen ganz schön wehtun muss, aber wer's mag ... Dabei sind die beiden Frauen so jung, die wissen doch gar nicht, was das Leben für sie noch bringt. Jenny mit dem blonden Pferdeschwanz wohnt seit acht Jahren in Köln, aber sie ist immer noch HSV-Fan, ihre Freundin Mona ist zu Besuch aus Hamburg. Ich frage die beiden, warum sie denn so schnell zum Stadion rennen würden. Die schlagfertige Antwort: »Wir pilgern, wir rennen nicht.« Wir pilgern also alle ins gelobte Fußballland, aber mit sehr unterschiedlichen Hoffnungen, Wünschen und Glaubensansätzen. Nachdem ich mich höflich für das Gespräch bedankt habe, muss ich mir von den befreundeten FC-Fans anhören, dass Peter der Einsiedler mit Sicherheit »offensiver« bekehrt hätte.

Wir marschieren an der Stelle vorbei, an der bis vor wenigen Jahren die Deutschlandzentrale von RTL angesiedelt war. Inzwischen sind die RTL-Gebäude abgerissen, an ihrer Stelle ist eine Reihe moderner Mietskasernen entstanden. Wohnraum statt Unterschichtenfernsehen, das ist doch eine feine Sache. In der Ferne können wir nun schon das Studentenwohnheim der Sporthochschule erkennen, ein Hochhaus als echte Landschaftsmarke. Und jeder FC-Fan weiß, dass kurz dahinter das kölsche Mekka liegt, neben dem Dom das schönste Gebäude der Stadt, mit der großartigen Hausnummer Aachener Straße 999! Ich würde gern wissen, wer sich diese jecke Nummer für unser Stadion ausgedacht hat, da musste man bestimmt ein wenig tricksen, bis das so genau hingekommen ist. Die Hausnummer 1001 wäre auch noch gegangen, aber 997 oder 1007 wäre echt blöd gewesen. 1096 als Reminiszenz an den Volkskreuzzug hätte ich dagegen cool gefunden.

Am Stadion stimmt unsere Truppe noch einmal einen Song mit überaus realistischer Perspektive an: »Allez, allez, Deutscher Meister FC!«, dann gehen alle auf ihre Plätze. Das »gelobte Land« ist erreicht. Nach dem Spiel muss ich an die beiden weiblichen HSV-Fans denken. Der FC hat etwas glücklich gewonnen, der Fußballgott lächelt aus seinem Himmelreich gütig zu uns herab, auch ohne Kreuzzug haben wir es der fremden Religion so richtig gezeigt.

Der Volkskreuzzug 1096 hat etwas länger gedauert und war nicht so erfolgreich wie unser Marsch zum FC-Spiel. Wäre Peter der Einsiedler doch nur in Köln geblieben, aber er ging mit seinen 15 000 gewaltbereiten Frömmlern den Rhein, den Neckar und später die Donau hinunter. Die ungarische Grenze erreichten sie schon am 15. Mai 1096, die waren richtig flott unterwegs. Weiter ging es durch Ungarn bis nach Belgrad und Niš, die Volkskreuzzügler bewegten sich also quasi auf der Route vieler aktueller Flüchtlinge, nur in die entgegengesetzte Richtung. Und sie gingen, anders als diese, nicht, um Tod und Verderben zu entgehen, sondern, um Tod und Verderben zu bringen. Peter dem Einsiedler schwebte so eine Art Europapokal vor. Erste Runde Belgrad, zweite Runde Niš, dritte Runde Konstantinopel. Aber in der Türkei wurde die marodierende Truppe endlich gestoppt und von Seldschuken aufgerieben, getötet, in die Sklaverei verkauft. Peter der Einsiedler konnte sich retten (vielleicht wegen des Geruchs?) und erreichte mit dem »richtigen« Kreuzzug dann doch sein Ziel. Der erste »richtige« Kreuzzug mit Gottfried von Bouillon, der deutlich nach dem Volkskreuzzug die Türkei erreichte, war nämlich erfolgreicher: 1099 eroberte man Jerusalem. Allerdings endete die Ära der Kreuzzügler bereits 88 Jahre später bei der Schlacht gegen Sultan Saladin 1187 an den Hörnern von Hittim am Kibbuz Lavi in Israel – da verbinden sich die (Fuß-)Wege der Kreuzzügler mit dem Jesus Trail.

Zu Fuß vom Müngersdorfer Stadion bis zum See Genezareth, diese Strecke muss man sich mal vorstellen, so viele Strapazen, so viele Tote. Und wofür? Für nichts, um ehrlich zu sein. Dann doch lieber eine kurze Wanderung von Königsdorf zur Aachener Straße und als Ergebnis ein Heimsieg gegen den HSV. Nach der Zeit der Kreuzzüge kamen dann immer mehr die Pilgertouren ohne Schwert und Kreuz in Mode, aber dazu mehr im nächsten Kapitel.

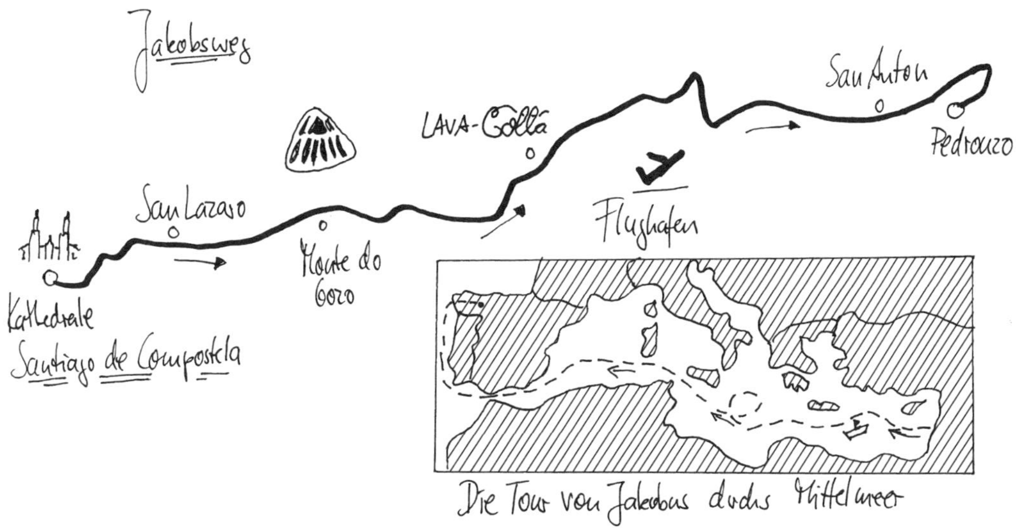
Jakobsweg
San Lazaro
Monte do Gozo
LAVA-Collá
Flughafen
San Anton
Pedrouzo
Kathedrale
Santiago de Compostela
Die Tour von Jakobus durchs Mittelmeer

1434

DEN PILGERN ENTGEGEN – EIN JAKOBSWEG-QUICKIE

Wenn man über die Wege der Weltgeschichte schreibt, kommt man an den großen Pilgerwegen der Christenheit nicht vorbei. Ist doch das Pilgern neben den kriegerischen Auseinandersetzungen die große Motivation – vor allem in den sehr sesshaften Jahrhunderten des Mittelalters –, zu Fuß die Heimat zu verlassen und größere Strecken zu gehen. Und wenn man über die großen Pilgerwege reflektiert, kommt man selbstredend nicht am Jakobsweg vorbei. Der Jakobsweg ist Anfang des 21. Jahrhunderts in aller Munde, weltweit. Wobei im Gegensatz zur heutigen Präsenz Santiago de Compostela im Mittelalter nur dritte Wahl der ernsthaften Pilgerfreunde war. Wer etwas auf sich hielt, pilgerte – durchaus ab und an auch ohne Schwert und Kreuzzug hintendran – nach Jerusalem. Wem das zu weit, zu gefährlich oder zu teuer war, den zog es zum obersten Hirten der Kirche nach Rom. Und dann gab es halt diejenigen, die nach Santiago in Galicien pilgerten, und das war nicht zwingend die Crème de la Crème der mittelalterlichen Gesellschaft, doch dazu später mehr.

Das Phänomen des Pilgerns beschäftigt mich seit Jahren, denn wer sich dem Wandern verschrieben hat, stößt unweigerlich auf dieses Thema. Ich habe immer betont, dass mir die spirituelle Basis abgeht, um auf Pilgerschaft zu gehen, aber mir den Jakobsweg und seine pilgernden Fans einmal vor Ort anzuschauen, das hat mich schon länger gereizt. Es wäre mir jedoch äußerst unredlich erschienen, mich ohne den erwähnten religiös-spirituellen Hintergrund in die Pilgerschar einzureihen. Daher habe ich beschlossen, eine kurze Recherchereise nach Santiago de Compostela zu unternehmen und die letzte Etappe des Jakobswegs in umgekehrter Richtung zu gehen – den Pilgern entgegen. Zum einen reizte mich die Aussicht, einen Weg in eine Richtung zu wandern, die eigentlich nicht vorgesehen ist; schließlich ist der Jakobsweg nach Santiago ungefähr der einzige Wanderweg weltweit, der nur in eine Richtung markiert ist – historisch betrachtet ein Unding, denn in früheren Jahrhunderten war die Rückreise zu Fuß nun mal eine Notwendigkeit. Doch wer heutzutage in Compostela ankommt, der tritt entweder von dort die Heimreise an oder geht noch einige Etappen bis zum Ende der Welt, dem Kap Finisterre am Atlantik. Spätestens dann wird die Heimreise per Zug oder Flug angetreten. Eine Retourmöglichkeit, die im Mittelalter knapp vor Gründung der Ryan Air nicht zur Verfügung stand. Zum anderen würde mir das Falschherumgehen die Möglichkeit geben, vielen Pilgern zu begegnen, die mir entgegenkämen.

Als Verstärkung für mein spanisches Jakobsweg-Abenteuer nehme ich meinen besten Freund Victor mit. Nicht wundern, ich habe zwei ziemlich beste Freunde: Markus, mit dem ich auf Jesu Spuren gelaufen bin, und eben Victor. Victor ist ebenfalls noch nie auf dem Jakobsweg gewesen, obwohl er wie ich eine grundsolide katholische Sozialisation durchlaufen hat, mit fast allen Sakramenten: Taufe, Kommunion, Firmung, erster keuscher Zungenkuss in der katholischen Jugendgruppe. Victor dabeizuhaben ist bei vielen Wanderungen im deutschen Mittelgebirge immer wieder ein Gewinn gewesen. Aber noch nie sind wir gemeinsam in Spanien gewandert, dem Land, das für den Halbspanier Victor, der seit seiner Kindheit fließend Spanisch spricht, nun mal ein Stück Heimat ist. Das macht sich nirgendwo so deutlich bemerkbar wie beim Fußball. Ist er doch, seit ich denken kann, glühender Anhänger der Furia Roja und nicht der deutschen Nationalmannschaft.

Wir sitzen startbereit im Billigflieger und starren auf das etwas triste Umfeld des Hunsrücks in Hahn. Ich denke, für 30 Euro mit Ryan Air nach Santiago de Compostela zu fliegen entspricht zwar den modernen Reise-Usancen, aber eine Pilgerreise ist das natürlich nicht. Man bekommt so keinen Pilgerpass und erst recht keinen Erlass irgendwelcher Sünden. Nur wer (mindestens) die letzten 100 Kilometer zu Fuß gegangen ist, darf sich Pilger nennen, und dem Pilger werden traditionell eben Sünden erlassen. Ich weiß allerdings gar nicht, ob ich irgendwelche Sünden erlassen haben möchte, meine Sünden gehören doch zu mir und meinem Leben. Ich fände es toll, wenn mir meine Sünden erhalten blieben, ich finde meine Sünden gut, ich stehe dazu. Sünden löschen, das wäre ja wie Teile des Gehirns von der Festplatte entfernen, das geht gar nicht.

Und dann stehen wir nach unserer Ankunft in Galicien an einem Mittwochmorgen in der Kathedrale von Santiago de Compostela. Aber was heißt »Kathedrale«, dieses Gotteshaus ist eine wahre Stadt mit unzähligen Anbauten, Erkern, Extratürmen. Kein Monolith wie der Kölner Dom. Wir müssen zweimal drum herumgehen, um die Dimensionen und verwinkelten Anbauten zu begreifen. Wir würden sie auch noch ein drittes Mal umrunden, wenn es nicht so sehr regnen würde. Es ist Mitte Oktober, eine Zeit, zu der in Nordspanien schon mal die Sonne gesichtet worden sein soll. Nicht so bei unserem Jakobsweg-Trip. Um es vorwegzunehmen: Es gibt auf der ganzen Mini-verkehrt-herum-Pilgerreise nur normalen Regen, Starkregen und Regengüsse. Aber in der Kirche ist es trocken. Zunächst schauen wir nach dem Grab des heiligen Jakob, das ist ja das Ziel aller Pilger, daher soll es unser Startpunkt sein.

Die Geschichte, wie die Gebeine des Jakob nach Galicien gekommen sind, ist leicht nachvollziehbar. Jakob war einer der ersten Apostel überhaupt. Im Neuen Testament bleibt

Jakobus (gemeint ist Jakobus der Ältere, es gibt unter den Aposteln auch einen jüngeren) allerdings seltsam blass. Er wird hie und da als Zeuge dieser oder jener Jesusaktion erwähnt, doch seine Geschichte nimmt erst mit seinem Tod richtig Fahrt auf.

Durch die Evangelisten ist belegt, dass er um 44 in Jerusalem enthauptet wurde. Dann haben Jünger des Apostels den Leichnam in ein Boot (der Überlieferung nach war das Boot aus massivem Marmor!!!) gelegt, das ohne Besatzung und Steuermann den direkten Weg westwärts suchte. Vorbei an Zypern, Kreta, Sizilien, Sardinien, Menorca, Mallorca, Ibiza, Gibraltar, an der portugiesischen Küste entlang bis an die Gestade Galiciens ist dieses Wunderboot geschwommen. Günstige Winde und Strömungen haben bei den vielen Richtungsänderungen geholfen, denke ich. Anonyme Helfer – wahrscheinlich intuitiv ahnend, dass es der Leichnam eines Apostels sein könne – hoben den toten Jakob aus dem Boot, brachten den Leichnam (hat der nicht schon gerochen?) 50 Kilometer landeinwärts und begruben ihn an der Stelle des heutigen Santiago. So weit, so plausibel.

Kurioserweise hat erst Bischof Theodemir 800 Jahre nach dieser abenteuerlichen Schiffsreise die Gebeine des heiligen Jakob (wieder-)entdeckt. Das musste natürlich gebührend gefeiert werden: Also wurde eine Kathedrale um die Gebeine herumgebaut und die ganze Stadt nach dem heiligen (San…) Jakob (…Tiago) benannt. Alles sehr nachvollziehbar, völlig unverständlich also, wie Spielverderber Martin Luther über die Gebeine des heiligen Jakob und andere Reliquien geredet hat: »Lauf nicht dahin, man weiß nicht, ob Sankt Jakob oder ein toter Hund da liegt.« Über die römische Pilgerreise des großen Reformators wird noch zu reden sein.

Jakob ist wahrscheinlich einer der gebräuchlichsten Vornamen der Welt. Erst durch einen katalanischen Wanderführer, der Jaume heißt, wurde ich auf die phonetisch »weiche«

Seite des Namens aufmerksam. Es gibt nämlich nicht nur den spanischen Tiago und Diego, sondern auch den Jaume. Und im Englischen sind nicht nur die Jacks, Jakes und Jackies Jakobs, sondern auch die Jims, James und Jimmies. Und dann gibt es natürlich in der Schweiz den Köbi und in Köln den Köbes.

Victor und ich sind sehr erstaunt, dass es keinen großen Andrang vor dem Zugang zur Krypta gibt. Einige Stufen geht es hinunter, dann sehen wir einen silbernen Schrein, der die Gebeine des Apostels enthält. Pilger sind nicht zu sehen, nur zwei ältere Frauen, die kniend ins Gebet versunken sind. Leise verlassen wir die eher unspektakuläre Krypta und sehen eine sehr, sehr lange Schlange mit Pilgern und Gläubigen. Irgendetwas in dieser Kirche muss noch viel bedeutender und verehrungswürdiger sein als die Gebeine des Jakob. Ein Schild gibt Aufklärung: »Abrazo al apóstol/embrace the apostle«, übersetzt: Umarme den Apostel. Stundenlang stehen Hunderte von Gläubigen an, um eine bunte Holzfigur von hinten in die Arme zu schließen. In dem Zusammenhang frage ich mich: Was lässt sich das Kölner Domkapitel an Marketingmöglichkeiten entgehen? Im Kölner Dom steht ein goldener Schrein mit den Gebeinen der Heiligen Drei Könige, da könnte man doch die drei Jungs im Dom als Figuren aufstellen, die jeder knuddeln kann, Selfie-Möglichkeit mit Balthasar, Melchior und Kaspar inklusive.

Victor ist angesichts des kollektiven Jakob-Umarmungswahns fassungslos: »Ich habe das Gefühl, die geben alle ihr Hirn ab.« Nun ja, etwas krass formuliert, weil das Herz in einer solch emotionalen Situation doch an erster Stelle steht, da kann das Hirn auch mal Pause machen. Victor fühlt sich an die Schlangen am Lenin-Mausoleum im Kreml erinnert. Es gibt wohl ein Grundbedürfnis des Menschen, Führer, Götzen, Heilige anzuhimmeln. Man muss in diesem Zusammenhang dem großen jüdischen Intellektuellen George Steiner recht geben, der zuletzt in einem *Zeit*-Interview heftig widersprach, das Christentum eine monotheistische Religion zu nennen. Denn, so Steiners Argumentation, die an die 3000 Heiligen inklusive der omnipräsenten Marienverehrung summieren sich zu derart vielen Anbetungswürdigen, dass die »heidnischen« Götterwelten der Griechen, Römer und Germanen dagegen nicht ankommen. »Die Christenheit hat nichts mit Monotheismus zu tun! 3000 Heilige! Ich weiß nicht, wie viele Reliquien. Bitte! Das ist Polytheismus der offensichtlichsten Art.« Wer Steiners These überprüfen möchte, muss nur nach Santiago fahren. Und das war ja immer schon die Kritik anderer Weltreligionen am Christentum: So respektiert der Koran Jesus als Propheten, verurteilt aber seine Anbetung als polytheistisch.

»SCHHHHH«, »SCHHHHHH«. Laut zischelt es durch den Kircheninnenraum. Eine Art Küster oder Chef-Messdiener erinnert die Besucher der Kirche in regelmäßigen Abständen daran, dass sie sich in einem Gotteshaus befinden. Dazu ein hochtönendes Fiepsen, als würde eine Hebebühne hoch- und herunterfahren. Wahrscheinlich übt da jemand an der Orgel. Es hört sich aber ein wenig so an, als hätte sich das Domkapitel von Santiago vorgenommen, die durchschnittliche Verweildauer der Kirchenbesucher durch akustische Folterinstrumente möglichst gering zu halten. Die Atmosphäre in der Kirche empfinde ich insgesamt als ein wenig beklemmend, sie verströmt eher den Geist der Inquisition als, sagen wir mal, den von Taizé. Das Zweite Vatikanische Konzil scheint noch nicht komplett in Galicien angekommen zu sein.

Beim Gang durch das nördliche Querschiff der Kathedrale fallen sofort die vielen Beichtstühle ins Auge. Für mich war bis dato das Beichten ein intimes, weitgehend nicht-öffentliches Zwiegespräch zwischen Priester und Gläubigem. Ich habe zwar in meinem Leben nur einmal gebeichtet, kurz vor der Erstkommunion, kann mich aber noch sehr gut daran erinnern, dass meiner Beichte (es ging um Tankdeckel, die ich von parkenden Automobilen abgeschraubt und ins Unterholz geworfen hatte) nur Pfarrer Schmitz aus Köln-Ostheim gelauscht hat. In der Kathedrale von Santiago ist das anders. Die ungefähr 20 Beichtstühle sind zum Kirchenraum hin geöffnet. Einige Priester sitzen in den Beichtstühlen und warten auf Kundschaft. Auf selbst gemalten Schildern wird die Beichtsprache verkündet: Italiano, Français, Deutsch. Ich nähere mich dem deutschen Priester. Er sitzt im niedrigen Holzraum des Beichtstuhls unter einer grell leuchtenden Neonröhre. Vor ihm kniet eine junge Frau und beichtet. Diese sehr extrovertierte, zur Schau getragene Frömmigkeit, sozusagen eine Public-Viewing-Beichte, ist der Hammer.

Wer sind die Menschen, die sich als Pilger auf den zumeist sehr langen Fußweg nach Santiago de Compostela machen? Woher kommen sie, wie viele sind es, was treibt sie an? Wir gehen durch den strömenden Regen ins Pilgerbüro in einer Gasse unweit der Kathedrale. Das Pilgerbüro führt genau Buch über Anzahl, Nationalität, Motivation und Beruf der Pilger. Man kann erfahren, dass es eine geringe Arbeitslosenquote von 2,27 Prozent unter den Pilgern gibt. Die lag im Mittelalter eher bei runden 100 Prozent, denn wer sich ca. anderthalb Jahre freinahm, um nach Santiago und wieder zurück zu pilgern, der konnte auf keinen gnädigen Arbeitgeber hoffen. Zudem war im Mittelalter der Jakobsweg ein reiner Bußgang. Wer den Jakobsweg ging, hatte sich zumeist etwas zuschulden kommen lassen. So mancher Richter hat sich damals gedacht, dass es ja viel Geld kostet, einen Mörder oder Räuber jahrelang in einem Gefängnis zu verköstigen, also wurde dem Verbrecher eine Pilgerreise nach Santiago auferlegt. Sollte er mit der Muschel als Beweis seiner vollzogenen Pilgerfahrt in die Heimat zurückkehren, war er ein freier Mann – und frei von Schuld, denn er hatte ja gebüßt. Und –

so das Kalkül – vielleicht kommt der pilgernde Halunke ja auch gar nicht mehr wieder, denn eine Pilgerfahrt im Mittelalter war gefährlich, Fährleuten war nicht zu trauen, Räuberbanden marodierten in den Wäldern und Gebirgen, medizinische Versorgung am Weg war unbekannt, jede Krankheit des Pilgers konnte seine letzte gewesen sein. Es gibt keine Statistiken über die Anzahl der Pilger, die im Mittelalter in ihre Heimat zurückkehrten, es können jedoch nicht sehr viele gewesen sein. Auch wie viele Pilger überhaupt unterwegs waren, ist nicht überliefert. Aber man kann nachweisen, dass im 15. Jahrhundert durch eine revolutionäre Idee das Pilgern nach Compostela boomte: Immer wenn der Tag des heiligen Jakob, der 25. Juli, auf einen Sonntag fiel, wurde ein Gnadenjahr ausgerufen. Gnadenjahr bedeutete: kompletter Ablass ALLER Sünden. Natürlich war das ein verlockendes Angebot, und die Pilgerzahlen explodierten in diesen Jahren – was bis heute so geblieben ist.

Die meisten Pilger im 21. Jahrhundert haben ein spirituell-religiöses Interesse an ihrer Pilgerreise, das war erwartbar. Nur sieben Prozent geben an, ihr Pilgern habe einen rein kulturellen Hintergrund. Die Pilgerexplosion der vergangenen Jahrzehnte ist unglaublich. 1978 kamen nur 13 Pilger in Santiago an, zehn Jahre später waren es schon 3501 – das entspricht im Schnitt zehn (!) Pilgern am Tag. Dann stiegen die Zahlen kontinuierlich an, mit extremen Ausreißern nach oben in den Gnadenjahren. 2013 waren es knapp 216 000 Pilger, eine Zahl, die im Jahr 2014 bereits Mitte Oktober, als wir die Auskünfte im Pilgerbüro einholten, erreicht war. Der Trend ist klar: Die Kirchen werden immer leerer, der Jakobsweg dafür immer voller.

Die meisten Santiago-Pilger kommen, weil sie die kürzeste Wegstrecke haben, aus Spanien. Auf dem zweiten Pilgersiegertreppchen stehen die Deutschen. Der Kerkeling-Effekt ist in den letzten Jahren spürbar gewesen, aber nicht überproportional groß. 2007, nach dem Megaerfolg des Buchs, sprang die Anzahl der deutschen Jakobsweg-Pilger von 8000 auf knapp 14 000, dieses Niveau wurde danach gehalten und langsam gesteigert. »Ich bin dann mal weg« ist mit knapp fünf Millionen Exemplaren das meistverkaufte Sachbuch der Nachkriegsgeschichte in Europa. Die Anzahl der Leser, die es dem Fernsehunterhalter nach der Buchlektüre pilgernd nachgemacht haben, bleibt allerdings im Promillebereich.

Victor und ich sitzen in einem Café gegenüber der Kathedrale, geschützt durch einen Arkadengang. Es schüttet immer noch. Wir sehen acht junge Menschen, klatschnass, teilweise in Baumwoll-T-Shirt oder Top mit riesigen Rucksäcken. Sie reißen, als sie den Vorplatz der Kathedrale erreichen, die Arme hoch, als würden sie einen Fußballsieg bejubeln, lachen, singen, fallen sich in die Arme. Das ist sehr schön, das sind ungespielte Emotionen.

Weil es nicht aufhört, sintflutartig zu regnen, verschieben wir immer wieder den Aufbruch und gehen erst einmal ins Pilgermuseum. Das von der katholischen Kirche inszenierte Museum hat riesige Räume, aber wenig Inhalt zu bieten. Entsprechend vernichtend fallen die Kommentare der Pilger im Gästebuch aus. Man erfahre nichts über die Geschichte des Pilgerns, über die Geschichte des Jakobsmythos, über die Pilger von heute. Das ist alles richtig. Das Spannendste im Museum ist ein Videospiel, in dem man einen Pilger des Mittelalters auf seinen letzten Metern zur Kathedrale von Compostela begleitet. Man kann den jungen Mann mit Pilgerstab und Kapuzenmantel steuern und ihn zu verschiedenen virtuellen Dialogen mit Menschen am Wegesrand führen: Bettler, Marktfrauen, Bauern, Geldwechsler. Das hat die Anmutung eines Mittelaltermarkts in einer deutschen Kleinstadt. Dann kommt die Kathedrale ins Bild, der Playstation-Pilger tritt durch die Tür und lässt sich von einem greisen

Mann durch die Kirche führen. Der Alte sagt, das Spiel quasi beendend: »Dein Weg ist hier zu Ende, die Erinnerung an deine Reise wird dich lebenslang begleiten.« Das ist vielleicht theologisch, aber nicht historisch korrekt. Denn für den mittelalterlichen Pilger war die Pilgerreise in Santiago ja ganz und gar nicht zu Ende, er musste schließlich wieder nach Hause zurückkehren, mitunter 2000 bis 3000 Kilometer.

Vom historisch fast stimmigen Videospiel in die regennasse Jetztzeit, und siehe da: Viel hat sich im Stadtbild in den letzten 700 Jahren nicht geändert. Die Bettler, die Geistlichen, die Pilger sind geblieben. Die Kathedrale, die weltlichen Gebäude atmen den Geist des Mittelalters. Die Andenkenläden entsprechen den Krämern des Mittelalters, all die traditionellen Speisen in den Restaurants, die schmalen Gassen – viel Fantasie braucht es nicht, um sich in Santiago wie in einem mittelalterlichen Rollenspiel auf eine Zeitreise zu begeben. Santiago ist einerseits eine Stadt, der man ansieht, dass sie durch die Pilgerströme zu Geld gekommen ist. Es ist aber auch eine Stadt, die wie aus der Zeit gefallen scheint. Ich kann nur jedem historisch Interessierten eine Städtereise nach Santiago empfehlen, selbst wenn er mit dem Pilgern nichts am Hut hat.

Auf den ersten Metern sehen wir einen Andenkenladen neben dem anderen. Die angebotenen Devotionalien ähneln sich: Pilgermuscheln in allen Größen, auch erhältlich als Kühlschrankmagnete und Wandkacheln. Stöcke (die kommen für die meisten Pilger wohl etwas zu spät), gelbe Wegweiser, Gag-T-Shirts, die populäre Motive auf das Pilgern umdeuten. Nur ein Beispiel: Das vermutlich berühmteste Plattencover der Welt, die vier Beatles, die über einen Zebrastreifen gehen, mutiert zu einer Parade von vier Pilgern mit gigantischen Rucksäcken und Pilgerstäben.

Die Sturzbäche lassen etwas nach, das ist das göttliche Zeichen, dass wir den Aufbruch wagen sollten. Den Weg hinaus

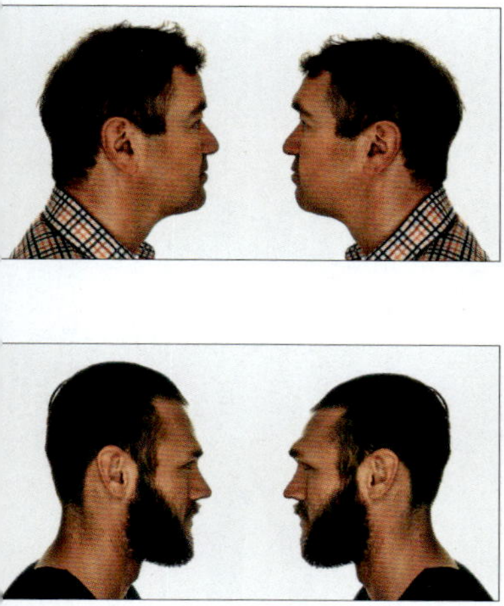

Immer drollig: Wie wir früher mal ausgesehen haben.

Richtig harte Burschen packen jedes Hindernis.

Der Neandertaler und der Fitnesstrainer

Die Ruinen von Deir el-Medina

Im Gleichschritt mit den großen Pharaonen

Ein Bild für die Ewigkeit: ein Mann (der Pharao?) hinter dem Ochsenpflug

Nahla mit Sonnenschirm am Nilufer

Traumhafte Landschaftskulisse mit dem Golf von Malia im Hintergrund

◁
Selfie vor der Statue des Leonidas

▷
Wanderführer Loukas mit leckerem Ostergebäck

Loukas und der Ziegenhirt (mit normaler Armhaltung)

Blick vom Ölberg auf den Felsendom, dahinter Jerusalem-Zentrum als Boomtown

An der »Klagemauer«: Die Kippa sitzt.

Müllwüste auf dem Jesus Trail

Ein Regenbogen wie aus dem Bilderbuch über dem falschen Weg

Der Traum jedes Wanderers: bergan auf Asphalt und dann noch umsonst

Vor der Jesus-Stadt – warum schaut Markus nur so bekümmert?

Ein nicht ganz authentisches Römer-Picknick

Mit Jörg und Christoph vor dem Römerturm bei Dill

Im Gänsemarsch mit zwei Sandalen

Letzte Rast an der Augustushütte mit nur noch einer Sandale

Auf den Spuren des Ausonius, schnurgerade Richtung Trier

Letzte Instruktionen für den Marsch zum Stadion

Ohne Esel, aber mit Fahne ins gelobte Land

Immer gegen die Pfeilrichtung

Die Stolpermuschel im Zentrum von Compostela

Eine intime Beichte in der Kathedrale

Victor (rechts) und Pilger 333 (links)

Ein Service, den Luther bestimmt auch gern genutzt hätte

Wanderer ohne Füße müssen links gehen.

Ohne Mütze auf dem winterlichen Rennsteig

Arndt zeigt stolz den Engelskopf.

Im Felsenmeer der Schwedenlöcher

Für den Fall, dass der heilige Willibrord umfällt, gilt Helmpflicht.

Gruppe Nummer 27 aus Rosport springt.

Diese Brioches hätten auch Marie Antoinette geschmeckt.

Mittlerweile ein Kuriosum in Versailles: Selfie ohne Selfiestick

Große Wandbildkunst in Hambach

Hinweisschild von 1832

»Hinauf, Patrioten, zum Schloß, zum Schloß!«

Mit Nordic-Walking-Stöcken zwischen Chaume- und Caurières-Wald

Echte deutsch-französische Wanderfreundschaft

Das Torgebäude im KZ Sachsenhausen

Der Schotterbelag auf der »Schuhprüfstrecke«

Die drei Gebote des Fußballs

Auf dem Strandweg der Weltmeister: mit meiner Tochter unter dem Regenschirm

Eine ganz spezielle Holzskulptur

Ohne Worte

Der Flüchtlingstreck auf dem Schmugglersteig

Richtung Osten zu finden ist auf den ersten zwei Kilometern ein Kinderspiel, es hilft, starr den Blick nach unten zu richten. Denn dort sind goldfarbene Muscheln in den Boden eingelassen, deren Strahlen zum Ziel zeigen, das ist auf allen Markierungen des Jakobswegs so. Victor und ich müssen uns also nur an der stumpfen Seite der Muscheln orientieren. Die Muschel ist seit dem Mittelalter nicht nur Erkennungszeichen des Jakobspilgers, sondern auch Beweis der Pilgerfahrt, denn man bekam sie am Zielort ausgehändigt. Früher war es nicht so einfach, den rechten Weg zu finden. Man musste einen Führer haben, sich an vereinzelten Steinpyramiden orientieren oder die Weganweisungen auswendig lernen. Letzteres stelle ich mir außerordentlich anstrengend vor.

An einer Hausfassade, immer noch im Zentrum von Santiago, sehen wir das Relief von neun armen Seelen, die in den Feuern der Hölle schmoren. Das wird allerdings nur Ungläubigen widerfahren, nicht den Pilgern, die sich beim Anblick dieses Schreckensszenarios schon auf den letzten Metern ihrer Pilgerfahrt befinden. Plötzlich umfangen uns markante Töne, die vom subjektiven Empfinden her nicht so recht zu Santiago zu passen scheinen. In einer überdachten Gasse steht ein Dudelsackspieler in Tracht und bearbeitet nach allen Regeln der Kunst sein Instrument. Victor erklärt, die Galicier seien die Kelten Spaniens. Etymologisch betrachtet, wird einem schnell einiges klar. Wales heißt zum Beispiel auf Spanisch: Gales. Unweit von Santiago gibt es den Fußballverein Celta Vigo. Die *Gales* sind die Kelten, Galicien ist das Land der Kelten. Ob Schottland, die Bretagne oder eben Galicien, an diesen maritim geprägten Orten entfaltete sich über die Jahrtausende eine keltische Kultur. Das Volksgetränk ist wie in der Bretagne der Cidre und das traditionelle Instrument der Dudelsack. Die Galicier machen genauso wie die Basken und die Katalanen (gibt es in Spanien eigentlich auch so was wie Spanier?) ein großes Gewese um ihre eigenständige Sprache. Victor hatte mir auf Schrifttafeln im Pilgermuseum gezeigt, dass es allenfalls marginale Unterschiede in der Sprachprägung gibt. Die Unterschiede zwischen dem Schwäbischen und dem Rheinischen sind in jedem Fall wesentlich elementarer. Ich frage Victor, welchem deutschen Volksstamm denn die Galicier am ähnlichsten seien? Nach langem Überlegen meint Victor: Eigentlich sind die Galicier die Friesen Spaniens. Viel Fisch, viel Wind, viel Meer, viel Grün. Einfach, schweigsam, direkt. Nix mit Flamenco und heißem Blut.

Dass wir Santiago de Compostela als Startpunkt, nicht als Ziel einer Fußreise genommen haben, ist gar nicht sooo ungewöhnlich. Der Taxifahrer, der uns am Vortag vom Flughafen in die Innenstadt gebracht hat (und 17 Jahre in der Nähe von Würzburg wohnte), pilgert einmal im Jahr von Compostela zum Kap Finisterre. Das sind ungefähr 90 Kilometer in westlicher Richtung, bis an die Gestade des Atlantischen Ozeans. Nur von Compostela aus in die östliche Richtung geht kaum einer. Von dort kommen sie alle, vermummt in Regenpelerinen, unter denen sich die großen Rucksäcke wölben, sodass die meisten Pilger, die uns entgegenkommen, aussehen wie glänzend grellbunte Schildkröten. Je weiter wir uns vom Stadtzentrum entfernen, desto weniger helfen die goldenen Muscheln im Trottoir weiter. Wenn wir also nicht wissen, in welche Straße wir einbiegen müssen, warten wir einfach kurze Zeit, und schon kommen uns Pilger entgegen. Für uns sind die Pilger sozusagen mobile Wegweiser, die uns anzeigen, wohin wir uns wenden müssen. Sie machen einen nassen, aber zum Großteil glücklichen, um nicht zu sagen erleichterten Eindruck. Wir sehen langsame, ältere Pilger, die sich fast tastend vorwärtsbewegen, wir sehen eine winzige Japanerin, einen jungen Mann mit Pilgerstab und mit Kopfhörern in den Ohren (was der wohl hört? Den Bruder-Jakob-Kanon? Ein Jakobsweg-Hörbuch? Sakro-Pop?), wir sehen zwei sehr sportliche Pilger, die ihre Pilgerstäbe eher aggressiv wie Baseballschläger tragen, und einen, der wie ein Landstreicher seine komplette Habe in einem Handwagen hinter sich herzieht.

Wir grüßen alle Entgegenkommenden mit einem fröhlichen »¡Hola!« und werden freundlich zurückgegrüßt. Einige Pilger tragen Stirnbänder, an denen kleine, kompakte Digitalkameras befestigt sind. Die roten Record-Lampen leuchten schon von Weitem. Unglaublich, die nehmen tatsächlich den kompletten Pilgerweg auf. Da darf man schon mal die Verwandtschaft beglückwünschen, die sich das ungekürzte Pilgervideo im Nachgang anschauen darf.

Gegen den Strom der Pilgerscharen erreichen wir San Lazaro, einen Vorort von Santiago. Klein ist Compostela ja nicht, die 96 000 Bewohner verteilen sich nicht nur um das Areal der Kathedrale, sondern leben und arbeiten auch in Randbezirken. Ich hatte im Vorfeld meiner Recherche viel Unsinn über die letzten Kilometer bis zur Kathedrale gehört und gelesen. Man gehe stundenlang durch ein Industriegebiet, vorbei an Fabrikhallen. Das stimmt einfach nicht, in San Lazaro wandern wir über ganz gewöhnliche Vorortstraßen einer spanischen Kleinstadt mit Geschäften, Büros, Wohnungen und kleinen Werkstätten. Ich hatte in Deutschland aber auch mit Pilgern geredet, die überhaupt keine Erinnerung mehr an die letzten Kilometer bis zur Kathedrale hatten, die einfach nur von explodierender Freude sprachen – gnadenreiche Pilgeramnesie.

Bis zum Ortsausgangsschild von Santiago habe ich schon 100 Pilger gezählt. Am Ortsschild fotografieren sich zwei pilgernde Radfahrer gegenseitig, auch die Radfahrer zählen als Pilger, wenn sie es schaffen, durchgehend 200 Kilometer bis nach Santiago zu radeln. Einige der Radfahrer, denen wir im Lauf des Tages begegnen, sind technisch und klamottenmäßig derart hochgerüstet, dass ich ihnen zutraue, die 200 Kilometer in einem Rutsch gemacht zu haben.

Der Regen hat fast aufgehört, es geht entlang der Stadtautobahn, dann leicht bergan. Erstmals seit der Kathedrale haben wir die Möglichkeit, den asphaltierten Weg zu verlassen, und wandern auf einem schmalen Pfad parallel zur Landstraße. Eine zierliche spanische Frau kommt uns entgegen. Sie geht sehr, sehr langsam, Schneckentempo wäre fast zu viel gesagt. Sie hat noch vier Kilometer vor sich, aber in dieser Geschwindigkeit wird sie weit über eine Stunde für jeden einzelnen Kilometer brauchen. Victor fragt nicht, ob sie ein Problem hat, denn das sieht man, sondern, welches Problem sie hat. Bis zum Vortag – so lasse ich mir das später von meinem Freund übersetzen – hatte sie wohl nur ein Problem, ihr rechtes Knie. Aktuell hat sie zwei Probleme: das rechte *und* das linke Knie. Trotz ihrer zwei Stöcke, die sie eher als Krücken nutzt, bereitet ihr jeder Schritt wahnsinnige Schmerzen, und sie ist sichtbar froh über diese kleine Plauderunterbrechung. Wir wünschen ihr viel Glück.

Man kann es, nach allem was ich gelesen und gehört habe, ganz nüchtern zusammenfassen: Eine Vielzahl der Jakobsweg-Pilger hat keine Freude am Gehen, sie stürzt sich überdies meist untrainiert in dieses strapaziöse Abenteuer, das Pilgern ist für sehr viele eine Qual. Von exorbitanten Knieschmerzen hat übrigens auch Hape Kerkeling berichtet. Noch an seinem vorletzten Pilgertag resümiert er: »Mir macht das Laufen einfach keinen Spaß. Ich finde den Weg toll, aber das Gehen als solches macht mir nicht die geringste Freude.« Das ist der entscheidende Unterschied zwischen dem Pilger und dem Wanderer: Der Wanderer hat Bock aufs Zu-Fuß-unterwegs-Sein, er freut sich auf das Gehen in der Natur. Der Pilger reiht sich eher ein in die Zu-Fuß-gehen-Müsser der Weltgeschichte, in die Reihe der Krieger, Händler und Vagabunden, die nicht gehen wollten, sondern mangels Alternative oder Geld gehen *mussten*. Man könnte einwenden, dass ein regelrechtes Muss, ein wirklicher Zwang, beim Pilger des 21. Jahrhunderts nicht vorliegt. Das mag von Fall zu Fall unterschiedlich sein, aber die meisten Pilger verspüren wohl doch einen inneren Drang, dass sie ihre Pilgerreise machen MÜSSEN – und beenden MÜSSEN, egal, wie sehr zum Beispiel die Knie schmerzen.

Wir kommen am Monte do Gozo an, kein echter Berg, eher eine leichte Erhöhung oberhalb von Santiago. Dieser Ort hatte im Mittelalter kultische Bedeutung für die Wandernden. Wer dort zuerst ankam, war der König der Pilger. Victor und ich wollen auf dem Monte do Gozo den Blick über Santiago genießen, das würde trotz tief hängender Wolken gehen. Nur schade, dass drei Zypressen genau so gepflanzt sind, dass sie den Blick auf Stadt und Kathedrale verstellen.

Es hat wieder angefangen zu regnen, wir gehen durch kleine Orte, über Kreisstraßen, an Backsteinfabrikbauten entlang, an einem riesigen Firmenparkplatz vorbei. Der Jakobsweg ist gut ausgeschildert, wir sehen die Wegweiser zwar nur von hinten, aber man kann sich denken, in welche Richtung man gehen muss. Immer noch kommen uns viele Pilger entgegen, manche atmen mit offenem Mund wie ein Karpfen, der nach Luft schnappt. Die Regendichte ist mittlerweile allerdings auch wieder so hoch, dass man eher Kiemen als Lungen braucht. Trotz Regenschirm werde ich mehr und mehr durchnässt, nur Unterhose und Strümpfe machen noch einen trockenen Eindruck. Wir fragen uns, da der Regenumhang zum Pilger zu gehören scheint wie Muschel und Pilgerstab, ob etymologisch die Namensgleichheit von Pelerine und Pellegrino reiner Zufall sein kann? Die meisten Pilger, die uns entgegenkommen, grinsen, recken den Daumen hoch, die finden es lustig, das wir falsch herum gehen. Ich hatte vor der Wanderung Bedenken gehabt, ob es nicht einige als blasphemisch empfinden würden, wenn wir den Jakobsweg herumdrehten, als Verhohnepipelung der eigenen Pilgerleistung, aber keine Rede davon.

Nach elf Kilometern, in einem Ort namens Lavacolla (kann man sich leicht merken: flüssiges Vulkangestein + zuckriges Erfrischungsgetränk mit Doppel-L), finden wir den Weg nicht. Der Ortsname Lavacolla ist laut dem Mit-Esel-Pilger Tim Moore tatsächlich der Tatsache geschuldet, dass sich der gemeine Pilger dort, wenige Kilometer vor seinem Ziel, noch einmal die Eier waschen sollte. (Da schreien jetzt vielleicht die Romanisten auf, weil der Ort dann eigentlich Lavacojones heißen müsste, aber es gibt eben wundersame mittelalterliche galizische Dialekte). Ich finde die Vorstellung sehr schön, dass sich ein ganzer Ort in den Dienst der männlichen Individualhygiene stellt. Dass Pilger sich waschen, war schon ein besonderes Highlight. Alten Berichten zufolge wusch man sich im Schnitt alle 40 Tage.

Es kommt mir schon lange ziemlich »spanisch« vor, wie wir gehen, weil wir längere Zeit keinem Pilger mehr begegnet sind. Nun gut, müssen wir uns eben durchfragen. Wir gehen an der Hauptstraße, auf der Suche nach dem rechten Pfad. Die Pilgerbeschwerden über das mühsame Gehen direkt an der Nationalstraße und die rücksichtslosen spanischen Trucker sind fast legendär. Kerkeling schreit Lkws an und will sie mit seinem Pilgerstab verhauen.

Besonders schön ist in diesem Zusammenhang das Zitat des als deutscher Filmbösewicht bekannt gewordenen Claude-Oliver Rudolph. Wobei mir gerade kein Film einfällt, in dem ich Herrn Rudolph zuletzt gesehen habe. Egal. Claude-Oliver Rudolph hat auf jeden Fall 2007 an einem längst vergessenen TV-Abenteuer teilgenommen, dem ProSieben-Promi-Pilgern. Während Ex-Frauenknast-Darstellerin Katy Karrenbauer die gefühlvolle Pilgerin gab und Bäume umarmte, war Herr Rudolph für die Rolle des raubeinigen Antipilgers gecastet worden. So mault er in die Kamera: »Wenn ich auf die nächste Straße komme, wo Autos fahren – Cut.« Da spricht der wahre Filmprofi, er meint übersetzt: »Dann ist Feierabend, dann steige ich aus.« Zwei Folgen später ist es um die Laune des Promi-Pilgers kaum besser bestellt, und er wütet: »Dieses Pilgern ist alles völliger Blödsinn, die haben gar keinen Kontakt zu Gott, die wollen sich nur wichtigmachen.« Dann will der Grobian auch noch ein kunstvoll gestapeltes Steinmännchen zertreten. Das gelingt aber nicht, und man fragt sich, wer genau sich da wichtigmachen wollte und ob der Wichtigtuer nicht doch eher Hobby-Rabauke Rudolph ist.

Das Promi-Pilgern verschwand recht schnell in den ewigen Fernseharchivkellern, und es war auch nicht die glänzendste Idee von ProSieben, den Pilgerboom reißerisch ausschlachten zu wollen. Überhaupt kann man feststellen, dass alle Versuche, das Pilgern gezielt kommerziell zu nutzen, ziemlich danebengegangen sind. Viele Gemeinden in Deutschland haben versucht, regionale Zuwege zum Jakobsweg touristisch zu vermarkten. Den gelben Muschelstrahl auf blauem Grund findet man auf zahlreichen deutschen Wanderwegen. Doch der Pilger ist nicht steuerbar, er entzieht sich dem touristischen Kalkül, und das ist gut so.

Etwas anders sieht der kommerzielle Aspekt direkt am Camino in Spanien aus. Die Zeiten, in denen der Pilger ausschließlich auf die Refugios, die großen Pilgerschlafsäle, angewiesen war, die sind vorbei. Wir sehen auf unserer Tagesetappe viele Pensionen und Hotels, die sich um das körperliche und seelische Pilgergleichgewicht bemühen. In Lavacolla kommen wir am Hotel Ruta Jacobea vorbei. Unter dem Vorwand, an der Rezeption nach dem Weg zu fragen, entziehen wir uns eine Weile dem strömenden Regen. Das englische Ehepaar, das nach einem Mitarbeiter Ausschau hält, erklärt uns umständlich, aber kompetent, wie wir wieder auf den Jakobsweg finden. Die beiden haben es gut, sie haben für den Tag ausgepilgert, können sich trocknen und für ihre persönliche Schlussetappe auf besseres Wetter hoffen.

Hinter Lavacolla geht es wieder unasphaltiert weiter, der Weg wird nun immer ansehnlicher. Kleine Regenfurchen haben sich in seinen Untergrund gefräst und fließen in unsere Richtung. Nicht nur die Pilger, auch das Wasser kommt uns entgegen. Zur historischen Wegequalität: Die war grässlich. Aber man konnte immerhin als Wegewart der Pilgerroute zum Heiligen werden. So wie der Hirte Domingo, der seine Schaffenskraft der »calzada de Santiago«, einem Weg in der Nähe von Nájera, widmete und nach seinem Ableben dafür heiliggesprochen wurde. Ein Traum für alle deutschen Wanderwegewarte!

Wir nähern uns dem Flughafen von Santiago, den gab es für den mittelalterlichen Pilger definitiv noch nicht. Wir queren die Straße auf einem Zebrastreifen, die Autofahrer werden durch »Achtung Pilger«-Verkehrsschilder vor Wanderern mit langen Stäben gewarnt. Es geht an einem ausgedehnten Maschendrahtzaun entlang. Daran stecken Tausende kleine, aus zwei dünnen Zweigen zusammengesteckte Holzkreuze. Pilger müssen sie dort platziert haben, als eine allgemeine Reminiszenz an die Leiden des Herrn, es wird ja wahrscheinlich kein stummer Protest gegen die vielen Toten sein, die der Flughafenbau oder der internationale Flugverkehr fordert. Aber warum werden genau hier so viele Kreuze befestigt? Wahrscheinlich, weil erstens einer damit angefangen hat und es alle dann nachmachen. Und zweitens, ganz einfach: weil es geht. In einen Maschendrahtzaun kann man eher ein simpel gebasteltes Holzkreuz einweben als in eine stabile Mauer. Die symbolische Kraft des Kreuzes wird auf diese Weise allerdings herabgewertet zu einer bloß dekorativen Kreuztapete.

Kurz hinter dem Flughafengelände stoßen wir auf einen Naturstein mit Kilometerangabe: 12,5 Kilometer sind es für die Pilger bis zur Kathedrale, die sind wir also schon gegangen. Uns kommen nur noch vereinzelt Pilger entgegen, es ist ja auch schon Nachmittag; viele von denen werden Santiago nicht mehr vor der Dunkelheit erreichen und wahrscheinlich eine weitere Übernachtung einlegen. Wir spüren mittlerweile bei vielen eine gewisse Irritation, wenn sie uns sehen. Es gibt fragende Blicke, Zweifel, wer denn da »falsch« geht und ob sie auch wirklich auf dem richtigen Weg sind. Wir beruhigen, nein, klar, ihr seid richtig, dort geht es nach Santiago, nicht beirren lassen, wir sind es, die in die »falsche« Richtung gehen. Ein bärtiger, molliger Südamerikaner schaut uns mit Todesverachtung unter seiner Kapuze hervor an, als hätten wir Hörner auf der Stirn und würden einen Klumpfuß hinter uns herziehen. Andere Pilger wünschen uns gut gelaunt einen schönen Camino. Gut, wir pilgern zwar nicht, aber auf DEM WEG sind auch wir unterwegs.

Wir überlegen uns, wie es wäre, einfach immer weiterzugehen, bis nach Deutschland oder sogar darüber hinaus, alles hinzuwerfen, nur noch zu gehen, gehen, gehen, sich von der Ehefrau zu trennen, nur zu gehen, die insgesamt sieben Kinder zu verlassen, nur zu gehen, gehen, gehen, gehen. Ist ja nur so eine Idee. Eine Schnapsidee, genauso eine, wie sie der nächste Pilger hatte, den wir treffen. Er hat sich sichtbar, hörbar und riechbar nicht nur *einen* Schnaps im nahen Café von Amenal gegönnt. Er ist völlig betrunken und redet mit schwerer Zunge. Er ist ausgerechnet der 333. Pilger, der uns nach meiner Zählung begegnet. Eine Schnapszahl. Der Ärmste hat sich heillos im Ärmel seiner Pelerine verheddert. Nachdem wir ihn aus seiner selbst fabrizierten Zwangsjacke befreit und ihm den Regenumhang über den Kopf und seinen gigantischen Rucksack gestreift haben, sieht er aus wie der Glöckner von Notre-Dame. Er ist Spanier und prahlt Victor gegenüber, er gehe stets ein Stundenmittel von fünf Kilometern und sei demnach locker vor Einbruch der Dunkelheit in Santiago. Von einer zur anderen Wegseite schwankend, macht er sich wieder auf, vielleicht schafft er tatsächlich fünf Kilometer in der Stunde, aber durch seine Schlangenlinien hat er nicht nur 18, sondern wahrscheinlich eher 36 Kilometer vor sich. Nun, der Arme war nur etwas betrunken, harmlos, weit davon entfernt, zu den zwielichtigen Gestalten vergangener Jahrhunderte am Jakobsweg zu gehören. Wegen der zunehmenden Zahl von Taschendieben, falschen Priestern und leichten Mädchen verbot Ludwig XIV. seinen Untertanen, nach Santiago zu pilgern, wie ich bei Tim Moore gelesen habe: »›Du gehst als Pilger und kommst als Hure zurück‹, hieß es in einer Redensart der damaligen Zeit.«

Eine Gruppe japanischer Pilger mit modischen Frisuren und noch modischerem Outdooroutfit kommt uns entgegen. Sie lächeln uns verschämt an, irgendwie kann ich mich des Eindrucks nicht erwehren, dass die unmöglich schon 100 Kilometer in den Beinen haben. Wahrscheinlicher ist, dass sie im Rahmen eines Europa-in-fünf-Tagen-Reiseprogramms für ein paar Stunden den Jakobsweg-Event »mitnehmen«. Ob sie dabei eine wirklich authentische Pilgererfahrung machen, ist natürlich fraglich. Andererseits ist es vermutlich für jeden Pilger schwierig, eine authentische Jakobsweg-Erfahrung zu machen. Zu viele, teilweise sehr prominente Menschen haben über den Jakobsweg geschrieben, Erfahrungsschätze überlagern sich. Bestimmte Geschichten – die wilden Hunde am Weg, die steilen Passagen, die gefährlichen Landstraßen – überkreuzen sich und geben Erlebnislinien vor. Eines wird mir aber bei allen Jakobsweg-Büchern klar: Spaß machen darf Pilgern anscheinend nicht.

Kerkeling zum Beispiel hasst nicht nur das Zu-Fuß-Gehen, sondern hasst auch die Refugios, hasst die meisten Mitpilger, hasst die Wege, das Wetter. Typisch ist seine Geschichte von dem jungen Finnen Seppi, der fröhlich jeden Tag 40 Kilometer pilgert und es abends krachen lässt. Pilgerfreude pur, Party auf dem Jakobsweg. Da kommt der Pietist in Kerkeling durch: »Ob das richtig ist, den Weg so zu laufen, wie er das tut?« So sprach der heilige Hape, und Gottes Strafe folgte auf dem Fuß. Kerkeling trifft Seppi wieder, »deprimiert«, mit verbundenem Fuß, gestürzt auf dem Jakobsweg. So, nun hat der Seppi auch keinen Spaß mehr auf dem Camino.

Für viele ist das Wandern wahrscheinlich eher eine Art Therapie. Schon der normale Wanderer wirft ja beim Gehen seelischen Ballast ab, wird freier. Untersuchungen haben ergeben, dass man nach einer Wanderung glücklicher ist als zuvor. Beim Pilgern kommt das gemeinsame Ziel dazu, die Begegnung mit vielen Gleichgesinnten.

Am Kilometerstein 16,9 (kann laut meiner Karte eigentlich nicht sein, es sind ungefähr 20 Kilometer bis Santiago) erreichen wir San Anton. Schon wieder ein Heiliger, wir sind schon durch San Lorenzo und San Marcos gewandert, aber zu Anton, Lorenzo und Marcos will keiner pilgern. Was mir mehr Sorgen macht ist, dass Victor bereits sehr schwächelt. Seine Knie melden sich, Victor muss immer wieder Pause machen, sich mit den Händen auf den Knien aufstützen. Mensch, mein bester Kumpel hat nach kaum 20 Kilometern Probleme. Was sollen denn die Pilger sagen, die seit über 2000 Kilometern unterwegs sind?

Viele Pilger stückeln ihre Gesamtstrecke, brauchen also Jahre, bis sie von ihrem Wohnort aus Santiago erreichen. Für einen wie Werner Bach, den ich auf einer Wanderung im Hunsrück kennengelernt habe, kommt das nicht infrage. Er ist ein Komplettpilger, ist 2009 in vier Monaten 2700 Kilometer am Stück von Darmstadt nach Santiago gelaufen. Werner hat mir erzählt, wann man am besten auf dem Pilgerweg unterwegs sein sollte: »Man muss ja bescheuert sein, wenn man im Juni, Juli, August da pilgert, viel zu voll, das macht keinen Spaß.« Also gehören die vielen Pilger, die uns Mitte Oktober entgegenkommen, schon zur Pilgernebensaison. Werner hat auf seiner Pilgerreise einen Holländer mit gigantischem Außengestellrucksack getroffen, der den Jakobsweg ebenfalls in die »falsche« Richtung lief. Der hatte allerdings auch den ganzen Hinweg gemacht und war gerade auf dem Rückweg nach Amsterdam. Ungefähr 5000 Kilometer zu Fuß, das entspricht der mittelalterlichen Pilgerleistung, Chapeau!

Aber zurück zum schwächelnden Pilgerreporter Victor. Standhaft hatte er über 20 Kilometer lang jede Einkehrmöglichkeit ausgeschlagen. Ich denke aber, dass die Zeit gekommen ist, die müden und nassen Glieder ein wenig zu entspannen. Wir setzen uns am Ortseingang von San Anton in ein Bistro und trinken ein Bier. Im Schankraum hängt ein selbst gebasteltes Schild, auf dem zwei Wanderschuhe zu sehen sind. Darunter steht: »Por favor!! No descalzarse dentro del local« – Bitte die Schuhe im Lokal nicht ausziehen. So ein Pilgerfußschweiß haut selbst den stärksten spanischen Wirt um! Wir lassen unsere Schuhe also an, zahlen und gehen weiter.

Jenseits der 20-Kilometer-Marke sehen wir an der Nationalstraße einen Hinweis auf die Pension Maribel, in der wir zwei Zimmer gebucht haben: Aber, das Schild ist für Pilger auf dem rechten Weg angebracht und weist somit in die Richtung, aus der wir kommen. Also gehen wir zum Bistro zurück, da waren wir nämlich schon fast an der Pension gewesen. Mühsam schleppt sich Victor zur Herberge. Dort DÜRFEN wir unsere Schuhe ausziehen und lassen sie am Ofen des Gemeinschaftsraums trocknen.

Rückblickend muss ich sagen, dass das einer der beeindruckendsten Tage meines Wandererlebens war, die Begegnungen mit den Pilgern waren wirklich sehr schön. Wir sind gegen den Strom geschwommen und sind einen Weg gegangen, der eigentlich nur eine Richtung kennt: hin zum heiligen Jakob aus Holz. Es ist faszinierend zu sehen, wie viele Menschen auf diesem Weg unterwegs sind. Das wären sie nicht, wenn der Jakobsweg eine neumodische Erfindung wäre. Gerade die lange Tradition der Jakobsweg-Pilgerei ist der Anreiz für die meisten Menschen, es selbst zu versuchen und das

Pilgererlebnis zu spüren. Es sind keine Halunken mehr auf dem Camino unterwegs wie im Mittelalter, sondern gläubige Menschen. Nicht weil es ihnen eine Gerichtsbarkeit befohlen hat, sondern weil sie ihrer inneren Stimme folgen. Damit ist der Jakobsweg wahrscheinlich weltweit der einzige historische Weg, der auch im 21. Jahrhundert noch massiv zu Fuß gegangen wird, und ein Ende des Jakobsweg-Booms ist nicht in Sicht. Das Pilgern nach Santiago de Compostela ist ein internationales Massenphänomen, setzt aber die Wanderweisheit außer Kraft, dass der Weg das Ziel sei. Nein, das Ziel ist die Kathedrale von Santiago, ist der hölzerne Jakob. Das Ziel eines jeden spirituell motivierten Pilgers ist es aber vor allem, bei der mal mehr, mal weniger langen Fußreise zu sich selbst und zu Gott zu finden.

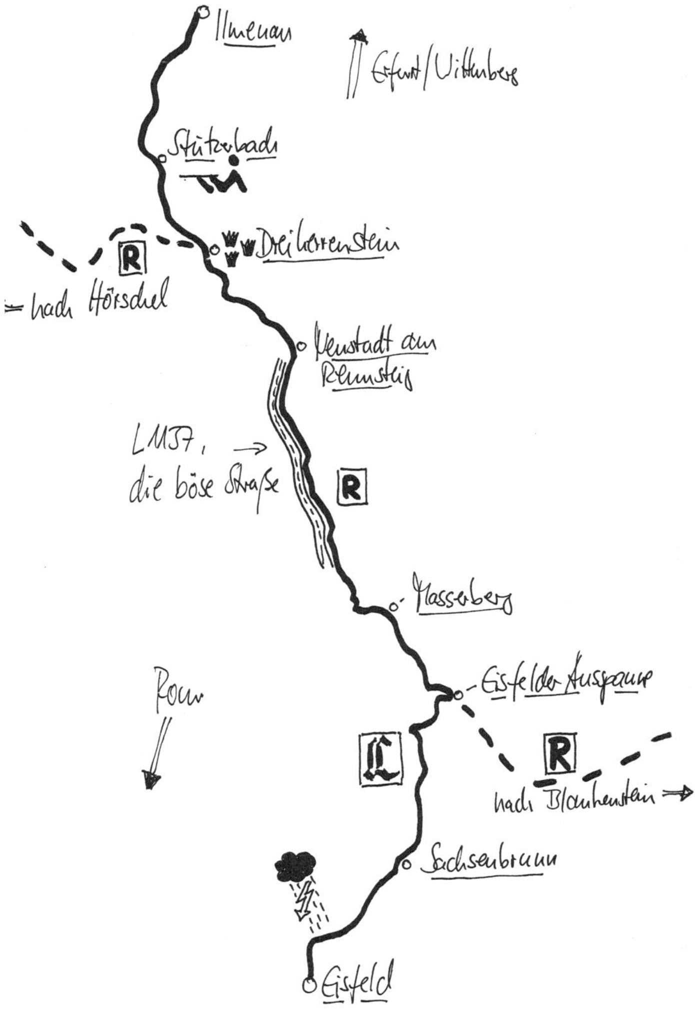

Ilmenau
Erfurt/Wittenberg
Stützerbach
Dreiherrenstein
R
nach Hörschel
Neustadt am Rennsteig
L1137,
die böse Straße
R
Masserberg
Rom
Eisfelder Ausspanne
R
nach Blankenstein
Sachsenbrunn
Eisfeld

1510
(oder 1511)

MIT LUTHER ÜBER DEN RENNSTEIG, ROM IMMER IM BLICK

Mit Martin Luther assoziiert man nicht sofort Wandern. Mit barocker Körperfülle ausgestattet, brillierte der Protestant eher in den Disziplinen Thesen-an-die-Kirchentür-Nageln und Dem-Teufel-ein-Tintenfass-Hinterherwerfen als in der schnöden Fortbewegung per pedes. Aus der Zeit, als er schon der größte Reformator aller Zeiten war, ist keine entscheidende Fußreise von Luther überliefert. Der größte Marsch in seinem Leben war eine Reise als Mönch, also noch als katholischer Luther, nach Rom. 100-prozentig klar ist, dass er dort war. Nicht mehr ganz klar ist, wann genau das war, wo er gestartet ist und wie der Reiseverlauf war. Noch nicht einmal der Grund seiner Reise in den Vatikan ist letztendlich geklärt.

Zunächst mal zur Frage des Wann. Man könnte sagen, es ist doch egal, ob es 1510 oder 1511 war, aber genau da liegt der Hase im Pfeffer. Wenn er 1510 gereist ist, dann ist er in Erfurt gestartet, bei den quertreibenden thüringischen Augustinermönchen, die nicht so wollten wie ihr Chef Staupitz in Wittenberg. Daraus folgern viele Luther-Biografen, dass er schon als Mönch ein aufmüpfiger Mann war, also quasi die Revolte im Blut hatte. In diesem Szenario ging Luther im Auftrag der Ordensopposition nach Rom, um den Papst um einen Schiedsspruch in dem Streit um das richtige Fahrwasser des Ordens zu bitten. Wenn er aber 1511 gestartet sein sollte, dann muss es in Wittenberg und im Auftrag von Staupitz gewesen sein, und dann war er eher Reaktionär, ein Gegen-

Oppositioneller, ein Nicht-Rebell. Was sagt denn der Meister selbst? Luther müsste doch wissen, wann er eine solch strapaziöse Fußreise unternommen hat. »Anno Domini 1510 war ich zu Rom, das heißt, wenn ich mich nicht irre.«

»Wenn ich mich nicht irre«? Nun, Luther sprach über seine Romreise rückblickend in den Jahren 1544 und 1545 (wenn ich mich nicht irre). Zwischen 1510 und 1544 hat der genussfreudige Wittenberger allerdings so manches Weinfass geleert, da kann man sich natürlich nicht mehr an jedes Detail erinnern. Gegen eine Romreise Luthers zu Anfang des Jahres 1510 spricht unter anderem, dass der amtierende Papst Julius II. in fraglichem Winter gar nicht in Rom war, sondern auf längerer Dienstreise sozusagen. Und viele Luther-Biografen müssen zugeben: »Insbesondere bleibt weithin dunkel, womit sich Luther in den Jahren 1511/1512 beschäftigt hat.« Luther-Forscher Hans Schneider datiert daher die Romreise auf ebenjene zwei Jahre, dann wäre Luther in Wittenberg gestartet. Das hat, wie schon angedeutet, schwerwiegende Interpretationsunterschiede über Luthers Haltung zur katholischen Amtskirche zur Folge. »Man hat in der Romreise Luthers, wenn er denn als Abgesandter der Opposition gezogen wäre, einen ersten Autoritätskonflikt (mit der katholischen Kirche) sehen wollen.« Hingegen erscheint Luther, wenn er denn ein Jahr später gereist ist, als braver Kirchensoldat, aufmüpfig war er wesentlich später. »1511/1512 war Luther ein gehorsamer Mönch seines Ordens.«

Warum das in meinem Zusammenhang so wichtig ist? Weil die Reiseroute, je nach Startort, in noch größerem Dunkel liegt als die wahre Mission des späteren Protestanten. Aber egal, ob er in Erfurt oder im weit nördlicher gelegenen Wittenberg startete, er musste über den Kamm des Thüringer Waldes, wahrscheinlich, so mutmaßt Luther-Biograf Boehmer (das ist der mit dem aufmüpfigen Luther, der 1510 startete), zwischen Ilmenau und Eisfeld. Und wenn er zwischen

Ilmenau und Eisfeld gegangen ist, dann hat er höchstwahrscheinlich – wenn ich mich nicht irre – zwischen Neustadt am Rennsteig und Masserberg den Rennsteig benutzt, zumal diese Route den mittelalterlichen Botenwegen entspricht.

Also auf nach Ilmenau! Die Frage ist, wo Luther in Ilmenau gestartet sein könnte. Gab oder gibt es dort ein Kloster? Denn in einem Kloster haben Mönche, wenn sie pilgerten, stets ein Bett bekommen. Außerdem war es sinnvoll, sich bei den Klosterbrüdern nach dem Weg zu erkundigen, und man konnte in den Klöstern Reisebekanntschaften schließen. Denn gerade in weitestgehend unbewohnten Gegenden wie dem Thüringer Wald empfahl es sich nicht unbedingt, allein zu wandern. Ein Reisegefährte Luthers ist jedoch erst ab Nürnberg überliefert, also gehen wir einmal davon aus, dass der unerschrockene junge Mönch die Etappe durch den Thüringer Wald allein wagte.

Nun gibt es in Ilmenau zwar die älteste Bergulme Europas – zu jung für Luther, »nur« 300 Jahre alt –, aber kein Kloster. Daher starte ich an der örtlichen Pfarrkirche St. Jakobus; die hat es schon zu Luthers Zeiten gegeben, der Vorgängerbau der heutigen (inzwischen natürlich lutherischen) Kirche wurde im 12. Jahrhundert erbaut. Wenn es nämlich in den Orten kein Kloster gab, gingen die pilgernden Mönche zur regionalen Geistlichkeit, die schlecht einen Bruder im Ordensgewand abweisen konnte. Auch ich habe mich vor Ort erkundigt, wo ich langgehen muss, denn das wurde aus meiner Wanderkarte nicht recht klar. Ich habe die Auskunft jedoch nicht vom Pastor erhalten, sondern von der Rezeptionistin des Hotels, in dem ich übernachtet habe – statt auf dem kalten Kirchenfußboden –, man verzeihe diese mangelnde Authentizität.

Ich wandere also, wie von der hübschen Rezeptionistin empfohlen, die Waldstraße hoch. Ich möchte in den Thüringer Wald, da klingt »Waldstraße« schon mal relativ viel versprechend. Die Kreisstraße Richtung Rennsteig ist gesperrt, wegen »Windbruchs«. Es ist Anfang April, und in den Tagen zuvor hat es ordentlich gestürmt. Ich starte um sieben Uhr morgens, das ist schon etwas spät. Luther ist auf jeden Fall im Winter losgegangen, egal, ob 1510 oder 1511, und daher mit Sicherheit noch früher auf der Piste gewesen. Das frühe Aufstehen waren die Mönche zudem gewohnt, mussten sie doch zum ersten Morgengebet (Laudes) zwischen sechs und sieben Uhr antreten. Ich habe gegen den eisigen Wind die Kapuze auf, das ist eine Parallele zu den Mönchen. Allerdings trage ich eine Funktionsjacke, keine Kutte. Da der Wind von vorn kommt, hilft die Kapuze allerdings nicht viel, sie wird mir immer vom Kopf geweht. Eigentlich sagt man, man solle nur tüchtig wandern, dann werde einem schon warm. Stimmt ja irgendwie, scheint aber nicht für die Ohren zu gelten.

Mittlerweile habe ich den Wald erreicht und steige mit kalten Ohren auf einem Waldweg mit gleichmäßiger, moderater Steigung bergan. Nach einer Stunde komme ich ans Jagdhotel Gabelbach, also habe ich schon 260 Höhenmeter Richtung Rennsteig geschafft. Das Vier-Sterne-Hotel verspricht Aktivurlaub, im Spa-Bereich kann man Sauna und Schwimmbad nutzen oder das Gabelbacher-Kräuter-Salz-Peeling genießen. Spa war im 16. Jahrhundert unbekannt, genau wie Urlaub. Ich kann mir auch nicht vorstellen, dass jemand wie Luther seine Fußreise nach Rom mit Etiketten wie »Wellness«, »Auszeit« oder »Entschleunigung« versehen hätte. Da war ein Auftrag, den hatte man auszuführen. Was, um Himmels willen, hätte Luther gesagt, soll an einer Fußreise Spaß machen?

Das hat ein anderer berühmter Fußreisender ganz anders gesehen, Johann Wolfgang von Goethe. Nicht ganz zufällig fällt mir der Dichterfürst ein, denn kurz nach dem Jagdhotel Gabelbach stoße ich auf den Goethe-Wanderweg. Diesem Goethe entkommt man ja gerade in Thüringen nicht, der ist, so scheint's, überall gewandert, zumindest wird überall in seinem Namen gewandert. Und er hat sozusagen das zweckfreie Wandern, das Genusswandern miterfunden. Goethe und seine Wanderbrüder im Geiste wie Eichendorff brauchten keinen Auftrag wie Luther, um zu wandern, sie trieb die Lust auf das Naturerlebnis in die Wälder Deutschlands. Fast so berühmt wie Luther und Goethe ist die ehemalige Biathlon-Olympiasiegerin und Ehrenbürgerin Antje Misersky-Harvey. Ein Riesenschild am Gasthaus Auerhahn in Stützerbach würdigt die Heldentaten von Frau Misersky-Harvey. Kleine Quizfrage: Was ist der Unterschied zwischen Antje Misersky-Harvey und mir? Die Biathletin wusste dank der Loipe mit Sicherheit immer, wo es langging.

Dagegen stelle ich fest, dass ich meinen Zuweg zum Rennsteig verloren habe. Und meine Wanderkarte. Das ist nicht die größte Katastrophe der Welt, nur komisch, ich habe noch nie während des Wanderns eine Karte verloren. Und irgendwie ist es toll, bin ich so wieder etwas näher dran am Anfang des 16. Jahrhunderts, denn Mönch Martin hatte natürlich ebenfalls keine Wanderkarte dabei. Die Kartografie steckte damals noch in den Kinderschuhen, und Spezialgeschäfte, die die Karte Erfurt–Rom verkauft hätten, gab es auch nicht. Aber es gab bereits einen Reiseführer, erschienen Ende des 15. Jahrhunderts: Luther-Forscher Denecke schreibt: »Luthers Reise nimmt in der Geschichte der Italienreisen eine gewisse Schlüsselstellung ein. Seine Zeit war der letzte Höhepunkt der Pilgerfahrten nach Rom. In diesem Zusammenhang ist rund 35 Jahre vor seiner Reise der erste umfangreiche Romführer für Pilger erschienen, in lateinischer Sprache, zugleich aber auch in deutscher Übersetzung.« Nun gut, einen Romführer habe ich nicht dabei, ich bin ja ein Weichei und gehe nur eine einzige Etappe der langen Tour. Und die verlorene Wanderkarte kann ich verschmerzen, denn im Thüringer Wald führen zwar nicht alle Wege nach Rom, aber fast alle zum Rennsteig, sodass ich nie das Gefühl habe, mich im Wald zu verlieren.

Irgendwie ist es auch lutherlike, dass ich meine Handschuhe zu Hause vergessen habe. Gab es Handschuhe vor 500 Jahren? Selten! Also werden die Hände so weit wie möglich in die Jacke gesteckt, so wie es Bruder Martin bestimmt auch gehandhabt hat. Meine Füße versinken im leicht gefrorenen Harschschnee, die Schneemengen in über 800 Meter Höhe sind deutlich üppiger als in Ilmenau – dort lag überhaupt kein Schnee. Drei Stunden nach meinem Start erreiche ich den Kamm des Thüringer Walds am Dreiherrenstein. Drei kleine Fürstentümer gaben dem Dreiherrenstein seinen Namen. Aber weder die drei kleinen Reiche existierten bei Luthers Wanderung noch der Stein, der erstmals 1587 erwähnt wurde. Am Dreiherrenstein treffe ich auf den Rennsteig, den legendären thüringischen Weitwanderweg. Den gab es zu Luthers Zeiten schon. Seit 1330 ist der Rennsteig – damals »Rynnestieg« – nachgewiesen. Natürlich war er da noch kein Wanderweg. Boten und Kuriere nutzten den relativ schmalen Pfad zu Fuß und zu Pferd.

Hans Schneider bewertet Luthers Rolle bei der Romreise durchaus als die eines Boten. Der Wittenberger Mönch war mit dem konkreten Auftrag nach Rom geschickt worden, einen päpstlichen Schiedsspruch einzuholen – und natürlich nach Hause zu bringen. Der Historiker Schneider vermutet, dass Luther auf dem Hinweg nach Rom für einen anderen Mönch, Johann von Mecheln, der in Nürnberg zu Luther stieß, als zweiter Mann fungierte. Zurück haben die beiden wahrscheinlich nicht den gleichen Weg genommen. »Die Praxis, bei wichtigen Angelegenheiten mehrere Boten auf getrennten Wegen zu schicken, damit mindestens einer sicher das Ziel erreichte und die Nachricht überbringen konnte, war im späten Mittelalter durchaus geläufig.« Getraut wurde den Boten auch nicht unbedingt, ein weiterer Grund, warum sie selten allein losgeschickt wurden. Im berühmten mittelalterlichen Bilderbuch »Codex Manesse« sieht man den Adligen

Hartwig von Raute, einen großen Minnesänger seiner Zeit. Er »übergibt einem Boten einen Brief und ermahnt ihn durch eine Maulschelle zum Schweigen«. Hoffen wir mal, dass Luther von seinem Abt in Wittenberg oder Erfurt kein Backenfutter bekommen hat, damit er seine Mission verschwiegen durchführe.

Der Rennsteig in seiner heutigen Form wurde wandermäßig 1829 erschlossen. Wer die kompletten 169 Kilometer geht, hat die »Runst« gemacht. Die Millionen Wanderer, die seither die Runst geschafft haben, waren keine Boten, hatten jedoch eine Botschaft: die Lust am Wandern. Mit dem eigens komponierten Rennsteiglied auf den Lippen – ich habe tatsächlich in früheren Jahren schon Wandergruppen auf dem Rennsteig getroffen, die es gesungen haben – ist das Gehen auf diesem Weg reiner Selbstzweck. Der Protestant Luther hätte das nicht verstanden: Runst, Rennsteiglied, zu Fuß gehen aus Spaß an der Freud? So ein Quatsch.

Ich erreiche sehr kurz nach dem Dreiherrenstein den Mittelpunkt des Rennsteigs auf 838 Metern Höhe, 2003 ist er exakt vermessen worden. Der Rennsteig ist demnach 169 Kilometer, 293 Meter und 77 Zentimeter lang, ich habe schon ungefähr 293 Meter und 77 Zentimeter geschafft. Nun ja, eine komplette Runst möchte ich ja nicht machen, die wäre bei diesem spätwinterlichen Wetter kein Vergnügen.

Es gibt ja diesen alten Mythos, dass die Eskimosprache 27 bis 100 Begriffe für »Schnee« kennen würde. Das hat sich als Legende herausgestellt, im Endeffekt kennt sie genau so viele Begriffe für Schnee wie die deutsche Sprache; wir haben nämlich auch einige unterschiedliche Wörter zu bieten: Harschschnee, Neuschnee, Pulverschnee, Pappschnee … Und ich habe das Gefühl, in den letzten zwei Stunden durch alle weltweit bekannten Schneesorten gewandert zu sein. Anfang April. Aber das ist natürlich großartig, denn genauso ist Luther gewandert! Im Winter, ist denn der verrückt? Und um 1500 war das Klima nicht so mild wie heute, und er hatte keine Funktionswäsche. Da ist es echt ein Wunder, dass Mönch Martin diesen langen, strapaziösen Fußmarsch ohne schwere Krankheiten überstanden hat. Details von seiner Reise hat er im Übrigen nicht berichtet. Das war wohl allgemein nicht üblich gewesen. Von den Befindlichkeiten bei etwas so »Alltäglichem« wie einem Fußmarsch über insgesamt 3200 Kilometer zu erzählen schien im Mittelalter absurd zu sein.

Am Wegesrand begleiten mich immer wieder gelbe Stangen mit Hütchen drauf. Die sehen auf den ersten Blick aus wie die Leuchten auf Minigolfplätzen. Aber die zierlichen Gestänge weisen auf den Verlauf einer Gasleitung hin. Der Rennsteig verläuft ganz grob auf der gedachten Linie von Moskau nach Paris, dann passt das ja. Die aktuellen Wege durch die Mittelgebirge, gerade auf Höhenzügen, sind eben nicht nur Fuß-, sondern auch Energiewege.

Kurz vor der Ortschaft Neustadt am Rennsteig geht es aus dem Wald hinaus, der Weg führt durch Felder, auf ausgedehnten Äckern wird im Sommer das Getreide wachsen. Wir erfahren zwar von Luther nichts über seine Reiseerlebnisse, aber über die Forst- und Landwirtschaft seiner Zeit hat er sich Gedanken gemacht. Bei Denecke kann man es nachlesen: »Eine optimale Nutzung der Ressourcen für eine Erzeugung von Nahrungsmitteln sieht Luther durch zwei Faktoren gestört: durch den übermäßigen Waldanbau, der zwar einträglich ist, aber den Getreideanbau verdrängt, und durch eine Lässigkeit und Gleichgültigkeit der Bauern und Gärtner, hervorgerufen durch Reichtum: ›nur wird Geld gesammelt, dadurch verliert man den Segen Gottes‹ (Luther). Offenbar war zur Zeit Luthers eine Dekadenz gerade in Erfurt eingetreten, eine gewisse Sorglosigkeit in der Feldbestellung, die im Vergleich zu anderen Gebieten in Deutschland sehr auffällig war.« Ich hätte auf den Höhen des Thüringer Waldes gern einen dieser stinkreichen, sorglosen, lässigen, gleichgültigen und dekadenten Bauern gesehen. Aber die thüringischen Bauern sind schlau. Die treiben sich bei diesem lausigen Wetter nicht auf ihren Feldern herum, sondern sitzen daheim am warmen Ofen und lesen Zeitung. Wenn ich mir die Felder anschaue, durch die ich wandere, kann ich aber keinerlei Liederlichkeiten entdecken. Vielleicht war die Luthersche Bauernschelte ja ein Weckruf, und es hat sich seitdem einiges getan.

Ich erreiche Neustadt am Rennsteig und gehe die Hauptstraße entlang. Links und rechts werben Pensionen und Hotels um Rennsteigwanderer. Haus Tannengrund, Hotel Hubertus, Café Edelweiß, Pension Sonne. Zu Luthers Zeit gab es hier noch keinen Ort mit zahlreichen Unterkunftsmöglichkeiten. Nur zugige Höhen. Luther kann hier also nicht genächtigt haben, musste demnach die gesamte Etappe von 41 Kilometern bis Eisfeld am Stück gehen. Warum sollte es Bruder Martin besser gegangen sein als mir?

Nach Neustadt gehe ich sehr lange direkt an der Straße entlang. Das ist der ursprüngliche Rennsteig; in den vergangenen Jahren ist er asphaltiert und zur Landstraße L1137 ausgebaut worden. Der Fußweg ist an den Straßenrand gedrängt, das ist der Lauf der Zeit, das kann man nicht ändern. Aber muss das sein, dass auf dieser ungeschützten Fläche der Scheißwind immer von vorn kommt? Und es kommt mir nicht nur der Wind entgegen, sondern auch ein Lkw mit Anhänger, der mir seine kalt-verdreckte Gischt ins Gesicht sprüht. Das hätte sich ein Luther nicht bieten lassen, der hätte den Lkw-Fahrer in die Hölle verwünscht, und da wäre der dann auch gelandet.

Ich wandere leicht bergab, weiter an der Straße entlang. Links und rechts dichte Fichtenwälder. Man ist ja leicht geneigt zu denken, dass so ein Wald schon ewig existiert. Seit den Zeiten der Germanen unveränderlich. Oder fast unveränderlich, wenn nicht der Mensch und die Umweltverschmutzung wären. Denn, so ein gängiger Volksglaube, dem deutschen Wald geht es schlecht, es gibt immer weniger Bäume, kurz: Waldtechnisch war früher alles besser. Die Wahrheit sieht anders aus. Schon kurz nachdem Hermann der Cherusker die Truppen des Varus arg dezimierte, war es mit der Herrlichkeit des deutschen Waldes vorbei. Holz war zu (fast) allen Zeiten ein prima Baumaterial und Energielieferant, weswegen man sich die deutschen Mittelgebirgslandschaften zu Zeiten Luthers nahezu baumfrei und kahl vorstellen muss. Die Wende brachten die Preußen mit einem ambitionierten, nachhaltigen Aufforstungsprogramm. Das Prinzip war einfach: Dem Wald nicht mehr entnehmen, als gepflanzt wurde. Seitdem erholte sich der deutsche Wald und wuchs und wuchs, und das tut er bis heute. Noch nie in den letzten 1000 Jahren gab es mehr deutsche Bäume als heutzutage. Im Gegenteil: Naturschützer plädieren sehr häufig zu Recht für Abholzung, um durch flussnahe Auenlandschaften und artenreiche Bergwiesen dem wirtschaftlich motivierten Waldwildwuchs Einhalt zu gebieten. Nach dem Motto: Weniger Wald ist mehr! Aber keine Sorge, im Thüringer Wald stehen noch reichlich Bäume.

Mir kommen die ersten Rennsteigwanderer seit über zwei Stunden entgegen. Es sind, wenn ich den Altersunterschied richtig deute, man weiß heutzutage ja nie, Mutter und Sohn. Die Mutter grinst mich fröhlich an, der Sohn schleicht hinter ihr her und guckt, als würde er gleich kotzen. Vor Langeweile, vor schlechter Laune, was weiß ich. Sehr lustig. Bruder Martin hätte jetzt wahrscheinlich ein Gebet für die Seelen der beiden Runstler gesprochen. Ich überlege, ob es sich vielleicht um eine Art Bußgang des Sohnes handelt? Nach dem Motto: »Du bekommst nur ein Smartphone, wenn du bei Eis und Schnee auf dem Rennsteig wanderst.« Oder: »Wenn du die Zulassung zum Abitur nicht schaffst, dann machen wir die Runst, ob du willst oder nicht.« Der junge Mann sieht auf jeden Fall so aus, als wenn er den Rennsteig in Zukunft auf ewig hassen würde.

Plötzlich geht es steil bergan, hoch nach Masserberg. Ich gehe in einem tief ausgewaschenen Hohlweg, teilweise auch auf dessen erhabenem Rand. Im Mittelalter war die Straßenbaukunst der Römer nicht nur in Vergessenheit geraten, es fehlte auch ein übergeordneter Wille, Wege zu bauen und zu finanzieren. Also entstanden Fernstraßen nicht in den Tälern – wo es eigentlich vernünftig gewesen wäre –, denn das hätte bedeutet, sumpfige Auen nachhaltig zu entwässern und passierbar zu machen. Vielmehr entschwanden Handelsstraßen und Botenwege wie eben auch der Rennsteig auf die Höhen, die Kammlagen. Und wenn einmal ein Tal durchquert werden musste, dann ging es nicht in benutzerfreundlichen Kehren und Serpentinen den Berg hinauf, sondern fast immer auf der Direttissima. Tagaus, tagein, bei jeder Jahreszeit, mitunter mit schweren Ochsenkarren. Und so frästen sich die Wege langsam in die Landschaft hinein, und es entstanden die Hohlwege. Obwohl Luther-Reise-Forscher Denecke anmerkt: Es muss »allgemein davon ausgegangen werden, dass die Trassen der Fernstraßen um 1500 noch nicht so stark ausgefahren waren, wie dies die heute erhaltenen Relikte zeigen, da eine verstärkte Beanspruchung vor allem erst mit dem zunehmenden Verkehr im 16. bis 18. Jahrhundert dazukam. Gelaufen wurde meist nicht in den Hohlwegstrecken, deren Sohlen durch die tiefen Radspuren und Erosionsrinnen ausgefurcht waren, sondern am Rande der Fahrtrassen.« Und genau dort, am Rande der Fahrtrasse, wandere ich jetzt hinein nach Masserberg.

Nach Durchquerung des touristischen Ortes verfalle ich in eine Art tranceähnlichen Trott. Und wie das beim Wandern so ist, stellen sich unfreiwillig die Gedankenschleifen und musikalischen Ohrwürmer ein. Ich summe nicht, aber in meinen

Ganglien hat sich der Song »Raindrops keep falling on my head« festgesetzt. Dabei regnet es gar nicht, zum Wetter würden eher Songs wie »Schneeglöckchen, Weißröckchen« oder »I'm dreaming of a white christmas« passen.

Nachdem in der gefühlt 50. Gedankenschleife die Regentropfen auf meinen Kopf fallen, versuche ich mich mit der Frage abzulenken, ob der Herr Luther beim stunden-, tage-, wochenlangen Pilgern nach Rom auch Ohrwürmer im Kopf hatte. Gregorianische Choräle oder so etwas? Und was könnte außer musikalischen Fragmenten dem Mönch Martin im Kopf herumgegangen sein? Vielleicht Fragen nach dem Weg? Bin ich hier richtig? Obwohl er sich da wahrscheinlich im Geiste seiner Zeit voll und ganz in die Hand Gottes begeben hat. Vielleicht hat er Fragen nach dem Sinn des Lebens ventiliert. Das würde zumindest zu einem Kleriker passen. Hilfreich für die Strukturierung des (Wander-)Alltags waren mit Sicherheit die vorgeschriebenen Gebete zu festen Tageszeiten. Laudes morgens, Sext zur Mittagszeit, Vesper am Abend, Komplet vor der Nachtruhe. Ein Nachteil war natürlich, dass er keine Uhr dabeihatte. Zwar wurde schon im 15. Jahrhundert die Taschenuhr erfunden, aber es ist mehr als fraglich, ob ein einfacher junger Mönch wie Luther eine solche besaß. Und im Winter ist der Himmel meistens bedeckt, da kann man sich schlecht am Stand der Sonne orientieren. Vielleicht hat Luther ja auch an Frauen gedacht. Gerade bin ich nämlich gedanklich auf dieses Thema umgeschwenkt, weg von den »raindrops«, hin zu weiblichen Formen. Immerhin ist dem älteren Luther der Spruch zugeschrieben: »Warum onaniert Ihr unter dem Tisch, gefallen Euch meine Töchter nicht?«

Als ich die Eisfelder Ausspanne erreiche, bin ich, ab dem Dreiherrenstein gerechnet, 19 Kilometer auf dem Rennsteig gewandert. Der Rennsteig ist schon seit Jahrzehnten als bekanntester deutscher Wanderweg eine Marke, als Wanderer kam mir das sehr zugute. Das riesige Wegezeichen »R« ist kaum zu übersehen. Auch Luther wird vom Rennsteig profitiert haben. Infrastruktur gab es zwar nicht, aber immerhin bietet ein Kammweg immer eine Orientierung, auch ohne Wegmarkierungen. Die Eisfelder Ausspanne wird es schon gegeben haben, dort wurden die zusätzlichen Ochsen ausgespannt, die gebraucht wurden, um schwere Lastkarren von Eisfeld hoch auf den Kamm des Thüringer Walds zu ziehen. Genau diesen Verbindungsweg zwischen Rennsteig und Eisfeld gehe ich nun bergab. Unweit der Eisfelder Ausspanne entspringt die Werra, und dem Bachlauf dieses bedeutenden deutschen Flusses folge ich für einige Kilometer. Es ist etwas öde, auf den breiten Wegen immerzu leicht bergab zu gehen. Da ist man über jede Abwechslung froh. Zum Beispiel über den sogenannten Werrateich, das ist einfach ein anderer optischer Reiz als der immer gleiche Wald.

Am Werrateich treffe ich auf ein Wegekreuz. Von rechts stößt auf meinen Weg nach Eisfeld der Lutherweg, markiert mit einem altertümlich geschwungenen L, aus Richtung Eisenach kommend, allerdings über eine Route, die ich für sehr unhistorisch erachte. Warum? Weil zum einen Ilmenau großräumig umgangen wird, zum anderen ein Mensch, der einen so weiten Weg vor sich hat, nicht kreuz und quer durch den Thüringer Wald irrt, sondern den schnellstmöglichen Weg sucht und sich an den damals gewohnten Handels- oder Botenwegen orientiert. Der Lutherweg ist ein Wanderweg, der nach einer ganz eigenen Logik gestrickt ist. Er verbindet nicht Wege, auf denen Luther gegangen ist oder gegangen sein könnte, sondern Orte, Dörfer und Städte, in denen Luther nachweislich oder vermutlich oder angeblich gewirkt hat. Daher summiert sich die Gesamtlänge dieses Wanderwegs (allein in Thüringen) auf 900 Kilometer. Wenn man den Lutherweg von Hessen, Sachsen-Anhalt, Sachsen und Bayern dazurechnet, ergibt das 2000 Kilometer Lutherwege in Deutschland. Man muss schon ein sehr großer Fan des Reformators sein, um sich das komplett anzutun.

Zahlreich ist das L auf den folgenden Kilometern bis Eisfeld an Bäumen und Laternen. Die vielen Markierungen waren für Martin Luther natürlich äußerst praktisch, so konnte er sich immer gut auf seinem eigenen Weg orientieren.

Den Höhenzug des Thüringer Waldes habe ich nun hinter mir gelassen. Auf dem entspannten Weg nach unten, immer an der rauschenden Werra entlang, verliere ich zunehmend an Höhe. Für mich endet bald die eintägige Wandertour. Für Luther hingegen war der Thüringer Wald nur ein kleiner Buckel, unbedeutend im Vergleich mit dem, was noch alles in den weiteren Wochen seiner Reise bevorstand: die Fränkische Schweiz und natürlich die Alpen, deren Überquerung vor 500 Jahren im Winter nicht nur kein Zuckerschlecken, sondern lebensgefährlich war. Und wenn man sich dann noch vorstellt, dass man den ganzen Weg ja auch zurückgehen muss, möchte man am liebsten stehen bleiben. Am besten ist es, gar nicht darüber nachzudenken – was mir niemals gelingen würde, da ich beim Wandern schlecht mein Gehirn abschalten kann. Ich wälze beständig Probleme beim Gehen, rechne, wie lange ich schon gegangen bin und wie viel (Wander-)Zeit ich noch brauchen werde. Schon ein wenig neurotisch.

Es sind streng wissenschaftliche Berechnungen angestellt worden, wie lange der Mönch Luther für die Strecke von Wittenberg nach Rom gebraucht hat. Hans Schneider geht für die 1600 Kilometer lange Wegstrecke von »einer durchschnittlichen Tagesleistung von 30 bis 40 km« aus. Daraus ergibt sich »eine reine Wanderzeit (ohne Ruhetage) von mindestens 40 bis 50 Tagen«. Puh. Das »mindestens« kann man aber fett unterstreichen. Denn ob es wahrscheinlich ist, 30 bis 40 Kilometer bei teilweise extremen Wetterbedingungen (es war Winter!) zu Fuß zu gehen, wage ich stark zu bezweifeln. Der arme Luther musste sich durch Schneepassagen in den Alpen kämpfen, viele Höhenmeter überwinden, oft wird er sich verlaufen haben, GPS-Geräte waren noch nicht erfunden. Wenn Luther im Schnitt 20 bis 25 Kilometer geschafft hat, dann war er echt gut. Dann ist er aber eher 70 Tage, also ungefähr zweieinhalb Monate unterwegs gewesen. Das würde hinkommen.

Ich folge dem Lutherweg durch den Ort Sachsenbrunn (wieso haben die Sachsen hier einen Brunnen gehabt?), die letzte Siedlung vor Eisfeld. Hinter dem Ortsausgang wandere ich auf einem Panoramaweg mit tollen Blicken über das Werratal bis auf die Höhen des Thüringer Walds. Weiße Felder mit Schneeschauern schweben in großer Entfernung vorbei. Auf diesem (Luther-)Weg, obschon er nach ihm benannt ist, ist Mönch Martin auf seiner Romreise mit Sicherheit nicht gegangen. Es wäre viel zu mühselig gewesen, auf dem Höhenzug oberhalb der Werra zu gehen. Für schöne Aussichten hatte der Augustinerbote bestimmt kein Auge. Luther wird auf dem schnellsten Weg – im Tal an der Werra entlang – nach Eisfeld gegangen sein.

Kurz vor dem Ort, das Schloss ist schon in Blickweite, gibt es einen grotesk heftigen Hagelschauer. Blitzschnell geht es, dass man das Schloss wegen des dichten Hagelschleiers nicht mehr sehen kann. Taubeneigroß sind die Hagelkörner nicht gerade, aber einige tun schon ordentlich weh. Als würde das nicht reichen, beginnt es noch böllerartig zu donnern und zu blitzen. Wenn ich Martin Luther heißen würde, hätte ich mich jetzt auf die Stelle ins Kloster begeben müssen, denn so wurde ja der Martin überhaupt erst Mönch: Weil er auf einer Wanderung nach einem Besuch bei seinen Eltern in der Nähe von Erfurt in ein Gewitter geriet, das wohl derart stark war, dass er sich auf die Erde warf, zur heiligen Anna betete und im Fall seines Überlebens den sofortigen Eintritt in ein Kloster versprach. Das kann die Wirkung von Urgewalten beim Wandern auf die Weltgeschichte sein: Denn ohne dieses berühmte Gewitter anno 1505 hätte es keinen Mönch Martin gegeben. Ohne dieses Gewitter folglich keinen Protestantismus, keinen Dreißigjährigen Krieg, keine IRA. Und Margot Käßmann wäre einem auch erspart geblieben. So folgenreich kann ein einziges Wandergewitter sein!

Nachdem der Gewitterschauer durchgezogen ist, gleißt die Straße in der blitzenden Sonne. Ich überquere im Ortskern von Eisfeld die Werra, die hier schon ein richtiges kleines Flüsschen ist. Da kann man sich gut vorstellen, dass die Werra ordentlich etwas zur Weser beitragen wird. Ich freue mich nach 41 Kilometern langsam auf ein mehr als wohlverdientes Belohnungsbier. Aber wenn ich an den armen Martin Luther denke, werde ich fast ein wenig traurig. Der junge Mönch konnte sich nun mal nicht, als er in Eisfeld angekommen war, auf ein Belohnungsbierchen freuen. Nein, Mönch Martin musste sich erst einmal um ein Nachtlager kümmern. Er wird kaum eines übers Internet reserviert haben. Und nur mit viel, viel Glück ist er in einem Kloster mit angeschlossener Brauerei gelandet.

Ich erkundige mich bei einer Passantin nach dem Weg zum Bahnhof. Radebrechend weist sie mir den Weg. Ich will echt niemanden diskriminieren, aber ich denke zuerst, die Mittfünfzigerin habe einen leichten Sprachfehler. Dann versorge ich mich in einem Supermarkt mit Reiseproviant für die Zugfahrt und merke, huch, die haben anscheinend alle einen ähnlichen Sprachdefekt. Mir wird klar, dass ich mit dem Kamm des Thüringer Waldes auch eine Sprachgrenze überquert habe. Südlich des Gebirges wird nicht mehr Thüringisch, sondern ein dem Fränkischen ähnlicher Dialekt gesprochen. Nicht umsonst heißt die Gaststätte, in der ich fast ein Bier bekommen hätte, wenn die Kneipe nicht geschlossen gewesen wäre, Petras Stübla. Nach dem dritten Bier hört sich der Dialekt sicher nicht mehr so merkwürdig an, und ab dem zehnten kann man sich wahrscheinlich problemlos mit den Einheimischen verständigen.

Ich steige nun aus und lasse den Kollegen Luther weiterwandern. Dass der irgendeine Art von Freude am Wandern und Pilgern gefunden hat, kann man, wie gesagt, fast mit Sicherheit ausschließen. Dafür war er den leiblichen Genüssen zu sehr zugetan. Der wandernde Asket, das war Luther im zarten Alter von 27 Jahren (oder 28?) nur, weil er musste. Vielleicht hat er ja auch erstmals auf dem langen Weg nach Rom an der Sinnhaftigkeit so mancher Gepflogenheiten des katholischen Universums gezweifelt, wer weiß. Auf jeden Fall könnte es durchaus sein, dass Luthers Pilgerreise so traumatisch für ihn war, dass er später nur noch von »Narrenwerk« sprach, wenn es ums Pilgern ging.

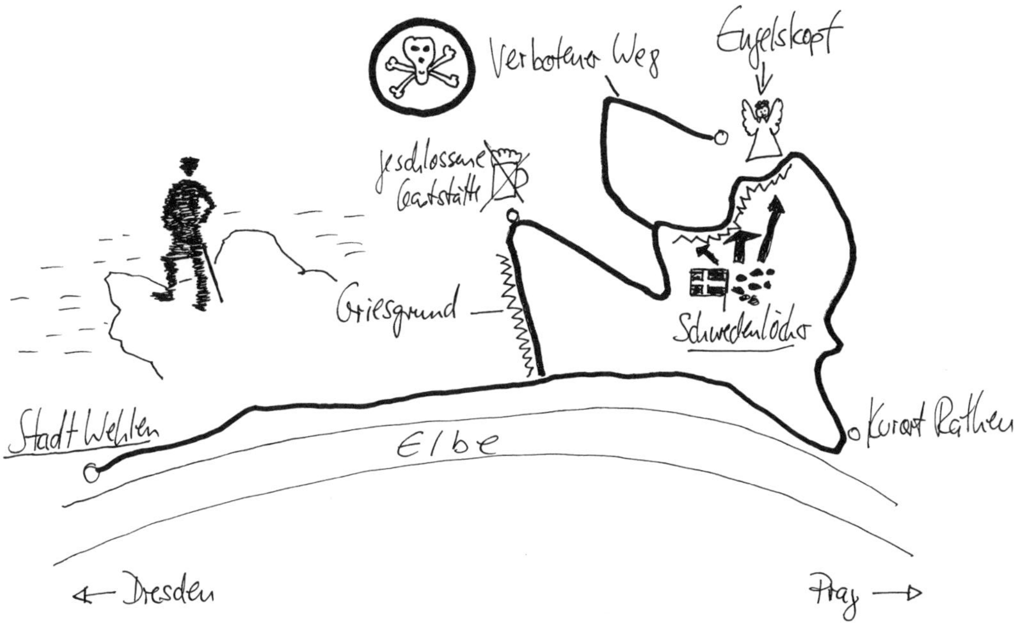
Verbotener Weg
Engelskopf
Geschlossene Gaststätte
Griesgrund
Schwedenlöcher
Stadt Wehlen
Elbe
Kurort Rathen
Dresden
Prag

EIN WANDERANARCHIST UND DIE SCHWEDENLÖCHER

Arndt Noack ist der Jäger der verbotenen Wege. Er flucht, denn der Weg, den wir suchen, ist nicht nur verboten, sondern auch sehr versteckt. Aber es kann ja nicht immer alles klappen. Der Sachse ist leidenschaftliches Mitglied der Interessengemeinschaft der Stiegen- und Wanderfreunde im Elbsandsteingebirge. »Stiegen- und Wanderfreunde«, das hört sich sehr bieder an, wie ein stinknormaler Wanderverein. Dabei haben es diese Stiegenfreunde faustdick hinter den Ohren. Wie Robin Hood gegen den Sheriff von Nottingham, so kämpfen sie als Vertreter der entrechteten Wanderer gegen die Nationalparkverwaltung der Sächsischen Schweiz. Für die Geschichte dieses Kampfes um die Wanderkultur muss man etwas ausholen.

Im Jahr 1836 wurde der erste touristisch genutzte Wanderweg auf der deutsch-böhmischen Grenze angelegt, kein abenteuerlicher Bergpfad, eher ein Flanierweg mit fünf gemauerten Brücken, der den geneigten Wanderspazierer über Schluchten geleitete. In der zweiten Hälfte des 19. Jahrhunderts entstand dann eine komplette wandertouristische Infrastruktur in der Sächsischen Schweiz. Kurorte wie Bad Schandau oder Rathen an der Elbe verbanden sich mit dem wildromantischen sandsteinfelsigen Hinterland. Es entstand eine Vielzahl schmaler Wanderpfade, die den Sommerfrischler, wie der Urlauber damals hieß, zur Wanderung auf den Spuren von Caspar David Friedrich und seinem »Wanderer über dem Felsenmeer« animierten.

Dann kam die Wende, die Sächsische Schweiz wurde zum Nationalpark erklärt und verklärt, und es war (fast) alles zu Ende. Denn in einem Nationalpark wacht eine Nationalparkbehörde darüber, dass die Natur zu ihrem Recht kommt – ohne von Menschen belästigt zu werden. Das mag hervorragend in einem weitestgehend menschenleeren Areal wie dem Wattenmeer funktionieren, in einer komplett touristisch erschlossenen Region wirft es Probleme auf. Die Nationalparkverwaltung hat in einigen Gebieten der Sächsischen Schweiz bis zu 80 Prozent der traditionellen Wanderwege gesperrt. Ebenfalls wurden etliche Schutzhütten und Ruhebänke abgebaut, immer natürlich aus »naturschutzlichen« Gründen. »Die Nationalparkverwaltung ist der Meinung, dass jeder Besucher, der nicht in die Sächsische Schweiz findet, ein guter Besucher ist.« Sagt Arndt. Nun ist Arndt Lobbyist, und wenn man eine Weile mit ihm spricht, hat man den Eindruck, man dürfe nun gar nicht mehr wandern im Nationalpark Sächsische Schweiz. Das stimmt natürlich nicht, denn die wandertouristischen Hotspots Bastei, Festung Königstein, Schrammsteine und so weiter sind nicht gesperrt und durch tolle Wege hervorragend erschlossen. Aber dann geht man mit Arndt zum Beispiel den mittlerweile verbotenen Weg hinauf zum Papststein und kommt sich vor wie Indiana Jones bei der Entdeckung eines verschollenen Mayatempels. Schlingpflanzen links und rechts des Pfades, hohe Farne am Wegesrand und vermooste Stufen. Ich bewundere auf jeden Fall den Wagemut der Altvorderen, dieser Natur einen solch tollen Weg abgerungen zu haben.

Gerade suchen wir aber einen ganz anderen verbotenen Weg. Wir sind in der Nähe der Bastei, und die Strecke, die wir gehen wollen, ist eher eine Sackgasse. Nach 20 Minuten und zwei vergeblichen Versuchen (»Dabei bin ich den Weg extra vorgestern noch gegangen«) haben wir, also Arndt natürlich, den richtigen Einstieg gefunden. Ein Wegweiser würde helfen, aber dann wäre es ja nicht verboten, sondern offiziell. Wir gehen auf dem erstaunlich breiten und gut ausgebauten Weg, und ich frage, wer kontrolliert, ob man verboten oder korrekt im Nationalpark wandert. »Das kontrollieren die Ranger, und wenn sie dich erwischen, kostet das 75 Euro.« Pro Person. Keine Strafe fürs Schwarzfahren, sondern fürs Schwarzgehen. Arndt wurde noch nie erwischt. Wie er das macht, verrate ich nicht. Nur so viel: Bestechung ist nicht im Spiel.

Wir erreichen nach kurzer Zeit – höchstens zehn Minuten sind wir auf illegalen Wegen unterwegs gewesen, Ehrenwort! – einen Bergsporn mit schwindelerregenden Ausblicken in den Amselfallgrund. Was der Grund ist, dass viele Schluchten in der Sächsischen Schweiz »Grund« oder »Gründe« heißen, weiß nicht einmal Arndt. Aber Arndt weiß etwas anderes und zeigt mir stolz ein pausbäckiges Engelsgesicht, in Stein gehauen. »Das ist auf keiner Karte vermerkt«, sagt Arndt, »das habe ich vor sechs Jahren entdeckt, das kannte nicht mal mein Großvater.« Und der Opa von Arndt kannte eigentlich jeden Stein und Felsen im Gebirge persönlich, denn der war Mitglied bei den Roten Bergsteigern. Das waren nicht einfach Wanderer, sondern richtige Kletterer. Und sie waren Kommunisten. Im Dritten Reich hat Arndts Opa sich an konspirativen Treffen in der Bergsteigerkneipe Zum Guten Bier beteiligt und in einer Höhle in der Sächsischen Schweiz verbotene Flugblätter gedruckt. Die rebellischen Gene hat Arndt wohl geerbt, allerdings ist der Kampf gegen die Nationalparkverwaltung ungleich harmloser und ungefährlicher als der gegen die Nazis.

Ich finde es sehr spannend, dass die Sächsische Schweiz in der Nazizeit Rückzugsort und Versteck vor aggressiven Machthabern war. Die Physiognomie der Landschaft lädt aber auch dazu ein. Schroffe Felsmassive, Höhlen, Schluchten – Verzeihung: Gründe – sind für einen Ortsunkundigen schwer zu durchschauen. Und das ist der Grund, warum ich mit Arndt in der Sächsischen Schweiz bin: Denn schon 300 Jahre vor den Nazis waren einmal finstere Mörderbanden in Sachsen und ganz Deutschland unterwegs.

Als man hätte denken können, das finstere Mittelalter sei langsam vorbei, kam eine an Finsternis kaum zu übertreffende Epoche daher: der Dreißigjährige Krieg (1618–1648), an dem der gute Luther nicht ganz schuldlos ist. Denn hätte er nicht die große Reformation ausgerufen, hätte es keine Kirchenspaltung und keinen Religionskrieg gegeben. Das Schlimme für die Zeitgenossen war, dass während des Dreißigjährigen Krieges keiner wissen konnte, dass dieser so lange dauern würde. Genauso wenig wusste man übrigens irgendwann, unter welcher Flagge marodierende Soldateska über die Städte und Dörfer herfiel. Man muss sich seinerzeit angesichts der Verwüstungen und der Vernichtung ganzer Landstriche als Zeuge der Apokalypse vorgekommen sein. Als Wanderer begegnet man immer wieder Zeugnissen dieses Krieges vor knapp 400 Jahren, vor allem eben in der Sächsischen Schweiz zwischen Dresden und der Grenze zu Tschechien. Es gibt ein Felsentor namens Kuhstall, was darauf hinweist, dass die sich verschanzende Landbevölkerung auf der Flucht ihr wichtigstes Eigentum hier versteckte: das Vieh. Es gibt die Schwedenhöhle und die berühmten Schwedenlöcher unterhalb der Bastei, wo man sich vor den schwedischen Truppen versteckte.

Ich stehe immer noch mit Arndt am steinernen Engel, seinem Privatheiligtum, und möchte wissen, ob wir von hier aus zu den Schwedenlöchern gehen können. Unbestimmt zeigt er in Richtung Elbe. »Zwischen uns und den ›richtigen‹ Schwedenlöchern gibt es noch die wilden Schwedenlöcher, da macht man sich aber sehr schmutzig.« Das habe ich schon gelernt: Wenn Arndt sagt: »… da macht man sich schmutzig …«, dann gibt es da keinen Weg, ob verboten oder erlaubt, dann muss man klettern wie der Teufel – und macht sich eben schmutzig. Also gehen wir unseren verbotenen Engelspfad zurück, dann Richtung Bastei, und schon nach 20 Minuten sind wir am oberen Eingang der Schwedenlöcher angelangt.

Der Nestor der sächsischen Landschaftsbeschreibung ist Wilhelm Leberecht Götzinger, der 1808 die Sächsische Schweiz beschrieb: »Wer kann dieses unübersehbare Feld todter Felsen-Pyramiden und Säulen, welche nebeneinander aus ungehauern Tiefen unter tausendfacher Abwechslung herausstarren, anschaun, ohne in das größte Erstaunen zu geraten? – Man sehe sie im Winter, wenn sie ein beeister Überzug umgiebt, und man hat ein natürliches Bild der Gletschergefilde und Eismeere der Schweiz vor sich. Aber welche schrecklichen Bewegungen müssen in der Natur vorgegangen seyn, die diese Trennungen und Zerreissungen, Erhebungen und Fälle bewirkten, und dadurch dieses fürchterliche Naturbild hervorbrachten?«

Interessant ist, dass Götzinger geologisch völlig korrekt die auf den ersten Blick statische Felsenlandschaft mit »Bewegungen«, sogar »schrecklichen Bewegungen« verbindet. Die Steine der Sächsischen Schweiz leben. Weiter Götzinger: »Den Namen des Schwedenlochs hat der sich so fürchterlich auszeichnende Grund wahrscheinlich im dreissigjährigen Kriege erhalten, wo sich die Benachbarten in die unzugänglichen Löcher dieses Grundes vor den Grausamkeiten der nordischen Krieger verbargen. Sonst war es fast unmöglich, in diesen Grund zu kommen. Erst vor zwanzig Jahren ward ein Weg angelegt, um das Holz aus demselben zu bringen. Aber auch dieser Weg ist jetzt nicht mehr ganz sicher zu besteigen.«

Das mit den »nordischen Kriegern« würde man über 200 Jahre später vielleicht nicht mehr so forsch formulieren. Geschenkt. Interessant ist zum einen, dass es schon Ende des 18. Jahrhunderts einen Weg, sozusagen einen Holzweg, in der unzugänglichen Schlucht gegeben haben muss. Aber dieser Weg muss im 19. Jahrhundert verwildert und unpassierbar gewesen sein, denn erst für 1886 ist das Anlegen eines touristisch nutzbaren Wanderwegs durch die Schwedenlöcher verbürgt.

1886 waren es schon die Schwedenlöcher, Mehrzahl, Götzinger spricht nur von einem Schwedenloch. Die Begrifflichkeiten der Sächsischen Schweiz erscheinen dem Nicht-Sachsen oft etwas willkürlich. Mal heißt eine Schlucht Grund, dann wieder – scheinbar ohne Grund – Gründe. Und die andere Schlucht heißt eben Loch und manchmal Löcher. »So sind sie, die Sachsen«, sagt Arndt, als wir den Einstieg in die Schwedenlöcher erreichen. So schlimm scheint es um die Naturschutzbesessenheit der Nationalparkverwaltung nicht bestellt zu sein, denn ein gewaltiges Ensemble aus Ruhebänken und Schutzhütte empfängt uns. Klar, die meisten besuchen die Schwedenlöcher in umgekehrter Richtung: hinauf zur Bastei. Da will man erst mal verschnaufen und die mitgebrachten Butterbrote auspacken.

In die Schwedenlöcher von oben einzusteigen ist wie ein Sprung vom Zehn-Meter-Brett, denn es gibt nur eine Richtung: abwärts. Wir gehen hinunter, aber es ist alles andere als gefährlich. Es geht über Treppen, Gitterroste und Betonplatten. 700 Stufen, dann ist man im Tal angelangt. Diese dereinst wilden Steinmonster sind domestiziert, gezähmt, entsprechen nicht mehr der wilden Felsenschlucht, die im Dreißigjährigen Krieg vielen Menschen der Umgebung als Versteck diente. Wie muss man sich das nun im Jahr 1639 vorstellen? Auf jeden Fall wird es einen oder mehrere Arndts gegeben haben, die jeden Winkel kannten, denn einen bequemen Wanderweg gab es damals nicht, das war ja der entscheidende Vorteil: Die Landschaft war im wahrsten Sinn des Wortes unwegsam, keiner, vor allem nicht die feindlichen Truppen, sollte zufällig am Blanken Grund (so hieß die Schlucht vor den Schweden) vorbeikommen. Und so versteckten sich Mensch und Vieh für Tage, Wochen, wenn nicht Monate in dem Felsenmeer. Überhängende Felshöhlen boten notdürftig Schutz vor Wind und Wetter. Es wäre interessant, mehr über die Epoche des Dreißigjährigen Krieges zu wissen. Wie lange haben die Menschen – Männer, Frauen, Kinder, Greise – in den Schwedenlöchern gehaust, wie viele waren es, haben die Schweden von dem Versteck wirklich nichts mitbekommen?

Sich die konkreten Lebensumstände im Dreißigjährigen Krieg zu vergegenwärtigen ist schwierig, obwohl es in der ersten Hälfte des 17. Jahrhunderts in Deutschland schon ein erstaunlich hoch entwickeltes Zeitungswesen gab. Theoretisch hätte zum Beispiel der Pfarrer von Rathewalde aus einer der vielen *Ordenlichen wochentlichen Post-Zeitungen* erfahren können, dass die Schweden im Anmarsch sind. Doch wie es den Menschen erging, die sich in den späteren Schwedenlöchern versteckten, das wurde nicht dokumentiert. Aber es gibt Quellen, aus denen hervorgeht, was die Bauern erwartete, wenn sie auf ihrem Land, auf ihren Höfen blieben. Und wenn man darin liest, kann man verstehen, warum sich viele lieber eine temporäre Felsenheimat suchten. »Geprügelt, geschraubet, gerädelt« wurden die Bauern. Nun ja, das ist das Kleine Folter-Einmaleins.

Ein Bericht aus dem Jahr 1637, kurz vor den Ereignissen in Rathewalde, um die es hier geht, erzählt Unmenschliches. Es wurde »Schwefel auf den bloßen Leib getreuffelt, hölzerne Pflöcklein zwischen die Nägel an Händen und Füßen geschlagen, die Fußsohlen kreuzweise aufgeschnitten, Salz und Gerstenkörner hinein gestreuet, welche gequollen und überaus große Schmerzen« verursachten. Und es gab den »Schwedischen Trunk«: »Die Peiniger spreizten ihren Opfern mit einem Rohrlöffel den Mund auf und füllten schmutziges Wasser oder gar Jauche hinein, ›so viel als hinein zu bringen gewesen‹. Dann sprangen sie auf die berstenden Leiber und trieben die stinkende Brühe wieder heraus.« So weit die Beschreibung der Bestialitäten, zu finden bei Hans-Christian Huf. Nicht zu vergessen die Massenvergewaltigungen: Frauen, Jungfrauen (also Kinder), Schwangere, Greisinnen, vor keiner machten die marodierenden Truppen halt.

Wer waren diese Teufel in Menschengestalt? In der Mehrzahl keine »ordentlichen« Soldaten, viele Heeresverbände hatten sich nach über zwei Jahrzehnten Dauerkrieg aufgelöst. Aber die ehemaligen Soldaten, die Aussortierten, die eben als »marode« galten, die taten sich mit Deserteuren und Verbrechern zusammen. Ihr Handwerk und Broterwerb war das Auffinden und Töten von Bauern, damit sie sich mit Essbarem versorgen konnten. Für die Bauern des Dreißigjährigen Kriegs gab es nicht viele Möglichkeiten, wenn die Verbrecherbanden kamen. Sie konnten sich wehren, dann wurden sie umgebracht, ihre Frauen vergewaltigt, der Hof abgebrannt und das Vieh geschlachtet. Sie konnten versuchen zu kooperieren, dann wurden zunächst ihre Frauen vergewaltigt, der Hof abgebrannt und das Vieh geschlachtet und erst dann wurden sie umgebracht. Oder sie gingen ins Exil, in Verstecke in der Nachbarschaft. Der Krieg ernährt den Krieg, heißt es in Schillers »Wallenstein« so blumig. Konkret bedeutet das, dass sich auch die Soldaten und Söldnerheere von der Landbevölkerung stahlen, was sie zum Überleben brauchten.

Daher war für die Bauern der Sächsischen Schweiz Vorsicht geboten, als 1639 die Schweden unter General Baner in Sachsen einzogen und das »Pirnsche Elend« in Pirna und der nahen Sächsischen Schweiz verbreiteten. Am 3. August 1639 zerstörten sie das Dorf Rathewalde, und die Bevölkerung flüchtete vor den anrückenden Truppen in die Schwedenlöcher. Noch einmal, um keine Missverständnisse aufkommen zu lassen: An diesem Ort waren die Schweden nicht gewesen, sondern man hat Zuflucht vor ihnen gesucht.

Arndt und ich haben nun die großen Felsbrocken der Schwedenlöcher erreicht, die wie vergessenes Spielzeug eines Riesenbabys herumliegen. Die Schwedenlöcher sind, um es einmal ganz klar zu sagen, keine Höhlen, so wie zum Beispiel an anderer Stelle der berühmte Kuhstall. In diesem, einem großen Felsenraum, könnten tatsächlich viele Menschen und auch Vieh Unterschlupf gefunden haben. Ein Miteinander von Mensch und Tier wie an der Krippe in Betlehem, so stellt man sich das idealisierend vor. Wahrscheinlich war es gar nicht romantisch, einfach ein stinkender Keimherd. In den Schwedenlöchern gibt es hingegen nicht viel Raum. Arndt und ich müssen uns durch enge Felsspalten quetschen. Wenn es jetzt regnen würde, würden wir nass, ganz klar. Es bleibt ein wenig im Unklaren, wo genau sich die Bauern aus Rathewalde versteckt haben. Wollen wir mal hoffen, dass der Sommer 1639 ein Bilderbuchsommer war. Obwohl man mit dem Dreißigjährigen Krieg prinzipiell kein gutes Wetter in Verbindung bringt.

Was auffällt: Wenn es mal nicht über Stufen, Eisentreppen oder breite Betonplatten abwärtsgeht, wandern wir oft über sehr sandigen Untergrund. Das sieht teilweise aus, als wäre man in einer Dünen-, nicht in einer Felsenlandschaft. Dieser Sand ist das Zeichen, dass die Sandsteinfelsen tatsächlich leben, dass sich etwas bewegt im Gebirge. Der Sandstein ist weich, spült sich leicht ab. Im 21. Jahrhundert gibt es definitiv weniger Sächsische Schweiz als 1639. Vielleicht, ich stoße jetzt in die Gefilde der puren Spekulation vor, vielleicht gab es hier im Dreißigjährigen Krieg durchaus noch Felsvorsprünge, Felsendächer, die das Leben in der Natur etwas erträglicher machten und die jetzt als Sand zu unseren Füßen liegen. Könnte doch sein, oder? Generell muss man, auch wenn es traurig ist, die bittere Wahrheit aussprechen: In ungefähr 1,6 Millionen Jahren wird es die Schwedenlöcher und die gesamte Sächsische Schweiz nicht mehr geben. Also beeilen Sie sich, wenn Sie das noch erleben wollen.

Wir quetschen uns durch enge Felsspalten, Fettleibigkeit war unter der Bauernschaft von 1639 vermutlich eher selten, sonst hätten die da nicht durchgepasst. Nach einer extrem engen Passage öffnet sich der Grund zu einem Plateau von ungefähr sechs mal sechs Metern Größe. Hier, so kann man sich vorstellen, hat sich auch eine größere Menschengruppe versammeln können. Wenn sie bis hierher ohne richtigen Weg überhaupt vorstoßen konnten.

Wir haben die letzten Stufen der Schwedenlöcher hinter uns gebracht und gehen nun durch den Amselgrund Richtung Kurort Rathen. Dort erreichen wir einen Pfad, der uns auf halber Höhe über der Elbe zu unserem Ausgangspunkt Wehlen zurückbringt. Arndt gibt mir einen schönen Kalauer an die Hand: »Wo soll ich in der Sächsischen Schweiz wandern gehen? Ich würde Rathen wählen! Nein, ich würde zu Wehlen raten!« Schönes Wortspiel, ich würde beides machen: Ich würde Wehlen wählen und zu Rathen raten.

Am Ende unserer kleinen Wanderrunde haben wir am Elbufer in Wehlen einen wunderschönen Ausblick auf den Lilienstein. Der Lilienstein ist ein Tafelberg, der bei der derzeitigen Wetterlage von Wolken umkränzt ist und wie ein UFO über der Sächsischen Schweiz zu schweben scheint. Auf Höhe des Liliensteins, zwischen Bad Schandau und der Grenze zu Böhmen, verläuft die Alte Hohe Straße, eine Handels- und Heerstraße. Solche Straßen boten im Dreißigjährigen Krieg die einzige Möglichkeit, sich zügig fortzubewegen. Die Heerstraßen waren das Zuhause der berühmten Mutter Courage von Bertolt Brecht. Vielleicht war Mutter Courage ja auch oberhalb der Elbe unterwegs gewesen? Jedenfalls wurden an den Heerstraßen Europas von drei verschiedenen Männern die drei Kinder der Mutter Courage gezeugt, die sie ebendort zur Welt brachte. Ein Leben des Herumziehens, immer auf Achse, ewige Mobilität.

Die Handlung des letzten Bildes im brechtschen Theaterstück spielt 1636 in Halle, drei Jahre vor den Ereignissen in der Sächsischen Schweiz. Mutter Courage spannt sich in Ermangelung eines Ochsen selbst vor ihren Händlerkarren, und der Chor der Soldaten singt dazu: »Die Toten ruhn! / Und was noch nicht gestorben ist / Das macht sich auf die Socken nun.« Wobei die Frage ist, ob es 1636 überhaupt noch zu Socken und Schuhwerk gereicht hat. Man darf sich einen Heereszug im Dreißigjährigen Krieg nicht als geordnete und gut organisierte Aktion wie im Römischen Reich mit seinem exzellenten Wegenetz und der guten Infrastruktur vorstellen. Die meisten Soldaten waren Fußsoldaten, und sie wurden begleitet von Marketendern wie der Mutter Courage, von Huren, von Bettlern. Und die Bauern in den Dörfern und Weilern konnten immer nur hoffen, dass der Spuk schnell vorbeiging, oder sich selbst »auf die Socken« machen. Und weil man sich am besten dort versteckt, wo man sich halbwegs auskennt, floh man an die unwegsamsten Zufluchtsorte, wie eben zum Beispiel in den Blanken Grund, der dann erst zum Schwedenloch und schließlich zu den Schwedenlöchern wurde.

Und da sind wir wieder beim Thema »verbotene Wege«. Manchmal ist es gut zu wissen, wo es noch eine Möglichkeit des Durchgangs gibt. Und sei es nur, um sich zu verstecken. So, wie das Arndts Opa gemacht hat, als er in der Nazizeit in den Höhlen der Sächsischen Schweiz kommunistische Flugblätter druckte. Und wie es die flüchtenden Menschen im Dreißigjährigen Krieg machten, um von unvorstellbaren Grausamkeiten verschont zu bleiben. Schön, dass es auch heute noch Menschen wie Arndt gibt, die das geheime Wegenetz einer Landschaft wie dem Elbsandsteingebirge in Erinnerung behalten und an die Nachwelt weitergeben.

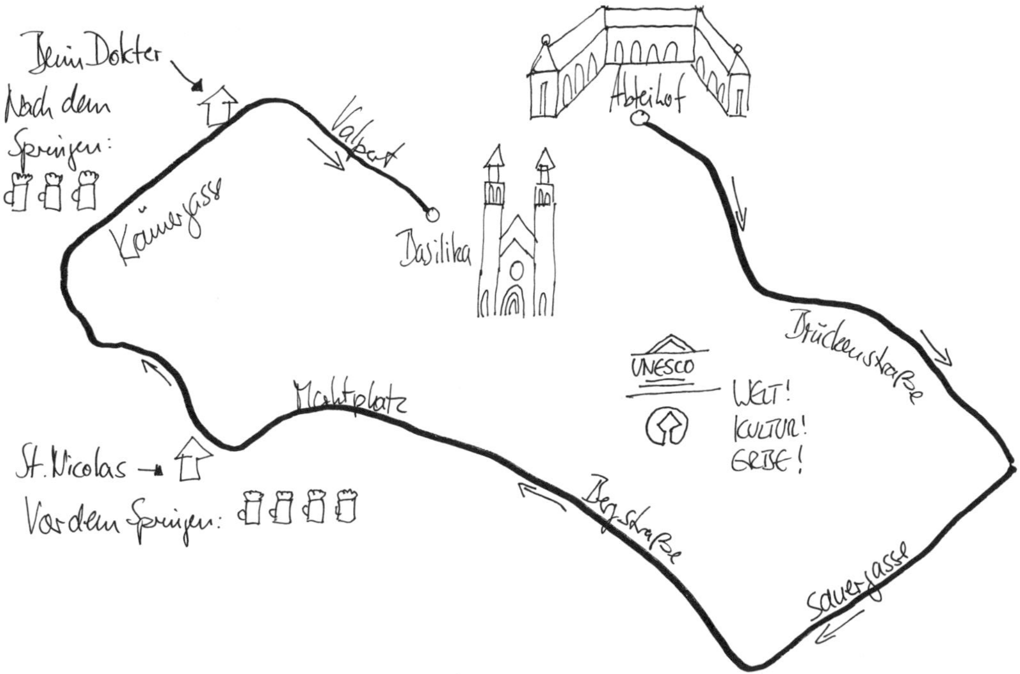

Beim Dokter
Nach dem Springen:
Valpert
Kämergasse
Basilika
Abteihof
Brückenstraße
UNESCO
WELT! KULTUR! ERBE!
Marktplatz
St. Nicolas
Vor dem Springen:
Bergstraße
Sauergasse

1778

SEITENSPRÜNGE IN LUXEMBURG

Egal, welche Motivation das Zu-Fuß-Gehen in den verschiedenen Menschheitsepochen hatte, ob es religiöser oder militärischer Natur war, ob es Botendienste waren oder man einfach zur Arbeit ging, ob es dem Überleben diente oder dem Protest. Immer war klar: Man setzt einen Fuß vor den anderen, geht Schritt für Schritt voran, um möglichst zügig ans Ziel zu kommen. Und – man kennt das als Analogie zum Leben – manchmal geht es zwei Schritte vor und einen zurück, heißt: In manchen Lebenslagen und auf gewissen Wegen kommt man einfach nicht so voran, wie man es sich wünschen würde. Es gibt aber auch Gelegenheiten, da ist die Schrittfolge so kompliziert konzipiert, dass von einem normalen Laufen, Schreiten oder Gehen nicht mehr die Rede sein kann. Trotzdem ist es eine Fortbewegung zu Fuß.

Ich fahre in ein kleines Herzogtum im Herzen Europas, nach Luxemburg. Ich möchte erstmals an der Echternacher Springprozession teilnehmen. Ich hatte natürlich schon viel über diese merkwürdige Prozession gehört, bei der die Teilnehmer zu Polkaklängen durch die Stadt … ja, was eigentlich? Springen? Tanzen? Gehen? Jedenfalls ziehen zu Ehren des heiligen Willibrord (658–739), dessen Reliquien in der Echternacher Basilika aufbewahrt werden, jedes Jahr am Dienstag nach Pfingsten Tausende durch die Straßen von Echternach. Schon im Jahr 1000 wird erwähnt, in Echternach solle man sich mit »magno tripudio«, mit großem Dreisprung, vorwärtsbewegen.

Ich treffe mich an besagtem Dienstag mit Gérard, einem Freund aus Luxemburg. Gérard hat mich überhaupt erst auf die Idee gebracht, bei der Springprozession mitzumachen. Ich hatte immer geglaubt, man müsse höhere spirituelle Weihen haben, um in Echternach dabei sein zu dürfen. Diesen Zahn hat mir Gérard gezogen. »Alles, was du brauchst, ist ein weißes Hemd, eine blaue Hose und jede Menge Bierdurst.« Ich fühle mich halbwegs in der Lage, diese Grundvoraussetzungen zu erfüllen. Gérard erzählt, er sei schon immer mitgesprungen. Alle Schulklassen in der Echternacher Gegend würden diesen Brauch mitmachen, unabhängig von der konfessionellen Ausrichtung, das gehöre einfach zum kulturellen Leben in der Grenzregion dazu. Nach seinem Schulabschluss, so Gérard, hatte er keine Lust mehr mitzuspringen, er »musste« ja nicht mehr. Aber irgendetwas scheint ihm doch gefehlt zu haben, denn seit vielen Jahren hat er nun keine Prozession mehr verpasst. Vielleicht werde ich ja herausfinden, was dieses gewisse Etwas der Springprozession ist.

»Eigentlich wollte meine Frau heute in den Urlaub fahren«, verrät mir Gérard grinsend, »aber das geht natürlich nicht. Wir haben den Urlaubsbeginn verschoben, wir fahren erst morgen …«

Gérard lebt mit seiner Familie in Ralingen an der Sauer, einem deutschen Grenzort im Kreis Trier, denn auch für Luxemburger sind die Luxemburger Immobilienpreise nicht mehr finanzierbar. Gegenüber von Ralingen, am anderen Ufer der Sauer, sind wir in Rosport, Gérards Heimatort, und von da aus sind es nur zwölf Kilometer flussaufwärts bis nach Echternach. Gérard hat alles bestens organisiert: Wir werden mit einer Gruppe aus Rosport gehen/springen, alles alte Bekannte von Gérard. Als wir in Echternach ankommen, haben wir noch reichlich Zeit, denn die Rosporter sind die 27. von 43 Gruppen. Trotzdem sind die Kumpel von Gérard schon vollzählig versammelt. Alle stehen vor einer Gaststätte in der Echternacher Innenstadt und warten auf den Beginn der Veranstaltung. Zur Begrüßung wird uns ein kaltes Bier in die Hand gedrückt.

9.30 Uhr, die Springprozession beginnt. Aber es wird kurioserweise überhaupt nicht gesprungen, sondern nur gegangen. Das ist sozusagen der Prolog der ganzen Veranstaltung, und es wird mir bewusst, dass diese Echternacher Prozession nicht einfach eine beliebige Gaudi ist, sondern tief im Katholizismus wurzelt. Einige Fußtruppen von Pilgern, Priestern und Bischöfen ziehen mit Standarten vorbei. Es wird der Rosenkranz gebetet, der heilige Willibrord wird gepriesen, und die anbetungswürdige Jungfrau Maria darf natürlich nicht fehlen.

Nach der frömmelnden Fußschar, die in der Startaufstellung simpel »Beter« genannt wird, kommt die erste Springgruppe, deutsche Pilger aus Waxweiler. Etwas unhöflich macht sich die schon leicht alkoholisierte Truppe aus Rosport über die Beinarbeit der Gläubigen aus Waxweiler lustig. Weit ausholend schlenkern diese mit den Beinen nach rechts und links. Das sei – übereinstimmende Meinung unter den Luxemburgern – doch kein Springen, eine völlig falsche Schrittfolge. Das hätte ich nicht gedacht, dass die Zuschauer bei der Springprozession Haltungsnoten wie beim Dressurreiten vergeben. Aber ich muss zugeben, das Beinewerfen der Waxweiler sieht in etwa so aus wie das der Funkenmariechen im Kölner Karneval. Außerdem hatte ich gedacht, es müssten drei Schritte vor und zwei zurück gesprungen werden. Das wäre eine schöne Metapher für das Leben, sozusagen Sisyphos light. Man geht voran, fällt wieder zurück, aber nicht ganz, rappelt sich wieder auf, fällt wieder hin und immer so weiter, aber im Endeffekt kommt man doch vorwärts. Gérard klärt mich auf, dass die Springmethode à la Sisyphos schon seit Ewigkeiten nicht mehr en vogue sei. Und das Waxweiler Rumgehampel noch nie en vogue gewesen sei.

Die Grundsatzfrage ist momentan sowieso: Soll ich noch ein Bier trinken oder nicht? Ein Kumpel von Gérard nimmt mir die Entscheidung ab und drückt mir ein frisch gezapftes Bier in die Hand. Ich lerne: »Sieben Beer sin eine Schmeer.« Na ja, dann trinke ich natürlich noch ein »Beer«, denn das Butterbrot, die »Schmeer«, habe ich nach der luxemburgischen Formel nicht einmal zur Hälfte geschafft.

Nachdem wir die 15. Gruppe gesehen haben, gehen wir gemächlich zum Abteiplatz, wo sich die Gruppen aufstellen. Und um 11.15 Uhr geht es los. Ich stehe rechts neben Gérard als Teil einer Fünferreihe. Die Zahl Fünf ist im katholischen Kontext etwas außergewöhnlich. Drei-faltigkeit plus zwei? Zwölf Apostel minus sieben? Die vier Elemente plus eins? Das ist typisch Echternach, die machen alles anders. Verbunden sind wir durch weiße Dreieckstücher. Rechts neben mir steht, als Außenposten unserer Fünferreihe, ein pensionierter Busfahrer, links neben Gérard der Gefängniswärter und links außen der Dorfwirt von Rosport. Seine Kneipe bleibt an diesem Dienstag zu, sind ja eh alle in Echternach und springen. Vor uns in der ersten Reihe hüpft unter anderem der Ortsbürgermeister. Gérard ist tierisch stolz, in die zweite Reihe gelangt zu sein – »So weit vorn war ich noch nie, das muss an dir liegen.« Und kein Weibsvolk anwesend? Das ist in Echternach geregelt wie früher in der Dorfkirche, als auf der linken Seite die Frauen und auf der rechten die Männer saßen. Bei der Rosporter Gruppe gehen *vor* der Kapelle die Frauen und Kinder, *hinter* dem Polka-Klangkörper wir Männer.

Die Band stimmt die Polka an, und schon geht es los. Wir schaukeln hin und her wie betrunkene Seebären, mal nach links, dann nach rechts tapsend. Bei einigen hat das Nurejew-Qualitäten, immerhin heißt das Springen im Französischen *danser*. Die meiste Zeit springen wir im Stehen, weil sich der Zug staut. Das sieht natürlich albern aus. Kein Wunder, dass diese Form der Prozession der Amtskirche irgendwann nicht mehr geheuer war. Gabrielle Seil schreibt: »Im Jahr 1778 lässt Klemens Wenzel, Erzbischof und Kurfürst der Diözese Trier, die Prozession verbieten. Seiner Meinung nach kann der Bittgang als Ausdruck mittelalterlichen Glaubens nicht den Ansprüchen der Vernunft einer modernen Kirche entsprechen.« Die Wörter »Vernunft« und »Kirche« in einem Satz aus dem 18. Jahrhundert zu lesen ist ein wenig befremdlich, zeugt aber vom großen Einfluss der Aufklärung. Und was haben die Echternacher gemacht? Sie haben das Verbot so lange ignoriert, bis es aufgehoben wurde und sie wieder »offiziell« springen durften.

Wenn die Kapelle Musek Concordia Rosport nicht spielt, dürfen wir ausruhen, dann sind die Gruppen vor und hinter uns dran. Erinnert sich noch jemand an dieses Pfingsten 2014, das heißeste seit Menschengedenken? In einem regelrechten Echternacher Backofen springen wir und sind froh, wenn unsere Stehpausen in die wenigen Schattenzonen fallen. Die Hemden der vor mir Springenden zeigen erst lustige Häschenformen, später kleben sie flächendeckend am Körper. Man kann interessante Beobachtungen machen. Der Herr vor mir müsste mal zur Hautpigmentuntersuchung, einige Muttermale sehen wirklich bedrohlich aus, denke ich mir.

Ich lerne schnell die drei Grundregeln beim Springen. Erstens: Wie bei den Gehern in der Leichtathletik muss immer *ein* Fuß den Boden berühren. Zweitens: Wenn es die Breite der Straße zulässt, sollte man die Fünferreihe so weit wie möglich auseinanderziehen, das ergibt ein schönes Bild. Und drittens: Auf jeden Fall an beiden Enden einen Knoten in das dreieckige weiße Tuch machen: Sonst flutscht es einem aus der Hand, und die Fünferreihe (»Fünnef müssen es sein«) wäre unterbrochen – ein absolutes No-Go.

Worauf die Tradition der Echternacher Springprozession zurückzuführen ist, ist strittig. Die einen sagen, es habe etwas damit zu tun, dass Willibrord der Schutzheilige der Nervenkranken sei, die an Epilepsie und Veitstanz (Huntington-Krankheit) litten. Um nicht an diesen Leiden zu erkranken, hätte man sich so bewegt, als habe man sie bereits. Hm, etwas verwegene These. Andere sagen, die Springprozession sei die harmlose Form einer Flagellantenprozession, bei der sich die Teilnehmer selbst geißeln. Ganz schön schlau, die Echternacher, sich lieber seitlich springend fortzubewegen, als sich die Rute zu geben. Das tut nicht so weh. Wiederum andere vermuten, dass die Prozession auf einen heidnischen Brauch zurückzuführen ist. Das glaube ich sofort. Denn warum feiern wir am 24. Dezember Christi Geburt? Weil an diesem Tag auch schon »die Heiden« feierten, nämlich, dass der kürzeste Tag des Jahres vorbei ist, eine Art Winterwendfest. Und an Ostern erinnert der Brauch des Ostereis daran, dass dieser Termin eigentlich einem heidnischen Frühlingsfest vorbehalten war.

Die Rosporter Gruppe steht mal wieder, zwei junge Burschen aus der Reihe hinter uns verschwinden in einem Hauseingang und kommen wenig später strahlend mit drei eiskalten Flaschen Bier wieder heraus, die Flaschen kreisen und sind in Sekundenschnelle ausgetrunken. Wenn die Polka der Kapelle ertönt, sind alle mit großem Ernst und äußerst fokussiert bei der Sache, da wird keine Miene verzogen. Aber wenn die Kapelle Pause macht, sind dumme Sprüche und ein schnelles Bier als Unterwegs-Doping erlaubt.

Direkt vor uns geht mittlerweile als Solist – ohne Fünferreihe und Dreieckstuch – der Dorfpfarrer von Rosport, der in Kleidung und Gestus anscheinend den Don-Camillo-Ähnlichkeitswettbewerb gewinnen möchte. Gérard grüßt eine Frau am Straßenrand. »Dieser Frau ist eine Springrunde zu wenig, die ist bei zwei Gruppen dabei, und bei einer dritten spielt sie in der Kapelle mit.« Man kann also auch sein persönliches Springturnier aus der Echternacher Prozession machen.

Dann das erste große Finale: Wir steigen ein paar Stufen hinauf, ziehen durch eine Seitentür in die monumentale Echternacher Basilika ein. Die Musikkapelle gibt noch einmal alles, die Akustik ist beeindruckend, und wir springen wie die Teufel. Über unseren Köpfen sitzt auf einer Empore der Erzbischof von Luxemburg, Herr Hollerich, und segnet uns. Das haben wir uns, in Schweiß gebadet, aber auch wirklich verdient. Wir haben für die gut einen Kilometer lange Strecke genau 75 Minuten gebraucht, das entspricht einer Durchschnittsgeschwindigkeit von unter einem Stundenkilometer. Wären wir die Strecke auf allen vieren gekrochen, wären wir wesentlich schneller gewesen.

Schließlich das eigentliche Finale: Wir kehren in eine rappelvolle Gaststätte unweit der Basilika ein. Nicht nur der Wanderer, auch der Springprozessierer scheint ein Belohnungsbier zu mögen.

Was absolut großartig ist: Die Echternacher Springprozession ist Weltkulturerbe, genauer: immaterielles Weltkulturerbe. Man muss nicht Landschaft (Mittelrheintal) sein, nicht mächtiges Bauwerk (Kölner Dom), nein, es reicht, mit der immer gleichen Polka am weißen Tuch in Fünferreihen durch die Straßen von Echternach zu springen. Das ist natürlich ein erhebendes Gefühl. Wenn jemand sagt: »Ich bin ein Mittelrheintal« oder »Ich bin ein Kölner Dom«, dann kommt er in die Anstalt. Aber in Echternach kann man Bestandteil eines immateriellen Weltkulturerbes sein. Es ist großartig, dass dieses eine solche Wertschätzung erfährt. Die Springprozession hat auch wirklich etwas von einem Kunstwerk, es ist eine riesige Performance. Dabei neigt die Darstellung der deutschen Teilnehmer eher zum rein spirituellen Charakter der Veranstaltung, während bei den Luxemburgern eher die Gaudi im Vordergrund zu stehen scheint. Die schlenkernden Waxweiler waren eher Opus Dei als Hans Küng, die springenden Luxemburger eher Karneval als bierernste Betschwestern.

Die Analogien zwischen der Springprozession und dem Karneval liegen natürlich auf der Hand:

Erstens gehört zum Ritual, zumindest der einheimischen Truppen, schon vor dem Springen ausgiebig heimisches Bier zu konsumieren, so ab neun Uhr morgens. Da vernünftige Menschen normalerweise die Regel »Kein Bier vor vier« beachten, sind Karneval und Auswärtsfahrten des 1. FC Köln (was oftmals von der Stimmung aufs Gleiche hinausläuft) die großen Ausnahmen von dieser ehernen Regel.

Zweitens gibt es in Echternach einen festgelegten Zugweg, gesäumt von Zuschauern, genauso wie beim Karneval. Allerdings verschwimmen bei der Springprozession die Grenzen zwischen Zuschauern und Akteuren, da die meisten Zuschauer entweder noch zu Akteuren werden oder schon Akteure waren.

Drittens ist der ganze Zug in 43 Gruppen aufgeteilt, und jede Gruppe hat eine Kapelle, die für schmissige Musik sorgt. Großer Unterschied zum Karneval: Während in Köln die Musikgruppen zumindest ein begrenztes Repertoire im Angebot haben: »Mer losse de Dom in Kölle«, »Viva Colonia«, »Superjeile Zick« und dann alles noch mal von vorn, kennen die Echternacher Kapellen von Haus aus genau ein Stück: die traditionelle Polkamelodie. Die hört man im Lauf des Tages mindestens 100-mal. Das hat etwas von Litanei, von Bußgesang, von Gebetsmühle.

Viertens gibt es bei RTL.lu einen stundenlangen Livestream aus Echternach, früher sogar mehrstündige TV-Liveübertragungen. Diese mediale Verarbeitung ist exakt genauso aufregend wie die stundenlangen Übertragungen vom Rosenmontagszug.

Fünftens geht es nach dem Springen in die Kneipe. Ich hatte gedacht, auf ein oder zwei Belohnungsbier: Weit gefehlt, die Party kann sich durchaus, versichert mir Gérard, bis zum nächsten Morgen hinziehen.

So lange habe ich nicht durchgehalten, dafür war der Tag zu anstrengend gewesen: die Hitze, das frühe Bier, und vor allem musste ich mich im Gegensatz zu den Luxemburgern, die die Springschritte mit der Muttermilch aufgesogen haben, arg konzentrieren, um nicht aus dem Takt zu kommen. Aber ich bin jetzt (lebenslang?) ein wenig Weltkulturerbe. Nicht nur immobile Sehenswürdigkeiten oder Landschaften können erhaltenswert sein, sondern auch die Fortbewegung – wenn sie so traditionell skurril daherkommt wie im luxemburgischen Echternach.

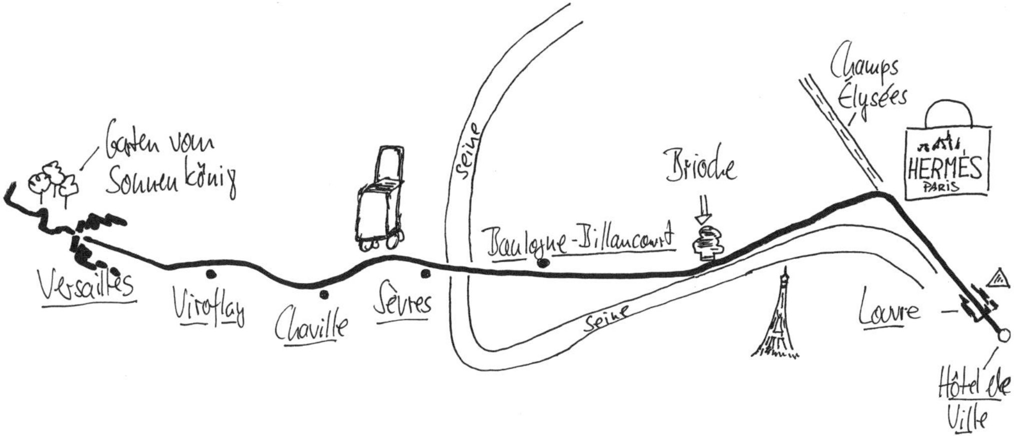
Garten vom Sonnenkönig
Versailles
Viroflay
Chaville
Sèvres
Seine
Baulogne-Billancourt
Brioche
Seine
Champs Élysées
HERMÈS
PARIS
Louvre
Hôtel de Ville

1789

DER MARSCH DER POISSARDEN VON PARIS NACH VERSAILLES

Revolution heißt wortwörtlich »zurückwälzen«, etwas »zurückdrehen«. Man fragt sich, was wurde denn bitte schön bei der Französischen Revolution zurückgedreht, da ging doch alles vorwärts, die barbusige Marianne voran, Freiheit, Gleichheit, Brüderlichkeit, alles im Zeichen der Aufklärung. Aber es sollte auch wieder so werden wie früher, als die fürstlichen Herrscher noch keinen absoluten Anspruch hatten, obwohl man da schon sehr weit in der Geschichte zurückgehen muss, um einen solchen Zustand beobachten zu können. Im Prinzip ging es bei der Französischen Revolution zurück auf Start, knapp hinter der Neolithischen Revolution. Auch eine Revolution, aber sie kam nicht so plötzlich. Und vor allem: Die Neolither hätten sich zuallerletzt als Revolutionäre gesehen. Ganz anders die aufgebrachten Pariser, die am 14. Juli 1789 die Bastille stürmten. Die Jungs und ein paar Mädels hatten ganz einfach die Schnauze voll. Von Gängelung, von den luxuriösen Ausschweifungen des Königspaars Ludwig XVI. und Marie Antoinette, während in Paris gehungert wurde.

Und was kam nach dem 14. Juli? Erst einmal erstaunlich wenig. Gefühlt gingen der Ludwig und die Marie ein paar Tage nach dem Sturm auf die Bastille zum Schafott, wo sie einen Kopf kürzer gemacht wurden. Mithilfe der revolutionären Erfindung des Dr. Guillotin. Aber die Enthauptung des Königspaars fand erst 1792 statt, lange nach den ersten Unruhen in Paris. Dort ist im August und September 1789 eher wenig passiert, es grummelte, man traf sich in der Nationalversammlung, debattierte, wie es weitergehen könnte. Und Ludwig XVI. saß mit der Gemahlin in Versailles und ging seinen »Geschäften« nach: Jagen, Feiern, Dinieren.

Entscheidenden Schwung in die Dynamik der Revolution brachte der Marsch der Fischweiber am 5. Oktober 1789. Ehrlich gesagt hatte ich von diesem Marsch nie etwas gehört, bevor ich mit der Arbeit an diesem Buch begann. Haben wir diesen Marsch vom 5. Oktober im Geschichtsunterricht behandelt? War ich in der Stunde weggepennt, oder fehlte das im Lehrplan Sekundarstufe NRW im Jahr 1981? Auf jeden Fall ist dieser 5. Oktober ein entscheidendes Ereignis der Französischen Revolution. Ein Tag, an dem sich ein Zug von einigen Tausend, zumeist weiblichen, vor allem aber wütenden Aktivistinnen von Paris nach Versailles aufmachte, um gegen die Brotpreise zu protestieren. Und im Endeffekt haben sie den König und seine Königin aus ihrem Zuckergusspalast herausgezerrt und am 6. Oktober nach Paris gebracht.

Im Französischen heißen Fischweiber *poissardes,* und daher spricht man im Deutschen, wenn es um diese speziellen Fischweiber geht, von den Poissarden. Mein Plan ist es, möglichst den originalen Weg der Poissarden nachzuwandern. Ich möchte keine »schöne«, naturnahe Pariser Stadtwanderung machen, wie ich sie in meinen »Gesammelten Wanderabenteuern« beschrieben habe. Man kann in der Tat durch viele Wälder von Paris nach Versailles wandern, zum Beispiel auf einer Etappe des GR 2, die die schönsten Flecken der Stadt verbindet. Die Grandes Randonnées (GR) sind die Fernwanderwege Frankreichs, die sich kreuz und quer durch die Landschaften der Grande Nation ziehen. Aber die Revolutionäre von 1789 waren nicht an aufregender Natur interessiert, die wollten zum König, und zwar so schnell wie möglich.

7.30 Uhr am Markt auf der Place Monge im 5. Arrondissement in der Nähe des Jardin des Plantes. Im Internet wird dieser Markt wegen seines »dörflichen Charakters« als »charmant« charakterisiert. Bei den Stichworten »Dorf«, »Gallier« und »Fischhändler« klingelt es natürlich sofort. Ich habe einen schönen Satz bei Wikipedia gefunden: »Bis heute gibt es eine französische Tradition, den Fischhandel mit Gewaltbereitschaft zu verbinden.« Zumindest in der Fiktion der Asterix-Comics, denn dort neigt der Fischhändler Verleihnix zu einem gewissen Jähzorn, der sich nicht nur gegen die feindlichen Römer richtet, sondern auch gegen diejenigen Dorfbewohner, die die Frische seiner Ware anzweifeln. Aber auch die Pariser sind nicht ohne: Louis-Sébastien Mercier schrieb schon 1783, also einige Jahre vor der Revolution: »Er erregt sich erst einmal bis zur Raserei; tags darauf macht er sich über alles lustig, denn er will sich eigentlich nur amüsieren.«

Ich will mal schauen, ob ich auf der Place Monge ein paar Fischfrauen finde, die man sich auch im 21. Jahrhundert als aggressiv, rasend und revolutionsbereit vorstellen könnte. Ich gehe die langen Reihen der Marktstände ab, schon am Käsestand riecht es nach Fisch. Heißt es nicht, richtig frischer Fisch würde gar nicht so richtig nach Fisch riechen? Sind das etwa Fische vom Grossisten und nicht direkt aus dem Meer? Am ersten Fischstand sehe ich einen Mann, Fischweib Fehlanzeige. Am zweiten steht Madame Loulou. Kein Scherz, auf der Markise steht »Chez Loulou«, als wären wir im Moulin Rouge, oui, c'est Paris. Madame Loulou, wenn sie es denn ist, ist eine resolute 60-Jährige mit durchaus sympathischem Äußeren. Aber sie hat überhaupt nichts Aggressiv-Marktschreierisches, nichts Lautes; dezent bedient Madame Loulou ihre Kundschaft. Schließlich der Stand der »Poissonnerie Flibustier II«. Ein exzellentes Angebot, die größte Fischauswahl auf dem Markt. Es bedient eine junge Fischverkäuferin, Pferdeschwanz, Gummischürze, Gummistiefel. Man sollte sich eigentlich nicht von Äußerlichkeiten leiten lassen, aber mal ehrlich, ich kann mir beim besten Willen diese hübsche 20-Jährige nicht als forkenschwingende Furie auf dem Weg nach Versailles vorstellen. Die Revolution ist vorbei, der Typ Poissarde ist in Paris anscheinend ausgestorben.

Historiker vermuten, dass das Revolutionskomitee gezielt »Weiber« gen Versailles geschickt hat, weil man auf Frauen nicht so schnell schießen würde wie auf Männer. Ich weiß nicht, ob unter den vielen, oft heillos zerstrittenen Revolutionären in Paris solch ein strategisch weitsichtiges Mastermind gesessen hat. Da glaube ich eher an einen spontanen, durch Branntwein erhitzten Plan. Ohne Plan B. Um mir vorzustellen, wie das aussah damals, habe ich mir einen zeitgenössischen Stich angeschaut. Nicht gerade das, was man eine fotorealistische Wiedergabe nennen kann, aber es gibt ganz schöne Hinweise in diesem Bild. Wir sehen aufgebrachte Damen, besonders auffallend ist eine Gruppe von drei Frauen in der Bildmitte. Eine junge attraktive Dame gibt den Weg vor, sie ist die Marianne, nur ohne entblößten Busen. Die anderen beiden schauen skeptisch die junge Anführerin an, recken aber einen Bratspieß und einen Speer in die Luft. Auf Deutsch steht neben dem Bild: »Gib Himmel gib, dass jede Bürgerin frey / und jeder Bürger ohne Hosen sei.« Was sich anhört wie ein Aufruf zum Exhibitionismus, ist in Wahrheit ein Übersetzungsfehler. Denn die revolutionären »Sans-Culottes« rühmten sich, proletarische *lange* Hosen zu tragen und nicht die adligen *kurzen* Kniebundhosen (»culottes«) zu Seidenstrümpfen. Die revolutionären Bürger gingen also nicht ohne Hosen, sondern ganz im Gegenteil mit viel Hosenbein. Auffallend sind die Protestwerkzeuge der Weiber: Piken, Hellebarden, alles sehr offensiv. Es macht den Eindruck, als wolle man den König aufspießen wie einen Döner.

Ein Offizier der Palastwachen, ein gewisser Thiébault, berichtet über den Nachmittag des 5. Oktober: »Es kam der Befehl, das Volk daran zu hindern, nach Versailles zu ziehen, und kurz darauf erschienen etwa sechzig schreckliche Weiber, die mit lautem Geschrei verkündeten, sie wollten den König aufsuchen … Beim Anblick dieser Furien, die aus der Richtung des Palais-Royal kamen und deren Zahl und Betrunkenheit von Schenke zu Schenke wuchs und von denen einige Stöcke und große Küchenmesser schwangen, hatte ich, was mir an Leuten noch übrig geblieben war, unter die Waffen treten lassen!«

»Schreckliche Weiber«, wahre »Furien« und dazu noch betrunken, der arme Thiébault kann einem wirklich leidtun.

Mit der Métro fahre ich zum Hôtel de Ville. Das ist, für alle nicht so frankophilen Leser, nicht das beste Hotel von Paris, sondern das Rathaus. Ein riesiger Kasten, aber der Bürgermeister von Paris ist nun mal ein sehr wichtiger Mann in Frankreich, der braucht einen angemessenen Amtssitz. Vor dem Rathaus sehe ich einen Wasserspender, ein Geschenk der Stadtwerke Paris. *Ouvrez un grand cru* – wörtlich »Öffne ein großes Gewächs« – steht auf dem Pfeiler, was natürlich auf die großen Weinlagen Frankreichs anspielt. Man darf am Hahn drehen und sich frisches Wasser in die Flasche füllen. Das Angebot nehme ich gern an, denn ich habe einen langen Marsch vor mir – ab dem Rathaus immer geradeaus nach Versailles, man kann es quasi nicht verfehlen –, und womöglich ist das der letzte Brunnen bis Versailles, wer weiß. Ich sehe eine größere Gruppe von hauptsächlich Frauen, nur einige Männer darunter. Offensichtlich Touristen, vielleicht machen die auch einen Gedächtnismarsch vom Hôtel de Ville nach Versailles. Nein, nach wenigen Metern biegen sie zu ihrem Bus ab, der ein polnisches Kennzeichen hat und ein Zielschild aus Pappe, auf dem kyrillische Buchstaben stehen. Ich mische mich unter die Gruppe, lausche auf ihre Sprache, und es sind tatsächlich Russinnen, einige so alt, dass sie wahrscheinlich die heimischen Revolutionsmärsche von 1917 miterlebt haben.

Kurz darauf erreiche ich den Innenhof des Louvre. Das weltbekannte Museum wurde 1793 eröffnet, quasi als revolutionäre Mitgift, denn die Kunstschätze sollten nicht mehr nur dem Adel vorbehalten sein, sondern dem ganzen Volk zur Verfügung stehen. Seit dem Umzug des Hofstaats nach Versailles 1682 war das ehemalige Stadtschloss nicht mehr gepflegt worden, es muss, als die Fischweiber dort vorbeizogen, in einem jämmerlichen Zustand gewesen sein. Die moderne gläserne Pyramide des Louvre ist ein beliebter Hintergrund für Touristenselfies.

An den Louvre schließen sich direkt die Gärten der Tuilerien an. Ich setze mich und beobachte die Menschen, die vorbeigehen. Ich gleiche das, was ich sehe, mit dem Bild der Poissarden ab, wie ich es im Kopf habe. Zunächst einmal fällt auf, dass das Tempo sehr gemächlich ist, eigentlich merkwürdig, wie entspannt die internationalen Touristen (höchstens zehn Prozent der Parkbesucher sind meiner Schätzung nach Franzosen) flanieren, denn im Zweifelsfall haben sie ein immenses Besichtigungsprogramm zu absolvieren. Ich sehe zwar keine Revolutionsführer, aber viele Touristenguides mit bunten Fähnchen. Sechs Feuerwehrleute in knappen Höschen rasen joggend vorbei, als müssten sie zu einem Einsatz. Haben die etwa ihr feuerrotes Spielmobil vergessen, oder handelt es sich um die erste durchgreifende Sparmaßnahme im Rahmen der französischen Finanzkrise? Sehr schön finde ich die jungen Damen, die ihre überdimensionierten Tablets unter den Arm klemmen müssen, weil die Dinger nicht in die Handtasche passen. Das sieht aus der Entfernung aus, als hätten sie ein kleines Gemälde aus dem Louvre geklaut.

Die marschierenden Fischfrauen trugen Piken, Bratspieße und Mistgabeln, und was haben die Damen des 21. Jahrhunderts in ihren Händen? Die meisten Smartphones, viele Stadtpläne, einige mit spitzen Fingern ihren heißen Espresso.

Viele wedeln mit einem Stift und machen Schreibbewegungen. Das sind vor allem Roma-und-Sinti-Teenager, die Touristen verzweifelt zu einer Unterschrift auf obskuren Listen animieren wollen.

Ich gehe über die sandigen Wege der Tuilerien, über die Place de la Concorde (die hieß 1789, als die Fischweiber dort vorbeizogen, Place Louis XV) mit dem riesigen Obelisken weiter geradeaus auf die Champs-Élysées. Zunächst ist dieser Boulevard eine gestaltete Parkanlage an einer breiten Chaussee, da hat sich seit 225 Jahren nichts geändert. Aber dann erreiche ich die mondäne Einkaufsmeile, die Bäume verschwinden, die Edel-und-nicht-ganz-so-edel-Geschäfte kommen. Das war 1789 ganz anders, denn im Westen endete Paris an den »elysischen Feldern«. Von der Bastille im Osten bis zu den Tuilerien im Westen erstreckte sich die Stadt in einer Breite von 3,5 Kilometern. Man muss sich mal klarmachen, dass Versailles von der Auffahrtsrampe des Schlosses bis zum westlichen Ende des großen Schlossparks auch genau 3,5 Kilometer misst. Schloss Versailles inklusive Parkanlagen war also genauso groß wie die Kapitale an der Seine.

Bei den Frauen auf den Champs-Élysées sehe ich ebenfalls keine Mistgabeln, dafür jede Menge Tragetüten. Da steht Hermès drauf, H&M und GAP, und die Papiertaschen haben eine Größe zwischen CD-Hülle und Reisekoffer. Aber alle Frauen gehen, alle haben ein Ziel: das nächste Geschäft oder die Métro, keinen Königspalast. An der Ecke Champs-Élysées/Rue Pierre Charron (nicht zu verfehlen, dort hat Iran Air eine Dependance) biege ich Richtung Westen ab, das ist die Richtung von Versailles. Es sieht alles sehr nebenstraßenmäßig aus, daher überrascht es, dass ich an einem Cartier-Geschäft vorbeilaufe. Hätte es das schon 1789 gegeben, wäre es mit Sicherheit geplündert worden, aber wir befinden uns jetzt historisch gesehen schon auf dem platten Land, es gab hier damals nur Felder, Feldwege und parallel die Seine.

An der Place d'Iéna plötzlich ein Wochenmarkt. Meine Chance, vielleicht dort ein rabiates Fischweib zu finden, das mit mir nach Versailles geht. Aber wieder Fehlanzeige, die patente Mittfünfzigerin mit Brille lächelt nur sanft und kommentarlos, als ich ihr von meinem Plan erzähle, nach Versailles zu wandern, und sie frage, ob sie mitkommt. Ist mein Französisch so schlecht, dass sie mich nicht verstanden hat, oder hat sie einfach keine revolutionäre Energie? Auf jeden Fall ignoriert sie meine Anfrage völlig. Nun, wahrscheinlich muss sie einfach weiter Fische verkaufen. Ich möchte Wegzehrung mitnehmen, aber dafür sind roher Fisch oder rohe Garnelen eher weniger geeignet, also kaufe ich ein paniertes Fischfilet für 2,50 Euro. Nun, was soll man über dieses Fischfilet sagen: zwei Drittel Panade, der Fisch so pappig wie eine Styroporverpackung. Mit Meerestier hat das Ganze leider überhaupt nichts zu tun.

Im Weitergehen fallen mir am Straßenrand Transparente auf, »La Parisienne« steht darauf, ein städtischer Volkslauf geht am folgenden Tag an dieser Stelle vorbei, 6,7 Kilometer sind zu bewältigen. Es gibt eine Maman- und eine Grand-Maman-Wertung, also eine Mutter- und eine Oma-Wertung, eine Maman-Fille(Mutter-Tochter)- und eine Copines(Freundinnen)-Wertung. Es scheint drei Bedingungen für diesen Volkslauf zu geben: Man muss weiblich sein, Pariserin und selbstredend einen Pferdeschwanz tragen.

Eine Frage, die von den Historikern nicht so recht erforscht ist: Wie war es denn mit den Weibern und der Liebe auf dem langen Weg nach Versailles? Es waren ja ein paar Männer, zum Beispiel von der Nationalgarde, dabei. Und es heißt, es seien auch Damen aus dem Rotlichtmilieu mitgegangen und Frauen von »zweifelhaftem« Ruf. Hat da nicht die eine oder andere mit einem mitmarschierenden Sans-Culotte angebandelt? Oder ist sogar das eine oder andere Pärchen in den Büschen am Wegesrand verschwunden? Mit diesen Gedanken gehe ich an einem Aquarium vorbei zu den Wasserbecken des Trocadéro. Vis-à-vis auf der anderen Seite der Seine streckt der Eiffelturm seinen stählernen Stachel in den Himmel. Der Bau dieses Stahlkolosses war 1789 noch in weiter Ferne, nicht im Traum war an so etwas zu denken. Kurz nach dem Pont de Bir-Hakeim, der Leonardo-DiCaprio-Inception-Gedächtnis-Brücke, die ich gerade unterquert habe, stutze ich über ein rotes Graffiti zu meinen Füßen. Hä? Eine rote Faust? Ich überlege, was das bedeuten könnte. Vielleicht der lieb gemeinte Tipp, dass man, wenn man diesen Weg weitergehen würde, ordentlich eins in die Fresse kriegt? Oder der Hinweis, dass um die Ecke Faustball gespielt wird? Oder doch eine Wanderwegmarkierung der kommunistischen Front de gauche, die den Weg von Paris nach Versailles weisen will?

Nachdem ich eine Weile direkt an der Seine entlanggegangen bin, biege ich nach dem Haus des französischen Rundfunks in die Avenue de Versailles im 16. Arrondissement ein. Der Straßenname hört sich so an, als wäre ich auf dem richtigen Weg, und scheint der Route zu entsprechen, die 1789 gegangen wurde. Ich komme an der Edelbäckerei Alexandre vorbei. Sie hat unter dem Slogan »Miam Miam« ein Baguette im Angebot, das Pain du Mois, das Brot des Monats. In der Auslage – da hätte Marie Antoinette auch »Miam Miam« gemacht – eine voluminöse Brioche. Der Marsch der Frauen ist ja ein klassisches Aufbegehren von »denen ganz unten« gegen »die da oben«. Nur allzu menschlich, vor allem wenn es »die da oben« zu toll treiben und »die unten« zu große Not leiden. Sinnbild der Verachtung für »die unten« ist das Bonmot Marie Antoinettes, das Volk solle doch Kuchen essen, wenn es kein Brot habe. Nun ja. Zum einen ist dieses Zitat im Deutschen sehr ungenau wiedergegeben, denn »Kuchen« wird vom Konditor hergestellt, Brot dagegen vom Bäcker. Marie Antoinette sprach angeblich von »Brioches«, die sich die darbenden unteren Stände selbstredend ebenso wenig leisten konnten wie das tägliche Brot. Zumindest ist Brioche ein *süßes* Hefebrötchen, vergleichbar unserem Weckchen. So viel Genauigkeit muss sein.

Bedenkenswert ist zum anderen, dass es sich bei dem Spruch, den Marie Antoinette gesagt haben soll, um eine sogenannte Wanderanekdote handelt. Das finde ich mal wieder klasse, was alles wandern kann! Denn wie eine Wanderdüne bewegt sich die Wanderanekdote mal hierhin, mal dorthin. Diesen Satz sollen auch schon andere Königinnen gesagt haben, wahrscheinlich hat ihn keine je von sich gegeben. Noch heute, 225 Jahre nach der Revolution, gibt es in Frankreich interessanterweise eine gewisse Arroganz »derer da oben« gegen »die da unten«. Vergleichbar dem Brioche/Brot-Zitat spricht Präsident Hollande, wie wir den Indiskretionen seiner ehemaligen Freundin Valérie Trierweiler entnehmen konnten, von den »Zahnlosen«, wenn er »die da unten« meint.

Auf jeden Fall spielten die Poissarden auf ihrem Marsch, vor allem ihrem Rückmarsch, auf das Brioche/Brot-Zitat der Marie Antoinette an. Als die Revolutionäre die königliche Familie im Schlepptau hatten, spießten sie Brote auf ihre Piken, Forken und Spieße und höhnten: »Wir bringen den Bäcker, die Bäckersfrau und den Bäckerjungen.« Warum sie das so dringend benötigte Brot aufspießten, statt es zu essen, bleibt rätselhaft, böse könnte man mutmaßen, dass es mit der Hungersnot gar nicht sooooo schlimm war. Man wundert sich ja auch über die französischen Bauern, die sich – ihrer revolutionär-aufrührerischen Gene immer bewusst – gern gegen alle Reformen auflehnen, die sie betreffen könnten und mit Aktionen protestieren, in denen sie Lkw-weise Lebensmittel vor den Élysée-Palast kippen.

Plötzlich sieht es bei meinem Gang nach Versailles aus wie in einem Veedel in Köln oder einem Kiez in Berlin. Sehr bodenständige Geschäfte, viele Passanten. Die Männer üben sich eher in einem gewissen Müßiggang, stehen herum, rauchen, schließen Pferdewetten in der PMU-Bar ab, trinken einen Espresso, palavern. Die Frauen dagegen sind emsig, eilen durch die Straße. Auch hier haben sie keine Mistgabeln in der Hand – und eher selten Smartphones oder Hermès-Taschen. Sehr viele Frauen, und zwar egal, ob jung oder alt, schick oder schludrig, wirklich sehr viele Frauen ziehen einen Oma-Einkaufswagen hinter sich her. Entschuldigung an alle Omas, aber für mich sind diese Taschen auf zwei Rädern einfach Oma-Einkaufswagen. Das Topgeschäft in diesem Teil von Paris heißt nicht Cartier, sondern Lidl.

Auf meinem langen Marsch nach Versailles komme ich an einem Geschäft vorbei, das seine Ware mit »My Mini Revolution« bewirbt. Was soll denn das? Erstens ist es im Land der fanatischen Sprachschützer doch wahrscheinlich verboten, irgendetwas auf Englisch zu schreiben. Also müsste es korrekt »Ma Mini Révolution« heißen. Und was heißt denn, zweitens, überhaupt »Mini«? Der Franzose an sich kennt doch nur XL-Revolutionen, hat er doch die Mutter aller Revolutionen mitgestaltet. Aber gut, es gibt eben diese kleinen kompakten Miniautos aus England, die dürfen offenbar auch in Frankreich mit einem anglophilen Wortspielchen beworben werden. Sogar auf der Avenue de Versailles.

Immer wieder muss ich an einer roten Ampel stehen bleiben. Vor 225 Jahren gab es natürlich keinen Autoverkehr, Vorfahrt hatten die Fußgänger und erst recht die revolutionären Zu-Fuß-Geher. Das französische grüne Ampelmännchen ist übrigens leicht nach links (ist das symbolisch zu sehen?) vornübergebeugt. Das hat etwas Energisches, aber auch etwas Getriebenes, während das deutsche Ampelmännchen ausschaut, als hätte es einen Stock verschluckt.

In dem kleinen Baumarkt Bricolex suche ich verzweifelt nach Revolutionszubehör. Mistgabeln werden sie hier wohl nicht haben, dafür ist das Ambiente zu urban. Aber vielleicht einen Bratenspieß, ein ganz, ganz kleiner wäre schon okay.

Ich durchsuche den ganzen Laden, aber Fehlanzeige, Bratenspieße bleiben unauffindbar. Die Pariser scheinen kein Volk von Grillern zu sein. Dann bin ich plötzlich und unerwartet raus aus Paris. Das ist mir schon einmal passiert, als ich quer durch die ganze Stadt gewandert bin, dass ich überraschend schnell im Osten an der Stadtgrenze angelangt war und nach Vincennes gewandert bin. Nun überquere ich hinter der Place de la Porte-de-Saint-Cloud (puh, sieben Wörter für einen Platz) die Périphérique, den Autobahngürtel rund um Paris, und erreiche die Stadt Boulogne-Billancourt im Département Hauts-de-Seine. Paris ist nicht so groß, wie man denkt. Zwar hat es 2,2 Millionen Einwohner, doch die drängen sich auf engstem Raum und machen Paris zur dichtest besiedelten Stadt Europas. Was richtig groß ist, das ist der Großraum Paris, dort leben 12,3 Millionen Menschen, und diese Metropolregion habe ich natürlich noch lange nicht verlassen.

Boulogne-Billancourt ist nicht gerade die aufregendste Stadt des Départements. 1789 war Boulogne nur ein kleines Dorf, da sind die Revolutionäre einfach durchgegangen, Versailles rief, wer hatte da Augen für Boulogne? Am Pont de Sèvres ist Boulogne schon wieder vorbei, und die Métro-Linie 9 endet hier ebenfalls. Ich gehe über die Brücke. Vor mir auf der rechten Seite blicke ich auf grün bewaldete Hügel, es wird erstmals so etwas wie Landschaft sichtbar, nicht nur die Häuserwüsten der Großstadt. Es sind erstaunlich viele Menschen auf der Brücke zu Fuß unterwegs, als ob die Verkehrsströme zwischen den Vorstädten und Paris durch die Seine getrennt würden und man diese Strecke daher zu Fuß bewältigen müsste.

Auf der anderen Seineseite erreiche ich Sèvres. Sèvres hat den Charakter einer feinen französischen Kleinstadt, alles hektisch Großstädtische ist verschwunden. In Sèvres gibt es einen schönen kleinen Park, Mikro-Versailles sozusagen, und davor eine Statue von Auguste Rodin. Nicht eine von ihm geschaffene Skulptur, sondern eine, die ihn beim Schaffen zeigt. Ich schließe eine Bildungslücke, denn Monsieur Rodin hält nicht Bildhauereisen und Klüpfel in Händen, sondern eine beeindruckende Palette. Also hat der Mann wohl auch gemalt, zumindest in Sèvres. Dass ich mich wirklich auf die Hauts de Seine, also die Höhen der Seine, zubewege, merke ich langsam. Nicht nur, dass die nachmittägliche Sonne unbarmherzig knallt, es geht nun auch beständig bergan. Am Ortsausgang von Sèvres endlich der erste Straßenschildhinweis auf Versailles. Ich bin also auf dem richtigen Weg. Ohne dass man es so richtig merkt, ist man schon im nächsten Ort, in Chaville.

Hier haben die Frauen, die zu Fuß gehen, weder Smartphones noch Hermès-Einkaufstaschen noch Oma-Einkaufswagen dabei, nein, entweder sie haben ein Baby im Arm oder an der Hand, oder sie schieben einen Kinderwagen. Wer Kinder hat, sollte wohl auch besser in Orten wie Chaville wohnen, da Paris nahezu unbezahlbar ist. Eines aber haben diese Frauen mit all den Französinnen gemein, die ich seit Beginn meiner Tour beim Flanieren/Einkaufen/Spazierengehen beobachtet habe: Keine geht ohne eine meistens mehr, manchmal weniger schicke Handtasche aus dem Haus.

Dann sehe ich ein kleines Schlösschen, nein, doch nicht, es ist das Rathaus. In die Hausfassade groß eingemeißelt: Liberté, Égalité, Fraternité, aber der Bürgermeister von Chaville scheint, seinem Amtssitz nach zu schließen, etwas gleicher als die anderen Chaviller. Warum nur müssen die armen deutschen Bürgermeister zumeist in kärglichen Zweckbauten aus den 60er-Jahren residieren?

Die Nachmittagssonne brennt herunter, ich wechsle von der rechten auf die linke Straßenseite, um einem Sonnenstich entgegenzuwirken. Links zu gehen entspricht auch eher meinen revolutionären Recherchen.

Der nächste Ort ist Viroflay, wieder übergangslos. Viroflay ist schon die vierte Ortschaft nach Paris, das müssen früher alles kleine Dörfer gewesen sein. Langsam müsste mal Versailles kommen. In Viroflay endlich ein Haushaltswarenladen, Avenue du Général Leclerc No 2251. Franzosen lieben hohe Hausnummern, siehe auch die Kölner Kultnummer 4711, die aus der Zeit der französischen Rheinrepublik stammt. Wie Schinken baumeln über meinem Kopf, nein, nicht adlige Köpfe, sondern Einkaufswagen. Irgendwo müssen die französischen Damen die ja kaufen. Aber das Beste: In einem Ständer finden sich Rechen, Spaten und: Forken! Wie geil ist das denn! Noch vier Kilometer bis zum Finale in Versailles, endlich kann man sich den dringend benötigten Revolutionsbedarf kaufen. Ich bin allerdings etwas erschöpft und habe keine Lust mehr, eine Forke zu kaufen und mitzuschleppen. 16 Kilometer auf Asphalt mit ständigem Ampelstopp und Großstadtverkehr sind wesentlich anstrengender als 32 Kilometer Waldweg. Vielleicht fehlen mir aber auch die revolutionäre Attitüde, das Singen, die Parolen, das aufpeitschende Miteinander.

Ich höre in meinem geistigen Ohr johlende Massen, überschäumende Revoluzzerstimmung, denn: Ich stehe vor dem Ortsschild von Versailles! Es gibt einen Lauf Paris–Versailles, 16 Kilometer, vom Eiffelturm zum Schloss; die 25 000 Teilnehmer nehmen zwar eine andere Route als die Fischfrauen – sie laufen durch den Wald östlich von Versailles –, ihr Zielpunkt ist jedoch derselbe: die »Einflugschneise« zum Schloss. Ich behaupte jetzt mal, dass es sich bei dieser Zufahrtsstraße um die breiteste Allee der Welt handelt. Eigentlich ist es sogar eine Doppelallee, denn an beiden Seiten der breiten Autostraße verlaufen je zwei Alleen, die Bäume säumen einen Fuß- und einen Fahrradweg. Die Breite des gesamten Boulevards beträgt mindestens 80 Meter, dagegen werden die Champs-Élysées zu einem

Trampelpfad. Die protestierenden Fischweiber werden begeistert gewesen sein. Erstens das Schloss in Sichtweite, zweitens jede Menge Platz, um in breiter Front dem König und seiner Frau entgegenzuziehen. Da hieß es nicht wie im Kölner Karneval »Der Prinz kommt«, sondern »Prinz, WIR kommen!!!«.

Mein Bier des Tages ist eindeutig ein Leffe. Kein französisches Bier, sondern ein belgisches. Aber wenn man die ganze Strecke nach Versailles zu Fuß gemacht hat, die Zunge quasi schon an den Kniekehlen, und sich die ganze Zeit über die äußerst dünne Brasseriedichte, speziell mit Außengastronomie, am Weg gewundert hat, nun, dann freut man sich sehr über die Brasserie an den beiden Torwächterhäuschen ungefähr einen Kilometer vor dem Schloss. Dort gibt es einen großen Pokal mit dem goldgelben Leffe für sportliche neun Euro, aber davon ist jeder einzelne Cent bestens angelegt. Ein Hoch auf die belgische Braukunst und die Brasserie unter den schattigen Bäumen der Versailler Schlosszufahrt.

Mir fällt auf, dass ich eine entscheidende Gemeinsamkeit mit den Poissarden habe: Die meisten der Revolutionäre werden nie zuvor in Versailles gewesen sein, für mich ist es ebenfalls Premiere, die Vorfreude steigt. Dann kommt das Schloss immer näher. Das Schloss von Versailles, eine Hommage an die Zentralperspektive, man wird erschlagen von der Anzahl der vorspringenden Gebäudeflügel. Das muss Furcht einflößend gewesen sein, aber die Palastwache, die Schweizergarde, war es wohl nicht so sehr. Man sollte nicht ein Volk an die Waffen lassen, das sich seit Jahrhunderten der Neutralität verpflichtet sieht.

Wie hat sich das Drama nun weiter abgespielt? In den Geschichtsbüchern steht meistens knapp, die Poissarden hätten die Nacht in Versailles verbracht und seien am nächsten Morgen mit der königlichen Familie zurück nach Paris gezogen. Einige »Weiber« sollen mit den Soldaten der Nationalgarde angebandelt haben, das nennt man Frieden schaffen ohne Waffen. Die 8000 Marschierenden werden ja nicht alle im Spiegelsaal übernachtet haben. Es steht eher zu vermuten, dass sie sich im großzügigen Schlosspark verteilt haben. Selbst im sogenannten Kleinen Park hinter dem Schloss, der mit all seinen Winkeln und meterhohen Zierhecken quasi eine kleine Stadt abbildet, dürfte es genug Schlafplätze für die zahlreichen Fischweiber gegeben haben. Im Großen Park hätten sie sich regelrecht ausbreiten können, der zieht sich fast so weit das Auge reicht. Doch wozu hätte man unnötig weit gehen sollen, über das Ziel hinaus sozusagen, das Schloss von Versailles war ja schon erreicht.

Ich habe mir natürlich den Park genauer erwandert. Die Größe ist gigantisch. In den Park von Versailles passt zweimal der Central Park, sechsmal der Gorki-Park und neunmal der Europa-Park Rust hinein. Versailles hat einen Park, der nicht für Fußgänger gemacht ist, sondern für Sonnengötter. Schön ist es, wenn plötzlich neben dir aus unsichtbaren Boxen der Bass eines Rokokostücks zu wummern anfängt und kurz darauf die Wasserfontänen in die Höhe schießen, Wasserfeuerwerk sozusagen. Die Gärten von Versailles sind eine Welt für sich, eine Miniwelt, nur für den König, die Königin und den Hof. Wahrscheinlich haben sie die Revolution im fernen, schmutzigen Paris wirklich nicht so richtig mitbekommen. Da war es nur konsequent von den Revolutionären, den Roi in die Realität mitzunehmen. Den Rückweg bewältigten die Revolutionärinnen und Revolutionäre – wie sollte es anders sein – zu Fuß, das königliche Paar dagegen saß in einer Kalesche, einer eigentlich nicht standesgemäßen Minikutsche.

Die Niederlage von Ludwig XVI. ist in gewisser Hinsicht auch eine Niederlage des Nicht-Fußgängers. Bei den Neandertalern war es noch so, dass derjenige, der besonders gut zu Fuß war, der besonders gut jagen konnte, der Primus inter Pares war. Aus dieser quasi naturgegebenen Vorherrschaft wurden mit den Jahrtausenden adlige Privilegien, die sich immer mehr von der Idee abkoppelten, dass derjenige, der diese Privilegien genoss, sie sich tatsächlich verdient habe. Geburt reichte, um sich von der Masse abzuheben, zu Fuß gehen war nicht die Grundvoraussetzung für eine herausragende Stellung, sondern im Gegenteil ein Makel, das Zeichen, dass man es nötig hatte, sich per pedes zu bewegen. Bis hin zur Perversion, dass man in den fürstlichen Gärten von Versailles und anderswo oft selbst den kürzesten Weg mit der Kutsche zurücklegte. Da mussten erst die zu Fuß gehenden Poissarden kommen, um den König daran zu erinnern, dass auch er ein Mensch ist, der seine zwei Beine zur Fortbewegung gebrauchen sollte. Eigentlich schade, dass man so inkonsequent war, auf dem Rückweg nach Paris die königliche Familie nicht zu Fuß gehen zu lassen. Das wäre für sie bestimmt fast so schlimm wie die Guillotine gewesen – 20 Kilometer Fußmarsch, wenn man es nicht gewohnt ist –, eigentlich schlimmer als die Guillotine, denn die Sache mit dem Fallbeil ist ja relativ schnell vorbei.

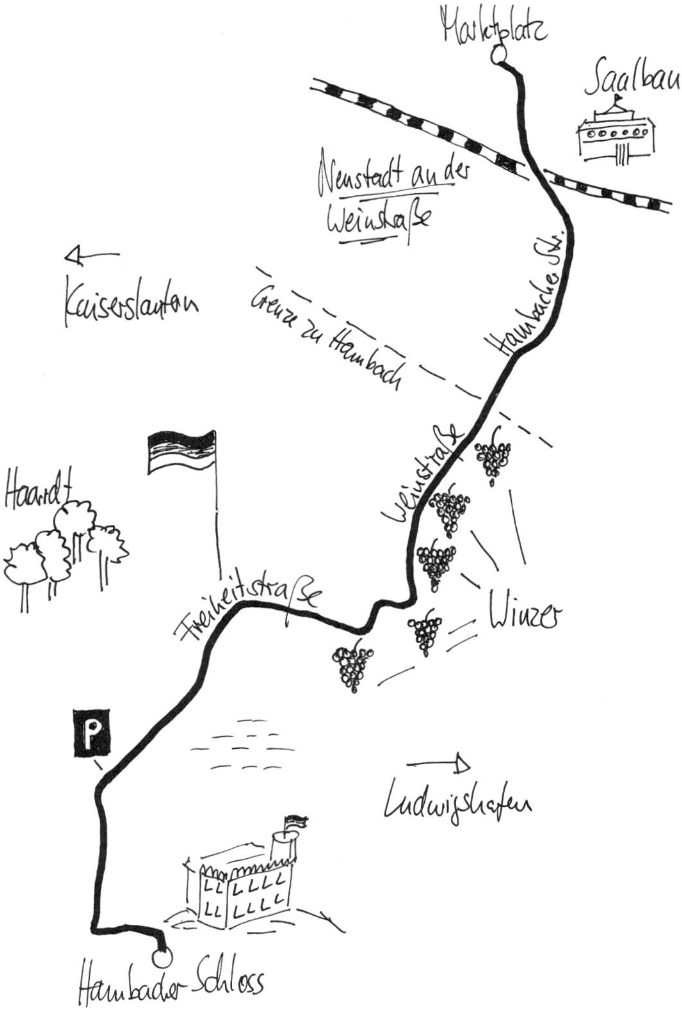

Marktplatz
Saalbau
Neustadt an der Weinstraße
Kaiserslautern
Grenze zu Hambach
Hambacher Str.
Weinstraße
Haardt
Freiheitsstraße
Winzer
P
Ludwigshafen
Hambacher Schloss

1832

EIN STUDENTISCHER PROTESTZUG ZUM SCHLOSS HAMBACH

Es hat sich eine Menschenmenge versammelt, zumeist Männer, aber auch etliche Frauen: zum Beispiel die beiden (sind es vielleicht Schwestern?) in hellblauem, langem Mantel und mit gelbem Hut. Sogar ein Kind in einem roten Kleid an der Hand seiner Mutter ist mit von der Partie. Die Menschen sind in Bewegung, das sieht man, sie streben vorwärts, schwenken Banner, schwarz-rot-goldene Fahnen. Linker Hand spielt eine Kapelle, Blasinstrumente und eine Trommel sind mit von der Partie. Das kennen Fans des Kölner Karnevals: »Un wenn et Trömmelche jeid, dann stonn mer all parat…« Ja, die Trommel geht, und die Schwarz-Rot-Gold-Begeisterten gehen auch. Die Leute mit den hohen Hüten und weißen, eng anliegenden Hosen sind nicht an der Spitze eines Umzugs, eher am Ende. In einer gewaltigen S-Kurve schlängelt sich die Menschenmasse den nahezu unbewaldeten Berg hinauf. Einige Demonstranten sind schon am Gipfel angekommen, auf dem sich Schloss Hambach dem Betrachter präsentiert. Es ist das Jahr 1832, alle wollen zum Hambacher Fest. Was ist das? Eine Wanderung? Ein Marsch? Ein Umzug? Eine Demo? Auf jeden Fall hat dieser Tag die deutsche Geschichte massiv in Schwung gebracht.

Da den Deutschen das Wandern in den Genen liegt, verwundert es nicht, dass die Initialzündung zum Konstrukt namens Deutschland ein Marsch war. Goethe, der in seiner romantischen Phase kräftig mithalf, das Genusswandern hoffähig zu machen, war gerade im März 1832 gestorben, als in Neustadt an der Haardt, dem heutigen Neustadt an der Weinstraße, ein Marsch der besonderen Art zum Hambacher Schloss stattfand.

Ich sitze vor der Gaststätte Wirthschaft zur Brücke (das überzählige h in »Wirthschaft« ist von der vorvorletzten Rechtschreibreform übrig geblieben) – weit und breit keine Brücke. »Irgendwo hier oder hier oder hier«, der junge Kellner zieht imaginäre Striche über den Marktplatz, »floss wohl mal ein Bach, und da gab es eine Brücke.« Lang, lang, lang her. Ich trinke stilecht einen halbtrockenen Riesling eines Winzers aus dem Neustädter Ortsteil Hambach, wo das Ziel der Wanderung steht. Die Speisekarte verrät, worauf beim Geschmack zu achten ist: »Ein reifer Weinbergpfirsich und sein besonders komplexes ›mouth feel‹ verleihen diesem Wein seine Einzigartigkeit.« Ob man 1832 auch ein »mouth feel« hatte? Wohl eher ein Revolutionsgefühl.

Neustadt an der Weinstraße ist das Tor zur Pfalz. Wenn man die ausufernd breite Rheinebene, von Mannheim und Ludwigshafen kommend, durchquert hat, erhebt sich wie ein Riegel der Pfälzer Wald, und am Fuß dieser Bergkette liegt Neustadt. In dieser Stadt scheint sich seit 1832 nicht viel geändert zu haben. Neustadt hat nicht wie vergleichbare deutsche Städte im letzten Weltkrieg leiden müssen. Der Marktplatz ist wirklich noch ein Marktplatz.

Als ich starte, bestimmen rote Stoffbahnen und viele Marktwagen das Bild. Links von mir das Rathaus im 300 Jahre alten Gebäude des Jesuitenkollegs. Gegenüber die Stiftskirche aus dem 14. Jahrhundert. Daneben das mittelalterliche Scheffelhaus, in dem sich 1832 die Buchhandlung von Philipp Christmann befand, bei dem man Kokarden und Liedbücher für das große Fest in Hambach erstehen konnte. Dazu später mehr. Inmitten des Marktplatzes der Alte Königsbrunnen aus dem 14. Jahrhundert. Das wird die 1832er nicht gestört haben, obwohl sie ja nicht die größten Royalisten waren. Wahrscheinlich haben noch einige einen königlichen Erfrischungsschluck aus dem Brunnen für den bevorstehenden Marsch genommen.

Wenn es nach »denen da oben« gegangen wäre, hätte es gar nicht zum Festzug zum Schloss kommen sollen. Das geplante Fest sei »seditiös und gesetzeswidrig«, ein Verbot folgte. Seditiös, ganz schön vornehm ausgedrückt, da muss ich erst einmal im Duden nachschlagen. Seditiös heißt aufständisch, aufrührerisch. Wer hatte eigentlich die Idee zu diesem angeblich aufrührerischen Fest? Und vor allem: Warum um Gottes willen fand diese patriotische und bürgerliche Demonstration im biederen pfälzischen Neustadt statt?

Nun, die Stimmung in dem Städtchen war hochexplosiv. Statt Napoleon herrschte die ungeliebte bayrische Regierung. Statt Pest also Cholera. Viele Abgaben und Steuern wurden als ungerecht empfunden, die Presse wurde zensiert und unterdrückt. Darüber wurde nicht etwa in der Arbeiterschaft gemurrt, sondern im gehobenen Bürgertum. Und so organisierten sich die Freigeister der Stadt in unterschiedlichen Vereinen. Besonders hervorzuheben ist zum einen der Preßverein (der sich um eine unabhängige Presse bemühte), zum anderen der Polenverein (der sich um unabhängige Polen kümmerte – nach den Freiheitskämpfen der Polen gegen das zaristische Russland 1830/1831 gab es in Neustadt eine große Begeisterung für die Sache der Polen). Vor allem aber ergriffen die Schützengesellschaft, die Lesegesellschaft und der Musikverein die Initiative. Aus heutiger Sicht sehr skurril – was für viele Menschen der Inbegriff der Spießigkeit ist, der Schützenverein, die Musikkapelle, das waren 1832 revolutionäre Keimzellen. Na ja, nicht so richtig revolutionär, eher deutsch-biedermeierlich-revolutionär, also mit angezogener Handbremse und Pantoffeln an.

Die Idee, einen Festzug, ein großes Volksfest der Freiheit zu organisieren, war eine direkte Gegenreaktion auf die Zensurbemühungen der bayrischen Regierung. Die aufmüpfige Neustädter Bürgerschaft sah »in großen öffentlichen Volksversammlungen« einen Ersatz, freiheitliche Ideen zu kommunizieren.

Dann gab es noch die Unterstützer und Ideengeber von außerhalb, allen voran der legendäre Philipp Jakob Siebenpfeiffer, Jurist, Journalist, Berufsaufwiegler. Dieser Siebenpfeiffer ist ein hochinteressanter Typ. Zunächst war er als hoher Beamter im saarpfälzischen Homburg für die bayrischen Dienstherren tätig. Bis ungefähr 1829 war er absolut königstreu, entdeckte dann immer mehr seine revolutionäre Ader und zog wenige Monate vor dem Hambacher Fest nach Oggersheim. Der pfälzische Ort scheint ein Nest für deutsche Charismatiker und Saumagenliebhaber zu sein.

Siebenpfeiffer und Konsorten haben im Vorfeld sehr offensiv für das Hambacher Fest geworben. Daher hatte die Obrigkeit – auch ohne Stasi und NSA – Wind von der Geschichte bekommen. Das Resultat: eine faktische Ausgangssperre für den Zeitraum von 26. bis 28. Mai. Vor allem wurde, so der Historiker Hannes Ziegler, »fremden Personen der Zutritt und Aufenthalt in Neustadt und Umgebung untersagt, ebenso waren an diesen Tagen alle Versammlungen, das heißt alle Zusammenkünfte von mehr als fünf Personen verboten«. Dieses Verbot der bayrischen Regierung wurde nicht so einfach hingenommen: »Der Stadtrat von Neustadt protestierte und verwies auf die einschneidenden wirtschaftlichen Folgen des Verbots für die umliegende Gastronomie.« Klare Sache, schon 1832 musste jeder Kommunalpolitiker an das finanzielle Wohl seiner Gastronomen denken, Wirtschaftsförderung nennt man das. Wahrscheinlich hatte der Stadtrat mit dem politischen Hintergrund des Festes gar nicht viel am Hut, aber man stelle sich das vor: Da findet in der pfälzischen Provinz eine große Sause mit vielen trinkfreudigen, wütenden Studenten statt, und die Regierung will das verhindern. Und immerhin haben die Stadtväter von Neustadt und Hambach für das große Fest in die Infrastruktur investiert. Drei Wochen vorher wurde der Weg von Oberhambach zum Schloss verbreitert. Das nenne ich eine vorausschauende und dem Bedarf angepasste Wegplanung. Realismus pur. Viele Infrastrukturprojekte des 21. Jahrhunderts könnten sich davon eine Scheibe abschneiden.

Es gibt ein schönes Flugblatt vom 14. Mai 1832. Darin wird erklärt, es handle sich um ein »Mährchen« und eine »Intrigue«, dass man auf dem Fest am 27. Mai »Brod und Wein, ja sogar Geld unter die Landleute« verteilen wolle. Es sei ein Unding, »dieses reine, schöne Volksfest zu verdächtigen«. Unterzeichnet ist das Flugblatt von den Neustädter Honoratioren, die mit ihrem guten Namen für die Seriosität des Festes als Bürger bürgten: Die Unterzeichner waren Ökonomen, Gutsbesitzer, der Buchhändler Christmann und einige Weinhändler.

Wenige Wochen vor dem Fest lenkte die Regierung windelweich ein und hob das Festverbot auf. Zur Gesichtswahrung wurden die Festorganisatoren aufgefordert, explizit »äußerer und innerer« Gewalt abzuschwören. Die Veranstalter sicherten zu, »ein reines Volksfest« zu veranstalten und die »persönliche Haftung für jede Störung der Ruhe und Ordnung« zu übernehmen. Revolutionär, ja vielleicht, ein wenig, aber mit Begleitschutz.

So konnte sich auch der Wirt der Wirthschaft zur Brücke die Hände reiben, denn viele Gäste waren schon einen Tag vor dem Festzug angereist, um in den Neustadter Gaststätten zu politisieren. Vermutlich war eine Menge Alkohol im Spiel, als man sich die Köpfe heiß redete. Es ging bei den Debatten durchaus um radikale Positionen. Der Student Heinrich Kähler aus Itzehoe stellte die vehement diskutierte Frage,

»ob man wieder schwatzen wolle, oder ob man nicht gekommen sey, loszuschlagen«. Dass ein Student aus Itzehoe das vorschlug, verwundert nicht. Erstens staut sich wahrscheinlich einiges an Aggressionen auf, wenn man in Itzehoe leben muss. Und zweitens war der gute Heinrich nicht extra aus dem fernen Norden angereist, um einem Kindergeburtstag beizuwohnen – der Heinrich wollte Action! Ein Hauch von 1789 lag also über dem beschaulichen Neustadt. Aber wie die Deutschen so sind, es wurde darüber abgestimmt, ob man wirklich »losschlagen« wolle. Das Ergebnis war klar: nicht schlagend, nur Farben tragend. Dazu passt, dass ein interner Zirkel der Verantwortlichen sich im Gasthaus Zum Schiff traf und per Abstimmung entschied, eine »Reform Deutschlands auf gesetzlichem Wege« anzustreben. Ohne legitime Grundlage wollte man denn doch nicht handeln.

Beim Buchhändler Christmann und in den Gaststätten konnte man bereits am Vortag des Festzugs dreifarbige Kokarden zum Anstecken erwerben. Womit wir bei dem ominösen Schwarz-Rot-Gold wären, das uns bei jeder Fußball-WM aufs Neue als Autofähnchen, Rückspiegelüberzieher und auf Mädchenwangen belästigt. Woher kommen diese Farben, diese Fahnen? In den Freiheitskriegen gegen Napoleon Anfang des 19. Jahrhunderts schmückten die schwarz-rot-goldenen Farben die Freiheitskorps, die sich ihrem Vaterland, aber nicht ihrem König verpflichtet fühlten. Und diese Idee unterstützten viele Studenten, die 1815 in Jena die erste Burschenschaft gründeten, die sogenannte Urburschenschaft. Aus den Farben der Freiheitskriege bastelte man sich eine Fahne, eine deutsche freiheitliche Fahne. Es war eben eine Zeit, als Burschenschaften noch die gesellschaftliche Avantgarde repräsentierten. Die 1815er waren sozusagen die 1968er ihrer Zeit. Auf jeden Fall gab es auch Studenten aus Jena, die den weiten Weg aus Thüringen in die Pfalz auf sich genommen hatten. Da es sich bei den meisten (BAföG war noch nicht erfunden) um junge Menschen aus überaus begüterten Elternhäusern handelte, werden sie kaum zu Fuß, sondern mit der Kutsche gekommen sein. Obwohl: Schon Ludwig Börne spottete 1821, die Straßenqualität in Deutschland sei so schlecht, dass die Postkutsche zwischen Darmstadt und Frankfurt nicht schneller sei als er zu Fuß. Vielleicht sind daher die Studierenden doch zu Fuß gegangen. Richtig intensiv scheinen diese burschenschaftlichen Burschen im Mai/Juni 1832 nicht studiert zu haben, mit einem Bachelor-Abschluss wäre diese lange Abwesenheit aus den Hörsälen nämlich nicht vereinbar gewesen. Die geschäftstüchtigen Neustädter Kaufleute verkauften aber nicht nur schwarz-rot-goldene, sondern auch französische blau-weiß-rote Kokarden. Kokarden sind voluminöse Stoffrosetten, sozusagen der Fanschal der 1832er. Dass auch die revolutionären blau-weiß-roten Kokarden verkauft wurden, stieß nicht nur auf Begeisterung. So bestand das Press- und Vaterlandsvereinskomitee »auf dem pfälzischen Charakter des Festes«.

27. Mai 1832, acht Uhr morgens. Wer am Vorabend zu sehr gezecht hatte, kämpfte noch mit einem kräftigen Kater. Andere Festteilnehmer aus der Umgebung – Historiker vermuten, dass die meisten Besucher Tagesgäste waren – mussten schon sehr früh aufgestanden sein. Wer zum Beispiel aus der Siebenpfeiffer-und-Helmut-Kohl-Gemeinde Oggersheim kam, war schon um halb drei aufgebrochen. Dann ging es endlich los. Dass alle (angeblich) 30 000 Festteilnehmer auf dem Marktplatz gestartet sind, ist unmöglich, wenn man sich die Dimensionen des Platzes anschaut. Nun gut, Teilnehmerzahlen von Großdemos sind ja immer so eine Sache, auch heute differieren die Angaben von Organisatoren und der Polizei oft erheblich. Nach Quellenlage waren mindestens 6000 Menschen dabei, viele sind wahrscheinlich während des Zuges dazugestoßen, einige haben schon seit sieben Uhr vor dem Schloss gewartet.

Die fahnenschwenkenden, kokardentragenden und singenden Freiheitsfans gingen die Hauptstraße Richtung Süden entlang. Die Hauptstraße ist heute keine richtige Straße mehr, sondern eine Fußgängerzone mit den üblichen Geschäften: H&M, Bonita, Drogeriemarkt Müller, Apollo Optik, Nordsee. Aber es findet sich auch das Geschäft Tabak Weiss mit einer gusseisernen Schildstandarte über dem Geschäft. In das eiserne Schmuckschild ist sinnigerweise eine hübsch gestaltete Tabakpflanze eingearbeitet. Eine Fuß-Gänger-Zone ist ja eigentlich eine erstaunliche Rückbesinnung auf das Gehen. Die 1832er mussten wahrscheinlich durch jede Menge Pferdekot waten, um sich auf der Hauptstraße fortzubewegen. Heute dagegen: keine Pferdeäpfel, auch keine Autos, keine Abgase, keine Motorräder. Der Begriff »Zone« weist die Einkaufsmeilen als Reservat aus. Früher hat man in Westdeutschland denjenigen, denen irgendetwas nicht passte, gesagt, sie sollten doch gefälligst in »die Zone« gehen, nach drüben eben. Ich lasse mir Zeit auf der Hauptstraße, denn durch die Menschenmassen wird es auch 1832 zu Stauungen des Festzugs gekommen sein, das kennt man von jedem größeren Schützenumzug.

Mit Sicherheit standen die Gemäuer der fast durchgehend historischen Häuser an der Hauptstraße schon während des Hambacher Festzuges und wurden somit zu stillen Zeugen. Ich stelle mir vor, dass es ein wenig wie bei einem Karnevalsumzug war. Aus den Fenstern lehnten die Anwohner und blickten auf die Marschierenden hinunter. Haben die 1832er schon den von den 1968er-Demonstranten skandierten Sponti-Spruch gekannt? »Bürger, lasst das Glotzen sein, kommt herunter, reiht euch ein!« Einige werden sich dem Zug 1832 mit Sicherheit spontan angeschlossen haben.

Ich ziehe weiter südwärts, verlasse die Hauptstraße und gehe an der Rückseite des riesigen Saalbaus Richtung Bahngleise. Im Saalbau habe ich vor einigen Jahren an einer sehr skurrilen Veranstaltung teilgenommen. Der Herrenweinabend ist seit 120 Jahren eine rein traditionelle Männerveranstaltung. Da wird unfassbar viel gesoffen, das ist klar. Aber wenn man jetzt an die Herrenwitz-Schlüpfrigkeit mancher Männerkarnevalssitzung denkt, ist man falsch gewickelt. Die 1000 pfälzischen Honoratioren geben sich vor allem damit zufrieden, gefühlte 1000-mal am Abend »O du scheene, o du scheene Leberwoosch« auf die Melodie unserer Nationalhymne zu grölen. Nun ja, man muss ja nicht jede Freiheit mögen, die sich Menschen leisten.

Ich überquere auf einer Brücke die Bahngleise, die 1832 noch nicht existierten, denn die Strecke Mannheim–Kaiserslautern wurde erst 1849 eröffnet. Eine schmale gepflasterte Gasse, die im Jahr 2014 für den Autoverkehr gesperrt ist, führt mich hinauf zum Hambacher Schloss. Diese Pflastersteine haben mit hoher Wahrscheinlichkeit auch die 1832er unter sich gespürt. Nach wenigen Hundert Metern stoße ich auf ein Hinweisschild auf den Fußweg: Ein Paar, man kennt es von den alten Wanderparkplatzschildern, geht strammen Schrittes. Er mit Stock, Rucksack, Hut voran, sie mit knappem Rock und wehendem Haar hinterher. Zuerst denkt man, ganz schön praktisch, dass den 1832ern so vorbildlich der Weg gewiesen wurde. Allerdings weisen die beiden definitiv den historisch »falschen« Weg, denn vor über 180 Jahren wollte man nicht einen »attraktiven« Spazierweg beschreiten, sondern auf direktem Weg marschieren. Also wandere ich auf der Hambacher Straße geradeaus. Es sieht vorortlich aus, die Infrastruktur ist intakt: Bäckerei, Apotheke, Landmetzgerei, Reisebüro, Axa-Agentur, Sparkasse. Mehr braucht man nicht, um ein Leben lang den Ort nicht verlassen zu müssen.

Der Historiker Lutz Frisch notiert: »Der Festzug wurde von den Bewohnern an der Strecke bejubelt und füllte den Weg vom Viehberg am damaligen Stadtrand Neustadts bis nach Hambach, was einer Länge von etwa zwei Kilometern entsprochen haben dürfte. Diese Einschätzung deckt sich mit dem Hinweis auf den eine halbe Stunde langen Zug.«

Einen Kilometer hinter den Bahnschienen sind wir im Ortsteil Hambach. Damit hat die Hambacher Straße ihr Ziel erreicht und bekommt folgerichtig einen neuen Namen. Raider heißt jetzt Twix und die Hambacher Straße ab sofort Weinstraße, womit das Thema des nächsten Kilometers schon angerissen ist.

Viele Hausbesitzer an der Weinstraße haben als Fassadenzier eine schwarz-rot-goldene Fahne aufgehängt. Keine historische Verbeugung vor dem Schlossmarsch, sondern freudige Vorboten der Fußball-WM 2014. Eine Seitenstraße, die Dr.-Siebenpfeiffer-Straße, war 1832 definitiv noch nicht nach dem selbst ernannten Revolutionsführer benannt. Aber vielleicht war sie eine der Nebenstraßen, aus denen die Menschen sich in den Festzug einfädelten. Dass darunter auch viele Frauen waren, ist womöglich ebenjenem Siebenpfeiffer zu verdanken, denn in seinem Einladungsaufruf hatte es geheißen: »Deutsche Frauen und Jungfrauen, deren politische Mißachtung in der europäischen Ordnung ein Fehler und ein Flecken ist, schmücket und belebet die Versammlung durch eure Gegenwart!«

Langsam wird die Weinstraße zu einer regelrechten Winzerstraße. Ich gehe am Weinhaus Paul Nickel vorbei, am Weingut Hans Abel, am Weingut Hans Seiberth, am Weingut Stefan Julier und an der Winzergenossenschaft Hambacher Schloss. Wahrscheinlich haben sich alle diese Winzer mehr oder weniger mit der politischen Realität des 21. Jahrhunderts versöhnt. 1832 war das nicht so, die Hambacher Winzer waren sauer, stinksauer auf ihre Regierung sowie die politisch Verantwortlichen und marschierten mit. Auf einer Fahne war zu lesen: »Die Weinbauern müssen trauern.« Und die Winzer hatten ein Lied gedichtet:

Zum deutschen Feste heut';
Zu reißen die Regierung aus dem Wahne,
Wir seien reiche Leut'!
Wir wohnen in dem schönsten Land auf Erden,
Von Gottes Segen voll;
Doch müssen wir noch all zu Bettlern werden,
Durch den verdammten Zoll.
Der Zoll und Mautertrag ist Höllenbeute,
Ihr Fürsten hört es all!
Sie machen Arme nur, und schlechte Leute,
Wo dies ist nicht der Fall?
Die freie Presse, Brüder, sie soll leben!
Sie macht vom Zoll uns frei.
Denn wo man darf die Stimme frei erheben,
Kommt alles noch in Reih!

Das ergäbe einen schönen wütenden Deutsch-Rap-Song, Sido, Frauenarzt oder Bushido sollten mal über eine Coverversion nachdenken.

Linker Hand der Hambacher Weinstraße bieten sich immer wieder weite Blicke in die Rheinebene hinein. Im Vordergrund Weinberge, und in einiger Entfernung kann man sogar ein Kraftwerk ausmachen, das Kohlekraftwerk von Germersheim am Rhein. Erstaunlicherweise gibt es in Hambach eine Weinlage, die Kaiserstuhl heißt, dieses Sitzmöbel hätte ich eher im badischen Breisgau verortet, aber es hat wohl mehrere Stühle des Kaisers gegeben.

Kurz nach dem Marken-Discounter »Treff 3000« verlasse ich die Weinstraße, es geht nun auf der Freiheitsstraße weiter. Ich bin im Zentrum des Weinorts Hambach angelangt, und langsam geht es nun bergan, muss es ja auch, denn wir wollen doch hinauf, hinauf zum Schloss! An einer Hauswand ein großes historisches Wandgemälde: Rechts unten das Porträt von Herrn Siebenpfeiffer, in der Bildmitte die Masse der 1832er auf ihrem Weg zum Schloss, auf den Fahnen der Schriftzug »Einigkeit und Recht und Freiheit«. Na ja, so weit war man 1832 noch nicht ganz. Hoffmann von Fallersleben hat erst neun Jahre später, 1841, auf der fernen Insel Helgoland den Text zum Gassenhauer von der Einigkeit und dem Recht und der Freiheit gedichtet.

Die weinseligen Häuser an der kopfsteingepflasterten Gasse geben quasi authentisch eine 1832er-Stimmung wieder. Schnell geht es dann durch ein Wohngebiet mit mal mehr, mal weniger geschmackvollen Gebäuden. Ich suche den freien Blick hinauf auf das Schloss, den Blick von dem berühmten Gemälde, auf dem man sehen kann, wie die Menschenreihe sich den Berg hinaufschlängelt. Fehlanzeige. Diesen Blick gibt es nicht (mehr). Entweder ist er heutzutage verstellt von Walmdächern, Buchsbaumhecken und Bäumen. Oder es hat diesen Blick nie gegeben; er könnte eine idealisierte Darstellung fernab der Realität sein, eine Fantasie des unbekannten Künstlers, der den zeitgenössischen Stich angefertigt hat. Wie dem auch sei. »Um neun Uhr ist der ganze Berg mit einem Gewühl von Menschen bedeckt… die schwärmerischen Töne der Drehorgel akkompagnieren den Gesang von den letzten zehn Polen«, berichtet Wilhelm Herzberg, als wäre er dabei gewesen.

Ich erreiche die Zufahrtsstraße zum Schloss, hier sind 1832 die Massen hinaufgegangen. Heute ist das kein geeigneter Fußweg mehr, nicht einmal ein Bürgersteig ist vorhanden; die attraktiven Wanderwege machen einen Umweg durch den Wald. Der Schloss-Hambach-Zubringerbus Nummer 502 rauscht an mir vorbei. Und die Blätter der Bäume rauschen ebenfalls, die Bäume sehen so alt und würdevoll aus, dass sie kurz nach 1832, vielleicht 1833 oder 1834 gepflanzt worden sein müssen. Denn beim Revolutionsfest war der Berg kahl, abgeholzt.

Auf dem Weg hinauf wurden mehrere Lieder gesungen, unter anderem »Hinauf, Patrioten, zum Schloß, zum Schloß!« Ich stelle mir diesen Zug vor wie eine Fangruppe auf dem Weg zu einem Auswärtsspiel. Sagen wir in Kaiserslautern, ebenfalls in der Pfalz, auch da muss man einen Berg hinauf zum legendären Betzenberg-Stadion. Und man schwenkt Fahnen, singt, alles ist Vorfreude, alles wie 1832. Aber es ist natürlich auch Aggression dabei, bei den Fußballfans sind die Gegner auf dem Platz im Visier, bei den 1832ern die Fürsten:

Fürsten zum Land hinaus, nun kommt der Völkerschmaus!
Raus!
Erst jagt den Wiener Hans, dann den im Siegerkranz!
Schub!
Bayernland ans Gewehr, Ludewig taugt nichts mehr! Fort!
Der schönste Schwabenstreich ist Wilhelm aus dem Reich!
Raus!
Odenwald schleif die Sens, zieh in die Residenz! Au!
Jagt über Feld und Au NasSau und DesSau! Heißa Sau!
Nun ist im Lande Raum, jetzt pflanzt den Freiheitsbaum!

Man sieht, mit einem Gegner allein wie die meisten Fußballfans halten sich die Hambacher nicht auf, sie wollen alle Fürsten aus den deutschen Landen hinauswerfen. Obwohl die Reime manchmal sehr, sehr weh tun.

Ich gehe an einem Parkplatz an der Freiheitsstraße mitten im Wald vorbei, dort darf man nur mit Parkschein parken und nur in der Zeit von neun bis 18 Uhr, und da fragt man sich: Ist das wirklich die Freiheit, für die die 1832er gekämpft haben? Oberflächlich gesehen haben mittlerweile die Fürsten das Land verlassen, aber man darf nicht einmal parken, wo und wann man will.

Zur Mittagszeit erreicht der Festzug das Areal rund um Schloss Hambach. An der Ruine gab es laut Lutz Frisch »Buden, Garküchen und Ausschankstellen«. Tja, wer im 21. Jahrhundert eine »Ausschankstelle« erwartet, darf nicht an einem Mittwochmittag hinaufgehen. Denn der Probierstand, der mit »Weine aus Hambach« wirbt, hat geschlossen. Das war 1832 ganz anders gewesen. Als eben alle oben waren, gab es einen kräftigen Regenguss. Nicht nur dass alle nass wurden, »statt der Suppe füllten sich die Teller mit Wasser, die schön aufgetragenen Braten und Schinken schwammen und die Brote zerweichten«, erzählt der Vertrauensmann eines preußischen Abgeordneten.

Nach Ankunft auf dem Gelände hisste das Festkomitee auf einem erhöhten Punkt der Schlossruine die polnische Flagge und an der höchsten Stelle die Fahne mit der Inschrift »Deutschlands Wiedergeburt«. Nach dem offiziellen Teil verlief sich die gewaltige Menge langsam, um in den Neustädter Wirtshäusern zu feiern. »Die ganze Nacht wurde geschossen, gefressen und jubiliert«, so berichtet ein Hambacher Winzer. Das offizielle Ende des Festes war erst am 1. Juni, fünf Tage nach Beginn der Feierlichkeiten am 27. Mai. Die konnten Party machen! Tagelang, und dann wurde auch noch scharf geschossen. Großartig, Bilder von Menschen, die vor Freude mit ihrem Maschinengewehr in die Luft feuern, sieht man im 21. Jahrhundert nur noch im Nahen und Mittleren Osten. Nur will man dann oft nicht wissen, worüber die sich genau freuen.

Im Schloss schaue ich mir – Pflichtprogramm – die Ausstellung zu 1832 mit der schwarz-rot-goldenen Originalfahne aus Jena an. Die sollte mal frisch gefärbt werden, gerade das Gold und das Rot sind arg verblasst.

Für den Rückweg nach Neustadt gibt es viele Möglichkeiten. Erstens: mit dem Bus 502. Zweitens: auf dem Deutsche-Weinstraße-Wanderweg, gekennzeichnet mit einer Traube, ein eher mieser Weg, viel Asphalt. Der Vorteil: Man sieht noch einmal Hambach. Besser ist drittens: Der Weg mit dem roten

Querbalken durch den Wald, der führt zügig nach Neustadt und ist trotzdem schön. Der spektakulärste Weg aber ist – vierte Alternative – die Etappe des Pfälzer Weinsteigs von Schloss Hambach bis Neustadt, die eröffnet auch den Blick auf andere historische Epochen. Zwischen Schloss Hambach und Neustadt geht man immer weiter zurück in die Vergangenheit, erst wird anhand des Kanonenwegs (auf dem Höhenrücken hatten die Franzosen um 1689 ihre Kanonen aufgestellt) am Nollenkopf der Pfälzische Erbfolgekrieg Ende des 17. Jahrhunderts lebendig, dann mit dem Blick auf die Wolfsburg das Mittelalter. Bitte nicht verwechseln, an dieser Wolfsburg wird nicht Ihr fabrikneuer Volkswagen ausgeliefert.

Wieder in Neustadt, habe ich jubiliert, nicht geschossen und nur ein wenig gesoffen. Schön war er, der Zug 1832 aufs Schloss. Nur merkwürdig folgenlos. Die Fürsten blieben, wo sie waren, keiner zerrte sie, wie die wütenden Fischweiber von Paris die Königsfamilie, aus ihren Schlössern. Es waren ihrer ja zu viele, da hätte man den Überblick verloren, mit welchem Fürsten hätte man auch anfangen sollen? Typen wie Siebenpfeiffer wurden erst inhaftiert, dann Professor in der Schweiz und schließlich geisteskrank. Und die anderen Helden von 1832 schwelgten in Erinnerungen. An die gute alte Zeit. Als man hoch »hinauf … zum Schloß, zum Schloß« ging. Nur die schwarz-rot-goldene Fahne, die ist uns geblieben, und die wird ordentlich geschwenkt, auch bei Festzügen. Und unter anderem bei den Siegesfeiern zum WM-Titel 2014 – 182 Jahre nach Hambach. Genauso friedlich wie 1832, begleitet von ähnlich zahlreichen Gesängen und Alkohol.

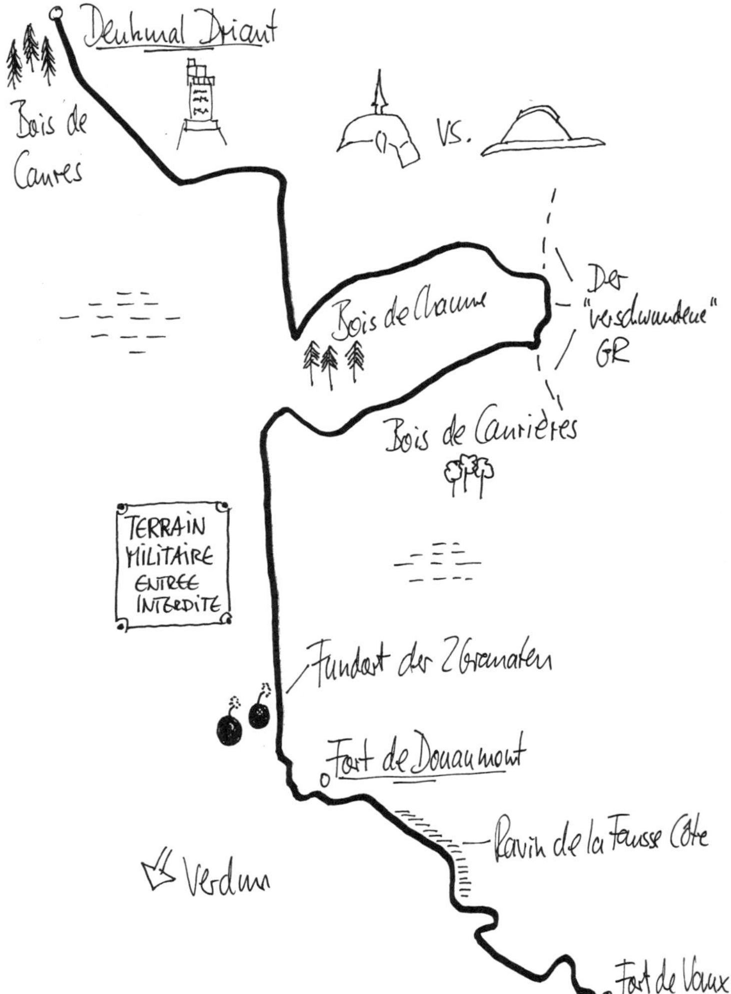
Denkmal Driant
Bois de Caures
vs.
Bois de Chaume
Der "verschwundene" GR
Bois de Caurières
TERRAIN MILITAIRE ENTREE INTERDITE
Fundort der 2 Granaten
Fort de Douaumont
Ravin de la Fausse Côte
Verdun
Fort de Vaux

1916

AUF DEN SCHLACHTFELDERN VON VERDUN

Am 21. Februar 1916 beginnt die deutsche Armee um sieben Uhr mit einem Angriff im Wald von Caures die Schlacht von Verdun. Es ist ein Tag mit »herrlichem Sonnenschein und klarblauem Himmel«, so Leutnant Radtke. Am 21. Februar 2015, genau 99 Jahre später, starten wir unsere Wanderung um zehn Uhr im Wald von Caures an der D905 von Ville-devant-Chaumont nach Verdun, der Himmel ist bedeckt, die Temperatur liegt knapp über dem Gefrierpunkt.

Ich habe mich mit meinen französischen Wanderfreunden Josépha und Armand aus dem Elsass verabredet. Ich kenne die beiden seit vielen Jahren, man kann mit einigem Recht sagen, dass die zwei meine »Lieblingsfranzosen« sind. Warum? Zunächst einmal wandern sie gern. Außerdem haben sie immer eine leckere Flasche Wein aus dem Elsass für mich im Gepäck. Und schließlich, ganz entscheidend, sprechen beide hervorragend Deutsch. Mit meinem kümmerlichen Französisch wären wir auf kommunikativer Ebene sonst nämlich ganz schnell am Ende. Die Affinität zur deutschen Sprache beim Ehepaar Ducornet hat mehrere Gründe. Zum einen ist das Elsass historisch eine deutsch-französische Region; wenn man den elsässischen Dialekt dazunimmt, ist es sozusagen eine trilinguale Ecke. Zum anderen ist Armand pensionierter (und passionierter) Deutschlehrer, da sollte er die Sprache also ein wenig beherrschen. Das Deutsche hat er im wahrsten Sinn des Wortes mit der Muttermilch aufgesogen. Denn seine Mutter ist Schwäbin, die nach dem Krieg Armands Vater, einen französischen Berufssoldaten, geheiratet hat, den es nach Trossingen im Landkreis Tuttlingen verschlagen hatte.

In den nächsten Stunden wollen wir durch die Wälder östlich der Maas wandern, bis zum Fort de Vaux, das die deutsche Reichsarmee am 7. Juni 1916 erobern konnte. Für die Strecke, knapp 17 Kilometer, die wir in einem Tag erwandern werden, haben die Deutschen also dreieinhalb Monate gebraucht, mit irrsinnigen Verlusten unter Freund und Feind. An unserem gemeinsamen Wandertag soll es aber nicht gegen die Franzosen gehen, vielmehr will ich, gemeinsam mit zwei Franzosen gehend, fühlen und verstehen, was in diesen Wäldern vor 99 Jahren geschehen ist. Und was sich seitdem alles verändert hat oder auch nicht.

Was sich definitiv geändert hat, ist die Geräuschkulisse. Olaf Jessen schreibt: »Und so tobt ein Artilleriefeuer, ›wie es bisher in der Kriegsgeschichte der Völker noch nicht zu verzeichnen ist‹.« Die Schlacht beginnt nicht, wie ich mir das als Laie vorgestellt habe, indem die Soldaten voranstürmten. Nein, volle neun Stunden feuern die deutschen Artilleristen im wahrsten Sinne aus allen Rohren, um die gegnerischen Stellungen zu vernichten. Für den auf den Angriff wartenden Infanteristen Radtke stellte sich das so dar: »Wir Fußlatscher bekamen doch auf einmal mächtigen Respekt vor den schweren Bumsern… ›Das soll für euch Infanteristen diesmal ein einfacher Fußmarsch nach Verdun werden‹, bemerkte ein Artillerist, ›wir Schweren trommeln alles kaputt.‹« So kann man sich irren. Aber in den ersten Stunden des Angriffs ist es tatsächlich so, dass die Artillerie der Infanterie den Weg ebnet. »Ebnen« ist im Wortsinne zu verstehen, denn als um »Punkt 16 Uhr« die Pioniere und Infanteristen auf einer Länge von zehn Kilometern vorwärtsstürmen, werden nicht mehr viele Bäume im Wald von Caures gestanden haben. Schon am ersten Tag der Schlacht hat der Krieg für eine massive Landschaftsveränderung gesorgt.

Die deutschen »Fußlatscher« stürmen also den Caures-Wald, ziehen sich wegen der massiven französischen Gegenwehr zurück, kommen erneut, überrennen unter anderem den Gefechtsstand eines gewissen Hauptmanns Séguin, dessen rechter Arm im Dauerbeschuss abgerissen wird. Ein deutscher Offizier sagt in fließendem Französisch zu Séguin: »Herr Hauptmann, ich gratuliere zu Ihrem Widerstand. Mein Beileid wegen Ihrer Verwundungen.« Zu diesem frühen Zeitpunkt der Schlacht gab es noch Gelegenheit für den Austausch von Höflichkeiten im Rahmen der internationalen Offiziersgepflogenheiten.

Wir sind an der D905 gestartet, da es an dieser Stelle drei Orte im Wald von Caures gibt, die an den Colonel Driant erinnern, den ersten Oberst der französischen Armee, der in der Schlacht von Verdun fiel. Direkt an der Landstraße steht sein großes Grabmal, geschmückt mit der französischen Fahne. Ein wenig im Wald versteckt dann ein Gedenkstein an der Stelle, an der er zusammen mit seiner Schar fiel: »Ils sont tombés silencieux sous le choc comme une muraille« – »Sie sind gefallen, stumm vor Schock wie eine Mauer«. Was für eine blumige Sprache, dieses Französisch. Schließlich stoßen wir auf das provisorische Grab des Oberst. Denn – so viel soldatische Ehre musste sein Anfang des 20. Jahrhunderts – der französische Offizier wurde standesgemäß von seinen deutschen Feinden beerdigt. Eine gewisse Baronin Schrotter kondolierte – der Brief ist erhalten – den Hinterbliebenen von Monsieur Driant und versicherte ihnen, ihr Sohn, Leutnant der Artillerie, habe Herrn Driant »mit Sorge und Achtung bestattet«.

Wir, zwei Franzosen, ein Deutscher, stehen vor dem (ehemaligen) Grab. Es gibt keine Spur von Animositäten, keine Aggressionen, keine Erbfeindschaft mehr. Das ist alles sehr lange her. Aber wie war das mit unseren Großvätern, haben die aufeinander eingedroschen und geschossen? Wir gehen und reden über unsere Familiengeschichten.

Bei Armand ist es ganz kompliziert, denn er hat ja mütterlicherseits einen deutschen Opa, und der hat an der Somme gekämpft. Gegen die Franzosen. Sein französischer Opa war Berufssoldat und während des Ersten Weltkriegs in Südafrika. Wo sich diese Kolonialmächte überall herumgetrieben haben! Immerhin haben also seine beiden Großväter nicht aufeinander geschossen, das hätte ja auch schwer ins Auge gehen können. Armand fällt als Lehrer sehr aus der Familienart, zumindest was die väterliche Linie betrifft. Denn nicht nur war sein französischer Opa Berufssoldat, auch dessen vier Söhne sind alle auf die Kadettenschule gegangen und wurden später Soldaten.

Josépha sagt: »Überhaupt keine Ahnung, was meine Großväter im Ersten Weltkrieg gemacht haben, die habe ich fast nicht gekannt.« Und in der Familie wurde nicht nur der Zweite, sondern ebenso der Erste Weltkrieg totgeschwiegen. »Der Vater hat nie, nie, nie darüber gesprochen.«

Wobei mir erst da klar wird, dass Joséphas Großeltern als Elsässer im Krieg 1914–1918 auf der deutschen Seite standen, logisch. Ihr Großvater hat also auch nicht auf Armands deutschen Großvater geschossen. Das ist das Absurde an allen kriegerischen Auseinandersetzungen: Die Zugehörigkeit zu ein paar Kilometern links oder rechts der Grenze entscheidet über die Farbe des Uniformrocks und darüber, wer auf wen schießt. Und wenn das Gebiet dann auf einmal der anderen Fraktion gehört (in diesem Fall das Elsass im Zweiten Weltkrieg zu Frankreich), muss man den Gewehrlauf eben in die entgegengesetzte Richtung halten.

Und meine Opas? Der Großvater väterlicherseits war im Ersten Weltkrieg noch zu jung, ein Kind des Jahrhunderts, 1900 geboren. Johann Lückenbach, der Vater meiner Mutter, kam 1890 zur Welt. Ich habe seinen blassblauen Militärpass dabei und zeige ihn Josépha und Armand. Opa Johann hat am 2. August 1914 den Militärdienst angetreten, pünktlich zum Kriegsausbruch. Seine Ausbildung laut Militärpass: Militärbäcker. Was haben die denn da gelernt? Kommissbrot backen? Pickelhaubentorten mit Himbeeren verzieren? Opa Johann ist nicht befördert worden, hat nie einen Orden bekommen, keine Ehrenabzeichen. Die gab es wohl nur für Leistungen im Feld und nicht am Backofen.

In Verdun war er nicht. Als es dort losging, buk er für die Front am Priesterwald, ein Frontabschnitt an der Mosel, 57 Kilometer westlich von Verdun. Und als die Schlacht von Verdun schon fast verloren war, Ende 1916, knetete Johann Teig bei der großen Somme-Schlacht in der Picardie. Am 22. November 1918 ist er von der Königlich Preußischen Feldbäckerei, Kolonne Nr. 61, entlassen worden. Bis zum letzten Kriegstag hat er also fleißig für Kaiser und Vaterland in der Backstube gestanden.

Große Helden waren unsere Großväter nicht, Gott sei Dank, sonst gäbe es uns vielleicht gar nicht. Und wir könnten nicht unser gemeinsames Wanderabenteuer im Wald von Caures erleben. Wir gehen über einen fast sechs Meter breiten schnurgeraden Weg. Das heißt, auf dieser Schneise gehen wir gar nicht, weil der Boden wie ein Sumpf vollgesogen ist mit Wasser; Schmelzwasser, Regenwasser, was weiß ich. Überall Pfützen und Schlammwüsten, unwanderbar. Also kämpfen wir uns durch die Jungwälder neben dem Weg, immer auf der Suche nach trockenerem Geläuf, durch Äste, Zweige, Dornen. Das hat schon was von 1916er-Feeling, denn viel schneller sind die deutschen Soldaten damals vermutlich auch nicht vorwärtsgekommen. Wahrscheinlich sogar noch langsamer als wir, weil sie schießen, sich ducken, sich hinwerfen, wieder schießen mussten.

Die Sonne kommt für kurze Zeit heraus, Tausende Regentropfen, die an den dünnen Zweigen hängen, funkeln wie Smaragde im Gegenlicht. Hört sich romantisch an. Der Sound dazu ist eher geerdet: glumpsch, glapsch, glumpsch, das sind unsere Schritte im tiefen Morast. Ich wundere mich, dass keine Bodenwellen zu erkennen sind, die auf Schützengräben hinweisen würden. Aber das wird sich im Lauf der Wanderung noch deutlich ändern. In den Wäldern, in denen wir nun gehen, gab es keinen Stellungskrieg. An den ersten Tagen war sogar etwas »Neues im Westen« zu vermelden, denn die deutschen Truppen sind zu Beginn des Vorstoßes relativ zügig Richtung Verdun marschiert. In neun Tagen wollte man, das war der Plan der Generalität, die Festungsstadt an der Maas erreichen. Es hat nicht nur länger gedauert, die deutsche Armee hat Verdun nie gesehen.

Wir erreichen eine breite Forststraße, die in Nord-Süd-Richtung verläuft. Erst drei Kilometer haben wir geschafft – und sind schon etwas geschafft. Während Armand und ich die Karte studieren, kramt Josépha eine Tüte mit Eukalyptusbonbons aus ihrem Rucksack. »Aus einer elsässischen Manufaktur.« Wow, eine Manufaktur für Eukalyptusbonbons im Elsass – das ist der Klimawandel, jetzt wachsen die Eukalyptusbäume schon am Fuß der Vogesen. Wir verlassen die Forststraße und biegen in östlicher Richtung auf die geteerte Route Forestière ein. Normalerweise die Höchststrafe für jeden Wanderer, aber wir sind ganz froh, nicht mehr die Matschwege gehen zu müssen. Warum diese Forststraße so ausgebaut ist, sehen wir kurze Zeit später, als ein Sattelschlepper mit schwerem Waldarbeitergerät vorbeirast. Wir haben dem Ungetüm natürlich am Straßenrand Platz gemacht. Dann ist wieder Ruhe, bis auf den Lärm der Vögel. Immer wieder gehen unsere Blicke nach oben, dort vollzieht sich eine regelrechte Völkerwanderung. Während wir auf unseren Wegen allein sind, ziehen am Himmel im Formationsflug Massen von großen Vögeln gen Norden und läuten damit den Frühling ein. Ich denke sofort an Nils Holgersson und vermute, dass es Wildgänse sind. »Die würden einen ganz anderen Krach machen, die sind geschwätziger«, erläutert

Armand, der pensionierte Pädagoge, und nestelt sein Handtaschenfernglas aus dem Rucksack. »Zu lange Beine und zu lange Hälse für Wildgänse, das sind Kraniche«, urteilt er.

Ausgetretene Pfade kreuzen die asphaltierte Straße. Es sind Wildwechsel, wir erkennen Tatzen- und Hufabdrücke im lehmigen Boden. Die Wildtiere können in aller Seelenruhe ihre Lieblingswege benutzen, Wanderern werden wir den ganzen Tag nicht begegnen. Uns begleitet ein Bach, die Orne, ein 86 Kilometer langer Nebenfluss der Mosel, die in der Nähe entspringt. Die deutsche Armee ist am 24. Februar, drei Tage nach Beginn der Schlacht, bis in dieses Orne-Tal vorgedrungen. Unter großen Verlusten wird die Schlucht von den deutschen Soldaten durchquert. Die nächste Herausforderung für den deutschen Vormarsch ist die Eroberung des Höhenzugs südlich des Einschnitts, der Wald von Chaume.

Josépha und Armand wandern das erste Mal in den Wäldern von Verdun, ihr Stammgebiet für Wanderungen ist ihre Heimat rund um die Haut-Koenigsbourg in den Vogesen. Daher sind die Wege hier für uns alle Neuland, und wir müssen immer wieder die Wanderkarte konsultieren. Es ist merkwürdig: Laut Karte müssten wir jetzt – quasi auf den Spuren der fußlatschenden deutschen Infanteristen – auf einen Fernwanderweg, den Grande Randonnée du Pays de Verdun, stoßen, und normalerweise sind die GRs hervorragend markiert. Sind wir doch an der falschen Stelle? Armand und ich sind uns einig, nein, das kann nicht sein. Dass die rot-gelb gestreiften Markierungen fehlen, ist zwar mehr als merkwürdig, aber die Karte ist eindeutig: Wir müssen diesen matschigen Hohlweg hinauf.

Ein massiver Baum liegt quer, Armand klettert obendrüber, Josépha und ich fast limbomäßig untendurch. »Hier müsste der französische Wanderverband mal aufräumen!«, schimpfe ich. Wozu hat man den Vizepräsidenten dieses Wanderverbands denn dabei? Da kann man sich direkt beschweren, ist doch herrlich! Denn Armand ist nicht nur begeisterter Wanderer, sondern auch leidenschaftlicher Funktionär des Wanderverbands. Wie alles in Frankreich ist das Wandern zentralistisch organisiert, und so fährt Armand einmal in der Woche mit dem TGV von Straßburg nach Paris, um sich um Vereinsangelegenheiten zu kümmern. Er ist nämlich quasi der Außenminister des französischen Wanderns, zuständig für die Kommunikation mit den anderen europäischen Wanderverbänden. Armand erklärt fast entschuldigend, dass gerade ein Erfassungsprogramm laufe, in dem alle Grandes Randonnées durchleuchtet würden. Der Weg im Wald von Chaume, nordöstlich von Verdun, scheint eher eine Karteileiche zu sein. Wir sind schon fast auf der Anhöhe des Chaume-Waldes angelangt, da sehen wir eine verwitterte GR-Markierung am Hohlweg. Diese Fast-nicht-Markierung ist sehr, sehr seltsam.

»Es pfeift und zischt beim Vorwärtslaufen… Infanterieschüsse peitschen… Handgranaten krachen. Ha, welche Lust, Soldat zu sein.« So beschreibt Hauptmann Haupt von der 7. Kompanie das Vorrücken auf dem Schlachtfeld im Wald von Chaume. Wenn man die Augen schließt, hört man nicht nur den Soundtrack der Schlacht (Schüsse, Handgranaten), sondern sieht auch die geduckte Haltung der Soldaten vor sich, die sich (anscheinend sehr endorphingeladen) bewegen. Mancher muss sich vielleicht hinwerfen, um dem gegnerischen Kugelhagel zu entgehen. Auf jeden Fall stellt man sich einen Vormarsch nicht so vor wie auf einem Bild, das ich kürzlich gesehen habe. Das Foto ist von einem mutigen Augenzeugen gemacht worden und zeigt, so die Bildunterschrift, »Soldaten der 7. Kompanie, geführt durch Hauptmann Haupt (mit Stock), beim Angriff zwischen Chaume- und Caurières-Wald«. Schon dass der Hauptmann mit einem Stock voranschreitet, mutet eher merkwürdig an. Das hat etwas von einem gutbürgerlichen Sonntagsspaziergang, bei dem der Mann von Welt dereinst stets Stock und Hut dabeihatte, der Rücken gerade, und Honoratioren wurden höflich gegrüßt. Auch die anderen Soldaten der 7. Kompanie gehen durch die Stacheldrahtverhaue, als seien sie bei einem Wanderausflug. Es sieht nicht so aus, als flögen den Jungs da gerade Granaten um die Ohren, oder sie waren einfach verdammt cool. Ich sage es mal so: Meine Wandergruppe vom Schwäbischen Albverein schreitet nicht so elegant durch die Wälder, wie es die Soldaten auf diesem Foto in einer der gewaltigsten Schlachten der Militärgeschichte tun.

Wir gehen nun genau an der Stelle zwischen dem Chaume- und dem Caurières-Wald vorbei, an dem am 24. Februar die deutschen Truppen vorgerückt sind. Die Sonne scheint, wir befinden uns auf einem Höhenrücken, und der Baumbewuchs ist seit den Tagen der Schlacht nur unwesentlich üppiger geworden. Statt Handgranaten und Schüssen kreischen die Kraniche, und man hört unser leises Gemurmel. Hauptmännin Josépha hat sogar einen Stock dabei, um nicht zu sagen: zwei Stöcke. Und so marschieren auch wir voran, ha, welche Lust, Wanderer zu sein! Wenn da nur nicht immer diese Warnschilder wären: DANGER DE MORT schreit es uns an, und wir lesen, an welchen Tagen im Jahr es lebensgefährlich ist, den Wald zu betreten. Wahrscheinlich sind es die Tage der Jagd. Der 21. Februar ist nicht unter den gefährlichen Terminen.

Dann sehen wir ein weiteres Schild. In vier Sprachen wird gewarnt: »Militärgelände. Betreten verboten«. Wird denn auf den Schlachtfeldern von Verdun immer noch geschossen? Geübt? Manövert?

Wenig später machen wir eine Rast. Ich esse mein hart gewordenes Marzipancroissant aus Deutschland, mitleidig bietet mir Armand sein butterweiches Croissant français an. Wow,

Croissants backen können sie wirklich besser! Wir essen im Stehen, auf den kompletten 16 Kilometern werden wir keine Sitzgelegenheit sehen, geschweige denn eine Schutzhütte. Das ist eben kein Wandergebiet, es ist ein Militärgelände. Wenigstens können wir unsere Rucksäcke an einen umgestürzten Baumstamm hängen, damit sie nicht im Modder stehen. Josépha und Armand haben tatsächlich ein Gericht zubereitet, es gibt Linsensalat aus der Dose mit einem Stück Brot. Dazu eine Tasse heißen Jasmintee aus der Thermoskanne. Im Endeffekt besser als ein Essen beim Sternekoch.

Nachdem wir wieder aufgebrochen sind, biegen wir in einen weiteren Waldweg ein, der in südlicher Richtung bis zum ehemaligen Dorf Douaumont führt, drei Kilometer geradeaus. Das ist ein verwunschener, mitunter etwas unheimlicher Weg. Links und rechts moosüberwachsene, verkrüppelte Bäume. Sie wirken wie verlassene, von der Artillerie zerschossene Leichen aus Holz, die keiner bestattet hat. Das Terrain links und rechts ist zerfurcht, aufgerissen, voll mit Löchern und Mulden, in denen sich das Wasser sammelt. Wie aufgerissene Münder in der Landschaft. Eindeutig die zerschossene Erde der schweren Kämpfe, doch unmöglich, einen Schützengraben auszumachen. »Im übrigen schießen die Artilleristen nach Karte. Quadrat für Quadrat frisst sich der Eisenhagel durch die Wälder«, schreibt Olaf Jessen. Wie sehr der planmäßige, permanente Beschuss der Kriegsparteien die Landschaft rund um Verdun verändert hat, zeigt ein Beispiel auf dem westlichen Maasufer: »Der Tote Mann (ein berühmter Berggipfel) verliert durch den Beschuss sechzig Meter an Höhe.« Die Artillerie hat also nicht nur nach Karte geschossen, sondern auch die Karte für die nachfolgenden Generationen geändert, denn es mussten zum Beispiel neue Höhenmeter am Toten Mann eingetragen werden. Auch die Farbigkeit der Landschaft wird durch den Krieg radikal geändert. Im Wonnemonat Mai berichtet der deutsche Artillerieflieger

Oswald Boelcke: »Trotz des Frühlings keine grüne Farbe. Noch vor wenigen Monaten konnten Flugzeugführer in dieser Höhe einen bunt gefleckten Wechsel zwischen Feld und Wald bewundern. Nun aber ist fast alles Grün durch Granaten umgepflügt. Außer Braun, Grau und Schwarz sind keine Farben auszumachen.«

Wir gehen über den langen Weg nach Douaumont, schnurgerade, sanft abwärts, dann wieder sanft hinauf. Graupelschauer setzen ein, dem Sujet der Schlacht bei Verdun angemessen. Ich ziehe die Kapuze meiner Regenjacke über. Die Soldaten im Ersten Weltkrieg trugen natürlich Helme, die deutschen in Form einer Pickelhaube (zwei der hässlichsten deutschen Wörter, »Pickel« und »Haube«, haben sich vereint), und waren daran zu erkennen. Ursprünglich sollte der Metallpickel helfen, gegnerische Säbelhiebe abzulenken. Anscheinend waren die Pickel aber abschraubbar, denn beim Sturm auf das Fort von Douaumont hatte der kleine Trupp von Deutschen keine Pickel auf der Haube. Und die französischen Verteidiger des Forts schossen nicht, weil sie die Deutschen für Zuaven – verbündete Kolonialtruppen – hielten. Die Franzosen hingegen kamen ohne Pickel auf dem Helm aus, ihre Kopfbedeckung sah aus wie ein Tropenhelm mit zu knapp bemessener Krempe.

Wir sind anderthalb Kilometer auf der feucht-matschigen Waldschneise nach Douaumont gegangen, da stoße ich mit meinem Fuß gegen etwas Metallenes, Hartes. Ich gehe einen Schritt zurück, bücke mich, schiebe mit dem Schuh das feuchte Laub zur Seite. Ich sehe zwei dunkelbraune, verrostete Eisenstücke, verbunden mit einem Nagelstift. Wir begutachten den eisernen Zeugen der Vergangenheit, denn dieses Metallding liegt definitiv seit 99 Jahren im Wald herum. Aber was ist das? Munition? Ein Stück von einem Gewehr? Wir tippen schlussendlich auf die Überbleibsel einer ganz gewöhnlichen Schaufel. Denn es waren ja nicht nur Soldaten mit Geschützen und Gewehren, die sich auf dem Schlachtfeld betätigten. Die mitunter gefährlichsten Jobs in vorderster Front hatten die Pioniere, die Schützengräben ausheben und befestigen, Drahtverhaue anlegen oder entfernen mussten. Da wurde auch eine ordinäre Schaufel zu einer Waffe gegen den Feind. Und der schaufelnde Pionier hat höchstwahrscheinlich an der Stelle, an der wir stehen, sein Leben verloren. Für Gott und Vaterland. Der Gott war für beide Parteien derselbe, das ist ja das Gute am Monotheismus. Aber welchem Vaterland der (wahrscheinlich) gefallene Pionier angehörte, das ist nicht mehr nachzuvollziehen, denn ob das nun eine deutsche oder eine französische Schaufel war, deren Überreste wir in der Hand halten, ist nicht ohne Weiteres auszumachen. Wahrscheinlich gibt es Experten für Weltkrieg-I-Militärschaufeln, die sollen sich bitte bei mir melden, ich habe die verrosteten Teile in meinem Arbeitszimmer liegen.

Nicht dass der Leser denkt, ich hätte alles mitgenommen, was wir am Wegesrand gesehen haben und wie ein Überbleibsel der Schlacht von Verdun aussah. O nein. Denn kurze Zeit nach dem Fund der vermutlichen Schaufelüberreste gehen wir an einem Baumstumpf vorbei, auf dem – säuberlich aufgereiht – zwei braune Zylinder, zwei Riesenzäpfchen, zwei richtige Granaten, liegen. Ich bin ein wenig schockiert, so lange nach der Schlacht noch Munition im Wald zu sehen. Was wäre denn gewesen, wenn das Eisenstück, gegen das ich kurz zuvor getreten bin, der Rest einer Granate gewesen wäre? Dann hätte ich jetzt womöglich nur den Rest eines Beines. Oder sind das, noch gruseliger, mit Chlorgas gefüllte Granaten? Uns wird auf jeden Fall klar, warum dieses Gebiet eine »Militärische Zone« ist. Nicht weil dort geübt, gekämpft und manövert wird, sondern weil das Areal noch für Jahrhunderte von Resten der großen Schlacht von Verdun kontaminiert ist. Nur seltsam, dass die beiden Granaten so penibel auf dem Baumstumpf angerichtet sind, die werden quasi präsentiert. Als ob jemand Wanderern wie uns zeigen möchte: Schaut euch das mal an, und bleibt schön auf den Wegen!

Wir sind ziemlich erleichtert, als wir eine Freifläche und eine geteerte Straße erreichen. Hinaus aus der größten Gefahrenzone, hinaus aus den übelsten Schlammpfützen. Ich habe mittlerweile ein sehr schlechtes Gewissen meinen beiden französischen Wanderfreunden gegenüber. Aus dem kleinen Ausflug über die Schlachtfelder von Verdun ist ein Survivaltrip geworden. Ein Schild am Weg weist auf das zerstörte Dorf Douaumont hin. Wo früher Häuser, Ställe, vielleicht eine Kirche standen, gibt es nur noch ein paar gepflegte Rasenflächen. Eines von acht ehemaligen Dörfern in den Wäldern östlich von Verdun, die alle in der Schlacht dem Erdboden gleichgemacht und nach dem Krieg nicht wieder aufgebaut wurden.

Wir sehen einen schmalen Pfad, daneben das verwitterte Schild: »Fort Douaumont, 80 mètres«. Na also, geht doch, das Zwischenziel ist nah! Wir kommen auf dem sehr schönen, aber erneut sehr feuchten Pfad zum Fort. Der Verdun-Chronist Olaf Jessen erzählt, wie die deutschen Angreifer am 25. Februar in das Fort hineingelangt sind: »Vizefeldwebel Otto Kunze ließ eine Menschenpyramide bilden, ›unten 4 Leute, darüber 3 und obenauf 2 Leute‹. Mehrfach bricht das Gebilde zusammen. Dann aber kann der Vizefeldwebel ›über den Rücken der Leute‹ auf ihm ›nach hinten gereichten Händen nach oben‹ steigen.« Das hat etwas von Turnvater Jahn für Fortgeschrittene, wird das eigentlich in den Bundeswehrakademien immer noch gelehrt? Heißt es dort vielleicht: »Heute ab 7.30 werden auf dem Exerzierplatz Pyramiden aus Rekruten gebaut«? Wir einigen uns darauf, dass wir zur Not eine Dreierpyramide hinkriegen, die beiden Jungs unten, Josépha obenauf, um das Fort zu stürmen.

Schon seit ungefähr zehn Minuten wandern wir auf dem schwer begehbaren Pfad, das sind die längsten 80 Meter der

Welt. Ich vermute, dieses 80-Meter-Schild haben die Franzosen schon vor 99 Jahren dort aufgestellt, um die Deutschen zu verwirren – und wir sind auch noch drauf reingefallen. Dann erste Blicke aufs Fort: begrünte, gewellte Flächen mit weißen Schneeflecken. Sieht aus wie eine riesige Sanddüne an der holländischen Nordsee. Das Fort Douaumont wurde vier Tage nach Beginn der Schlacht, ohne dass ein Schuss gefallen wäre, von dem deutschen Stoßtrupp ohne Pickel auf der Haube eingenommen. Die französische Besatzung des Forts, 69 Mann, wurde gefangen genommen. Die wichtigsten Leute mussten für die Deutschen arbeiten: »Die französischen Köche des Forts Douaumont müssen für die Sieger das vorbereitete Essen erwärmen: Bouillon mit Spargelgemüse«, wissen wir durch die Aufzeichnungen von Leutnant Radtke. Spargel im Februar? Nun ja, es war Krieg, da nimmt man auch die Ernte des Vorjahrs.

Meine französischen Wanderfreunde und ich überlegen, ob wir dem Fort einen Besuch abstatten. Einerseits bestimmt interessant, andererseits wollen wir noch bis Fort de Vaux wandern, und dort können wir ebenfalls das Innere eines Forts besichtigen. Zweimal an einem Tag ein französisches Fort zu erleben – das haben die Deutschen 1916 nicht geschafft. Ganz im Gegenteil. Denn nach der Einnahme von Fort Douaumont verlangsamte sich der Vormarsch der deutschen Infanterie ganz gewaltig. Das hatte mehrere Gründe. Zum einen die Erschöpfung auf deutscher Seite, zum anderen vor allem die immer bessere französische Verteidigungslogistik. Es rollten Köpfe im militärischen Management der Franzosen, und schon bald wurden Massen an Menschen und Material an die Front von Verdun gekarrt. Für Deutsche wie für Franzosen war die Schlacht in den Wäldern an der Maas zu einem Prestigeprojekt geworden. Diese Schlacht galt als kriegsentscheidend, und das war sie im Endeffekt ja auch. Man muss sich angesichts der Schlacht von Verdun die deutsche Hybris vorstellen. Der Plan der Generalität war gewesen, innerhalb von neun Tagen bis zur Festungsstadt Verdun vorzustoßen, die als das eigentliche Problem gesehen wurde. Aber haben die mal auf die Landkarte geschaut und die acht vorgelagerten Forts allein auf dem östlichen Maasufer gesehen? Douaumont wurde vergleichsweise leicht und schnell eingenommen, Fort de Vaux folgte dreieinhalb Monate später. Und dort war dann Feierabend.

Wir gehen weiter Richtung Fort de Vaux, im Zeitgefühl des Ersten Weltkriegs in Siebenmeilenstiefeln. Wieder tiefes Geläuf. Aber was beschweren wir uns, wir gehen durch Matsch, Wasser, Erde, Lehm. Vor 99 Jahren war das anders, wie Olaf Jessen weiß: »›Körperteile von Armen, Beinen, Schädelteile, blutige Uniformstücke! Der Lehmboden mit faulenden Fleischfetzen durchmengt‹ – Theumes Stiefel werden noch im Herbst nach diesem ›Höllenbrei‹ stinken.« – »Über den Cotes lastet Verwesungsgestank. Weht der Wind aus ungünstiger Richtung, schlägt den Soldaten beim Anmarsch schon kilometerweit vor der Kampfzone ein süßlich-beißender Geruch entgegen. ›Es riecht unverkennbar nach – Verdun.‹ Tierkadaver, Leichen und Leichenteile, auf fast jedem Quadratmeter des Schlachtfelds verstreut, werden durch die Einschläge von Granaten immer wieder umgewühlt, zerteilt und verkleinert.«

Wir erreichen die Ravin de la Fausse Côte, die Schlucht der falschen Küste? Küste? Hä? Noch mal nachgeschlagen, was denn Côte genau heißt, müsste eigentlich Küste heißen, wegen Côte d'Azur und so. Es gibt weitere Bedeutungen von Côte: Rippenstück zum Beispiel. Klar, das Entrecôte ist ja das Fleischstück zwischen den Rippen. Aber Schlucht des falschen Rippenstücks? Denken die Franzosen wieder nur ans Schlemmen? Oder doch eher einfach die Bedeutung von »Seite«, die Schlucht der falschen Seite? Aber die Schlucht verläuft talwärts in südlicher Richtung, das ist doch eine

Traumlage! Überhaupt »Schlucht«, das ist keine Schlucht, durch die wir da laufen, allenfalls ein Schlüchtchen, ein dezenter Taleinschnitt. Vielleicht kann man sich darauf einigen, dass der Name der Schlucht komplett *fausse*, also »falsch« ist.

In der Falsche-Seite/Küste/Rippenstück-Schlucht treffen wir nach kurzer Zeit auf steinerne Zeugen des Ersten Weltkriegs: in die Erde verschanzte Gefechtsbatterien der Franzosen, ordentlich viele sind es. Am Ende der Schlucht schließlich der Étang de Vaux, der See von Vaux. Wir stehen am Mahnmal für einige französische Soldaten, die am 31. März hier fielen. Das Tempo des Vormarschs der Deutschen ist also schon deutlich gesunken. Für die knapp zwei Kilometer von Fort Douaumont zum See, die wir in einer guten halben Stunde gewandert sind, haben die deutschen Fußlatscher 34 Tage gebraucht. Da kann man selbst mit gutem Willen nicht mehr von einem Vormarsch sprechen. Noch extremer wird es in den Wochen und Monaten nach Erreichen des Étang de Vaux. Zwischen dem See und dem Fort de Vaux liegt eine Distanz von 1000 Metern. Für diese Entfernung haben die deutschen Truppen 96 Tage gebraucht, sie sind also am Tag im Schnitt um zehn Meter vorgerückt. zehn Meter am Tag! Das ist mehr Stillstand als Vorwärtsbewegung. Das ist Stellungskrieg der übelsten Sorte.

Wir wandern auf einem Spazierweg um den See herum. Einem Spazierweg? So ganz einfach ist das nicht, das Wandern auf den Schlachtfeldern von Verdun scheint eigenen Gesetzen zu gehorchen. Denn es gibt einen breiten Bach, den Rau de Vaux, der aus dem See abfließt, und wir müssen diesen Bach überqueren. Man würde damit rechnen, dass der Bach in einem Rohr unter dem Weg durchgeleitet wird. Oder dass eine Brücke über den Bach führt. Nichts dergleichen. Auf glitschigen Steinen versuchen wir, trockenen Fußes über den strömenden Rau de Vaux zu gelangen. Und es gelingt sogar. Auf der anderen Talseite, kurz vor dem Fort, ein kleines

Grab. Ein gewisser Henri Wächter ist dort am 3. Juni gestorben. Vorname französisch, Nachname deutsch, aber so, wie Josépha den Nachnamen ausspricht, ist kein Zweifel möglich: Das muss ein Franzose gewesen sein. Einige knallbunte künstliche Blumen zieren das Grab, die Blumenvase ist umgefallen. Armand stellt liebevoll Vase samt Blumen wieder auf und erweist so Henri Wächter eine letzte Ehre.

Einige Hundert Meter weiter sehen wir zwei große Holzpfähle, an denen offensichtlich einmal Wanderwegmarkierungen angebracht und später gewaltsam entfernt worden waren. Auf unserer offiziellen Wanderkarte des Institut Géographique National Nummer 3112ET sind zwar massenhaft Wanderwege eingetragen: z. B. der GR de Pays de Verdun, der Sentier d'Ornes, im Moment sollten wir eigentlich auf dem Rundweg 5, dem Sentier de Vaux, gehen. Aber es gibt einfach keine Markierungen auf den Schlachtfeldern von Verdun. Ich habe langsam den Eindruck, dass in diesem Gebiet generalstabsmäßig Wanderwege eliminiert und abgerüstet wurden. Der Grund ist wahrscheinlich, dass der Wanderer nicht versehentlich auf diese kleinen Granaten treten soll, die man auch nach fast 100 Jahren anscheinend überall im Wald finden kann. Man könnte das Wandern auf den Schlachtfeldern touristisch vermarkten, aber der Sicherheitsaspekt geht natürlich vor. Gerade zum 100-jährigen Jubiläum 2016 will man kein Risiko eingehen und Schlagzeilen von explodierten Wanderern vermeiden. Deshalb ist die Tour, die wir heute machen, nicht zur Nachahmung empfohlen.

Wir erreichen das Fort de Vaux. Auf einer historischen Luftaufnahme in der Ausstellung des Forts kann man sehen, wie es 1916 aussah: von permanentem Artilleriebeschuss unglaublich zerschossen, wie eine verkraterte Mondlandschaft. Heute, am 21. Februar 2015, ist Gras über die Einschusslöcher gewachsen. Man hat eher den optischen Eindruck eines gepflegten, hügeligen Golfplatzes.

Wir sind seit unserem Start am Grabmal von Oberst Driant an der D905 16,5 Kilometer gewandert. Das Fort de Vaux wurde am 7. Juni 1916 von den deutschen Truppen eingenommen, kurz hinter der Festung stoppte dann ihr Vormarsch. Nicht einmal 20 Kilometer Landgewinn in knapp vier Monaten, bezahlt mit Unmengen von Blut. Hindenburg verfügte am 2. September desselben Jahres: »Der Angriff auf Verdun ist einzustellen und die gewonnene Linie als Dauerstellung auszubauen.« Die Schlacht wurde also quasi verloren gegeben, an eine Einnahme der Festungsstadt war nicht mehr zu denken. Aber auch der Plan, die »gewonnene Linie« als »Dauerstellung« zu halten, musste scheitern. Zu demoralisiert die Truppe, zu frisch der Elan der angreifenden Franzosen. Die Deutschen werden bis Ende Oktober zurückgedrängt, am 24. Oktober ist Fort Douaumont laut Olaf Jessen »wieder fest in französischen Händen. Binnen weniger Stunden haben die Truppen Mangins ein Gelände besetzt, das deutsche Verbände unter schweren Verlusten erst nach Monaten erobern konnten.«

Ein paar Tage später, am 2. November, wird auch Fort de Vaux von den Deutschen geräumt. Und bevor sich das Schlachtjahr dem Ende zuneigt, gibt es am 15. Dezember einen weiteren französischen Angriff. Dann stehen die Franzosen fast wieder dort, wo sie am Morgen des 21. Februar gestanden haben. Auf lange Sicht hatten sie das größere Durchhaltevermögen und die bessere Strategie. »Der Franzmann«, staunt Leutnant Bauer, »scheint sehr viel Alkohol gestiftet zu bekommen, denn er winkt dauernd an allen Ecken und Enden mit Schnapsflaschen.« Im Gegensatz zu den Deutschen hatten die Franzosen ein nahezu perfektes Nachschub- und Versorgungssystem für die Region Verdun organisiert. Es waren kilometerlang Eisenbahnschienen verlegt worden, und für die Moral der Truppe und die ungezügelte Kampfbereitschaft ist reichlich Alkohol nicht das

Schlechteste! Vor allem wenn er, wie es das Zitat des jungen Leutnants belegt, auch zur Demoralisierung des Gegners beitrug.

Das entscheidende Plus der französischen Militärstrategie war jedoch, dass ihnen immer frische Truppen zur Verfügung standen. Die französische Generalität hatte ein Rotationssystem perfektioniert, in dem sämtliche Truppen immer wieder durch neue abgelöst und nach kurzer Zeit an anderen Frontabschnitten eingesetzt wurden. Nur so konnte man den zermürbenden Stellungskrieg physisch und psychisch durchstehen. Der Historiker Olaf Jessen hat ein äußerst empfehlenswertes Buch über die Schlacht von Verdun geschrieben, »Verdun 1916. Urschlacht des Jahrhunderts«, aus dem ich in diesem Kapitel eifrig zitiere. Wie in einer filmischen Parallelhandlung beschreibt er den Ablauf der Schlacht aus deutscher und französischer Sicht. Ein blutiger Thriller. Das Fazit von Olaf Jessen: »Nach dem Ausklingen der Schlacht, nach 300 Nächten und rund 150000 toten Soldaten des Kaisers hat sich die deutsche Front alles in allem höchstens vier Kilometer nach Süden bewegt – ein Tagesgewinn von durchschnittlich 13 Metern.«

Josépha ist am Ende ihrer Kräfte. »M'r gehn ìwer Stock un Stüd«, stöhnt sie auf Elsässisch. Die kleinen, gemeinen Anstiege und Bodenwellen haben Kraft gekostet, der tiefe, matschige Boden die letzten Energiereserven aus dem Körper gesogen. Armand sagt mir später, seine Frau wäre wohl nicht mitgegangen, wenn sie gewusst hätte, was auf sie zukommt. Als Armand und ich die Ausstellung im Fort de Vaux besichtigen wollen, zieht sie es vor, in meinem Auto, das wir am Fort de Vaux geparkt haben, ein Erholungsnickerchen zu machen. Mir fällt auf, dass über dem Fort de Vaux nur die französische Flagge weht, während am Fort Douaumont auch die deutsche und außerdem die europäische Fahne gehisst waren. Wahrscheinlich weht über dem Fort Douaumont die deutsche Flagge, weil diese Festung länger von den Deutschen besetzt war, das wird eben immer noch honoriert.

Am 21. Februar um 17 Uhr reichen sich der ehemalige Realschullehrer und der deutsche Wanderautor vor dem Fort de Vaux die Hände zu einer Geste der Völkerverständigung. Unweit, auf dem Soldatenfriedhof von Douaumont, haben 1984 die Herren Mitterrand und Kohl ebenfalls Händchen gehalten. Man hat sich oft lustig gemacht über dieses Bild: der massige Deutsche neben dem kleinen, bulligen Franzosen. Und dann halten die beiden Händchen, als ginge es zum Kindergartenausflug. Aber dieser Spott ist falsch: Kindergarten, ein böser, blutiger Kindergarten, das waren alle Kriege zwischen Deutschland und Frankreich. Echte Männer reichen sich die Hand zur Versöhnung. Kategorien wie »Erbfeind« sind ausgestorben, wir wandern lieber gemeinsam, anstatt gegeneinander zu marschieren.

Obwohl es mich ja doch ärgert, dass nur die französische Flagge über dem Fort de Vaux weht. Immerhin war es fünf Monate lang auch »unser« Fort gewesen.

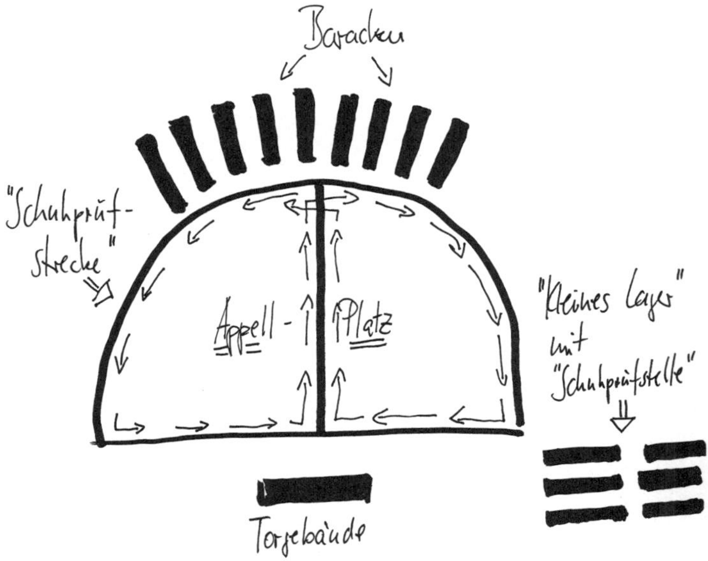

Baracken
"Schuhprüf-
strecke"
Appell-
Platz
"Kleines Lager"
mit
"Schuhprüfstelle"
Torgebäude

DIE »SCHUHPRÜFSTRECKE« IM KZ SACHSENHAUSEN

»Der Weg nach Sachsenhausen führte über Oranienburg. Die deutschen Bewohner starrten uns an oder drehten uns den Rücken zu, als wir an ihnen vorbeikamen. Ein paar Kinder bewarfen uns mit Steinen. Ich war erleichtert, als ich endlich den Eingang des Konzentrationslagers Sachsenhausen mit der Inschrift ›Arbeit macht frei‹ erreichte.« »Erleichterung« beim Erreichen eines Konzentrationslagers. Obwohl man weiß, was einen dort erwartet, denn Thomas Buergenthal, der hier der Nachwelt von seinen Erlebnissen erzählt, hatte, als er als Zehnjähriger in das KZ Sachsenhausen kam, bereits Auschwitz überlebt. So grauenhaft kann ein Fußmarsch durch das Deutschland Anfang 1945 gewesen sein.

Ich bin vor fünf Minuten am Bahnhof Oranienburg losgegangen, 25 Regionalexpress-Minuten nördlich vom Berliner Hauptbahnhof. Ich stehe fassungslos vor einer Erinnerungstafel und lese, was Thomas Buergenthal als Kind auf diesem Weg erleben und erleiden musste. Ich gehe den (wahrscheinlich) gleichen Weg wie der kleine Buergenthal, 1,8 Kilometer Fußmarsch vom Bahnhof Oranienburg zur Gedenkstätte Sachsenhausen. Gegenüber vom Bahnhof ein Postamt im historisierenden antiken Stil. Ein gewaltiger Portikus mit Giebeldach, den werden auch die Häftlinge vor über 70 Jahren gesehen haben. Aber sie hatten nicht die Möglichkeit, einen Brief aufzugeben und den Verwandten oder der Welt von ihrem Schicksal zu berichten. Vor dem Postamt fordert Die Linke auf einem Plakat »Nazis raus – aus den Köpfen« und zeigt einen Hinterkopf, in den die SS-Runen rasiert sind. Wenn doch nur Neonazis immer sooo einfach zu erkennen wären. Dann eine große Bäckerei, daneben ein dm-drogerie markt. Auf der linken Seite der Stralsunder Straße stehen Altbauten, im Erdgeschoss Fachgeschäfte: der Spieleladen Spielkultur und ein Geschäft für Whiskykultur. Im Schuhgeschäft Kittys hängt ein Schild, das schreit »Wir schließen! 40 % auf alles«. Bei meinem Gang durch Sachsenhausen wird sich ebenfalls alles um das Thema Schuhe drehen, um die »Schuhprüfstrecke«, die allerdings viel zu spät geschlossen wurde.

Auf der gegenüberliegenden Straßenseite, am Bahndamm, einige einstöckige Baracken. Ein weiteres Fachgeschäft: Waffen Wieland verkauft Waffen und stellt sie her – in der eigenen »Büchsenmacherwerkstatt«. Dieser Oranienburger Wieland ist ein Tausendsassa, denn nebenan betreibt er noch die »Wieland Fahrschule« und eine Sportbootschule. Das macht Sinn, denn auch schnelle Autos und Motorboote können Waffen sein. Dann das Vietnam-Bistro, multikulturelles Essen. Ich gehe rechts in die Bernauer Straße, auf der anderen Straßenseite eine italienische Schülergruppe, die dasselbe Ziel wie ich zu haben scheint. Im Oranienburg Grillhaus kann ich durch die schmierigen Scheiben wenig erkennen, auf jeden Fall keinen, der etwas vom Grill isst. Dafür jede Menge Bierflaschen vor aufgedunsenen Bäuchen und Gesichtern. Zu Recherchezwecken müsste ich dort eigentlich ein Bier trinken, mich umhören, welche Rolle die Gedenkstätte Sachsenhausen für die Gäste des Oranienburg Grillhauses spielt. Aber ich habe Angst vor den Blicken, vor den Gerüchen, vor den falschen Antworten. Ein Hort der Demokratie ist Oranienburg nicht. Anfang 2015 musste eine Stichwahl zum Landrat des Kreises Oberhavel für ungültig erklärt werden, da es nur eine Wahlbeteiligung von 20,7 Prozent gegeben hatte.

Ich gehe weiter die Bernauer Straße hinunter, an einem Seniorenwohnheim vorbei. Unter den Bewohnern von heute könnten die Kinder von 1945 leben, die damals mit Steinen warfen. Dahinter: »Hier ist Die Linke« – das Stadtteilbüro für den Bundestagsabgeordneten, die Landtagsabgeordnete und die Oranienburger Abgeordneten der Linken. Wechsel auf die andere Straßenseite. Im Sultan Grillhaus esse ich Blätterteigröllchen mit Schafskäse. Das hätte ich mal lieber gelassen. Vielleicht doch besser im Oranienburg Grillhaus speisen.

Beim Netto (der Netto in Ost- und Norddeutschland hat als Logo einen stilisierten Scottish Terrier, der eine Tasche trägt, nicht zu verwechseln mit dem Netto Marken-Discount mit rotem Schriftzug auf Gelb) biege ich nach links in die Straße der Einheit ab. Die hieß schon vor der Wende so. Das finde ich höchst erstaunlich. Aber: Diese Straße war 1961 im Gedenken an die Vereinigung von SPD und KPD im Jahr 1946 von Schützenstraße in Straße der Einheit umbenannt worden. Nach 1989 behielt sie ihren Namen, die neue Bedeutung war eingepreist. Es gab in der deutschen Geschichte eben viele »Einheiten«. Teilweise sehr schicke Stadtvillen stehen am Straßenrand. Schließlich gehe ich rechts in die Straße der Nationen. Kopfsteinpflaster, Platten auf dem Bürgersteig, kleine Einfamilienhäuser. In der Ferne erscheinen zwischen den Bäumen große Buchstaben auf grauen Betonplatten, die auf die Gedenkstätte Sachsenhausen hinweisen. Sachsenhausen ist ein Ortsteil von Oranienburg.

Berühmte Häftlinge waren im Konzentrationslager Sachsenhausen inhaftiert. Martin Niemöller zum Beispiel, der eigentlich nicht ohne seinen weiteren Vornamen – »Pfarrer« – vorstellbar ist. Pfarrer Martin Niemöller eben. Der Filmregisseur Bernhard Wicki, der in seinem Nachkriegs-Leinwandepos »Die Brücke« die Unmenschlichkeit des Naziregimes und des Krieges verarbeitet hat. Gerhard Löwenthal, der Berliner Jude, der im KZ einen Hass auf alle totalitären

Regime der Welt entwickelte, den er noch Jahrzehnte später in seiner Sendung »ZDF-Magazin« kultivierte. Jurek Becker, der nicht nur als Autor von »Jakob der Lügner«, sondern auch als Erfinder der Manfred-Krug-Serie »Liebling Kreuzberg« glänzte. Oder zum Beispiel Peter Suhrkamp, Gründer des nach ihm benannten Verlags. Alle vorgenannten Häftlinge des KZs waren Stützen des Geistes- und Kulturlebens der westdeutschen Nachkriegszeit.

Im Eingangsbereich der Gedenkstätte Sachsenhausen treffe ich Dr. Anne Sudrow, Historikerin am Zentrum für Zeithistorische Forschung in Potsdam. Anne Sudrow hat den begehrten Hedwig-Hintze-Preis für die beste historische Dissertation 2009/2010 bekommen. Ausgezeichnet wurde sie für das Buch »Der Schuh im Nationalsozialismus«. Als ich den Titel das erste Mal hörte, dachte ich: Muss das sein? Jetzt auch noch die Geschichte des Schuhwerks unter den Nazis. Als ich die ersten Kapitel gelesen hatte, war klar, ja, das muss sein, unbedingt sogar. Denn das Buch leistet nicht nur einen vorbildlichen Überblick über einen spannenden Abschnitt der deutschen Wirtschaftsgeschichte, vor allem berichtet Sudrow erstmals in dieser Eindrücklichkeit über ein perverses Folterinstrument im KZ Sachsenhausen: die »Schuhprüfstrecke«.

Seit Jahrtausenden gehört (gutes) Schuhwerk zu den Wanderungen der Menschheit. Schon der alte Ötzi hatte sich kunstvoll Felllappen um die Füße gewickelt, denn bereits in der Steinzeit wusste man: Füße warm, Doktor arm. Außerdem schützt Schuhwerk vor Verletzungen der Fußsohle. Schuhe sind einfach eine sinnvolle Erfindung. Die Sandalen der Römer sind ziemlich gut dokumentiert, und im Mittelalter hat man sich, so man es sich leisten konnte, vorzugsweise in Stiefeln und Schnabelschuhen fortbewegt. Alles in allem kann man sagen: Größere Strecken zu Fuß legt der Mensch gern mit Schuhen an den Füßen zurück. Ein Schuh war in allen Epochen der Weltgeschichte ein Kleidungsstück und ein Wirtschaftsfaktor. Bei den Nazis wurde der Schuh auch zum Folter- und Mordinstrument.

Anne Sudrow gibt mir auf dem Weg zum Eingangstor des ehemaligen Konzentrationslagers einen Schnellkurs über die Wirtschaftsgeschichte im Nationalsozialismus. Anders kann man die »Schuhprüfstrecke« nicht verstehen. Im Vordergrund stand bei den Nazis eine strikte Autarkiepolitik. Als ein Hauptgrund für den verlorenen Ersten Weltkrieg wurde die Seeblockadepolitik der Alliierten gesehen, die das Deutsche Reich vom beginnenden globalisierten Warenhandel abgeschnitten hat. Dringend benötigte Rohstoffe wie Gummi, Erdöl, Baumwolle, Metalle und Leder, aber auch Nahrungsmittel fanden nicht mehr den Weg nach Deutschland. Das machte sich bei der Zivilbevölkerung und ebenso an der Front bemerkbar. Denn, um es an einem einfachen Beispiel zu verdeutlichen: Wenn man nicht genug Metalle hat, um Waffen zu schmieden, fehlt im Gefecht bald der Nachschub. In der Logik der Nazis hieß das: Wenn wir uns von Importen unabhängig machen, können unsere »Feinde« uns auch nichts vorenthalten. So entwickelte man im Reichswirtschaftsministerium Vierjahrespläne.

Bereits Mitte der 1930er-Jahre wurden diese kriegsvorbereitenden Autarkiepläne umgesetzt, und es gab keine Lederimporte mehr. Nun hatte die Schuhbranche ein Problem, da heimisches Leder nicht im Geringsten den Bedarf decken konnte! Traditionell wurde ja der komplette Schuh aus Leder gefertigt: Obermaterial aus Leder, das ist heute noch oft so, und Sohle aus Leder, das ist heute sehr selten der Fall. Die Lösung: Die Sohle zumindest sollte nicht mehr aus Leder hergestellt werden. Es wurde herumexperimentiert, einige Schuhhersteller bevorzugten Schuhe mit einer sogenannten Lederfaserstoff-Laufsohle, andere setzten auf die Gummisohle. Der Endkunde hat dann im wahrsten Sinn des Wortes laufend Experimente durchgeführt. Toll waren diese Schuhe nicht, Beschwerden häuften sich: Es kamen Klagen, dass die Versorgung mit Arbeitsschuhen »unhaltbar« sei und Schuhe nach ein bis zwei Wochen nicht mehr »gebrauchsfähig« seien.

Um herauszufinden, welche Sohle am sinnvollsten die bewährte Ledersohle ersetzen könne, wurde die »Schuhprüfstrecke« im 1936 errichteten KZ Sachsenhausen vor den Toren Berlins geplant. Am 8. Mai 1940 heißt es in einem Bericht des Reichsamts für Wirtschaftsausbau in schlimmstem Bürokratendeutsch, dass in Oranienburg eine »demnächst ihrer Fertigstellung entgegensehende Gehbahn« gebaut werde.

Anne Sudrow und ich gehen durch das schmiedeeiserne Haupttor. Vor uns erstreckt sich eine weite, ebene Fläche, die ehemaligen Außenmauern des Lagers sind gut zu erkennen. Anne Sudrow erklärt: »Die Strecke beginnt direkt hier, am Appellplatz.« Jeden Morgen mussten alle Häftlinge des Lagers zum Appell antreten und durften erst wieder abtreten, wenn sie vollzählig erschienen waren. 1939 waren es 2500 Häftlinge, im Januar 1945, als der kleine Thomas Buergenthal nach Sachsenhausen kam, waren es 20000. Auf dem Appellplatz drehen wir uns noch einmal zum Haupttor um, durch das wir gekommen sind. Dieses Tor war mit SS-Leuten besetzt, die das gesamte Lager mit Maschinengewehrsalven bestreichen konnten. Vom halbkreisförmigen Appellplatz gingen strahlenförmig die Baracken ab. Heute sind nur noch deren Fundamente zu sehen. Um uns herum größere Schülergruppen aus Spanien, Italien, England. Komischerweise sehe bzw. höre ich keine deutschen Schüler. Außerdem macht es den Eindruck, als wären Frau Sudrow und ich die beiden einzigen Erwachsenen außer den italienischen, englischen und spanischen Lehrkräften. Gibt es eine Art Phobie der Erwachsenen, sich dem Grauen der Konzentrationslager zu stellen? Ich merke es an mir selbst; seit meinen eigenen Schultagen habe ich kein ehemaliges KZ mehr besucht, ich bin das erste Mal in Sachsenhausen. Man sollte sich auch im fortgeschrittenen Alter ein wenig Zeit nehmen, um sich der (eigenen) Vergangenheit zu stellen, finde ich.

Die »Schuhprüfstrecke«, von Häftlingen um den Appellplatz herum und vom Scheitelpunkt zum Haupttor des Lagers angelegt, wurde im Juni 1940 fertiggestellt. Sie hatte eine Länge von 700 Metern und war abschnittsweise mit sieben verschiedenen Straßenbelägen bewehrt: 58 Prozent der Strecke waren betoniert, zehn Prozent mit Schlacke bedeckt, zwölf Prozent bestanden aus Sand, acht Prozent aus Lehm, acht Prozent hatten einen Splitt- und Schotteruntergrund und vier Prozent waren gepflastert. Die Lehmwege wurden zusätzlich bei Trockenheit gewässert. Mit diesem Profil stellte die Strecke, wie sich der Vorarbeiter des Schuhläuferkommandos treffend ausdrückte, »einen Querschnitt durch sämtliche Straßen Europas« dar, die deutsche Soldaten und Zivilisten bei ihren Eroberungen neuen »Lebensraums« beschreiten sollten.

Wir gehen langsam los, noch immer sind teilweise die unterschiedlichen Beläge zu sehen. Die Sandgruben sind unter einer dünnen Schneedecke versteckt. Der Schlackenweg ist mit lavaähnlichen, porösen spitzen Steinen übersät, die man deutlich unter den Fußsohlen spürt. Auch den Lehmboden kann man ansatzweise entdecken. Anne Sudrow erklärt, dass die Strecke nicht mehr original erhalten sei, in der DDR-Zeit habe man eine Rekonstruktion an der ursprünglichen Stelle neu angelegt.

Während wir über die halbkreisrunde Laufstrecke schlendern und immer wieder stehen bleiben, erklärt mir Frau Sudrow den Tagesablauf auf der »Schuhprüfstrecke«. Am frühen Morgen öffneten die Häftlinge, die in der Schuhprüfstelle arbeiteten, die Türen der Schuhprüfbaracke und händigten den Schuhläufern die Schuhe aus. Hauptsächlich wurden zivile Straßenschuhe getestet. Die Gefangenen mussten ihre eigenen Schuhe abgeben und barfuß, mit Strümpfen oder Fußlappen die Testschuhe anziehen. Heutzutage hingegen bekommt man in jedem Schuhladen Probierstrümpfe, um Schuhe zu testen. Laut Frau Sudrow war in manchen Phasen das Vorenthalten der Strümpfe auch eine Folge der Autarkiemaßnahmen, es herrschte Textilknappheit.

Frau Sudrow beschreibt in ihrem Buch, dass dann die Häftlinge mit den Testschuhen zum Appellplatz gehen mussten. Es seien Kolonnen von zwölf mal fünf Männern gebildet worden, die um Punkt sechs Uhr einen Marsch in militärischer Formation antraten. Von zwölf bis 13 Uhr gab es eine Mittagspause, danach wurde bis 17 Uhr wieder marschiert. Die ersten beiden Runden mussten im Laufschritt absolviert werden, danach wurde im Marschtempo weitergegangen. Als zusätzliche Schikane mussten während des Marschierens deutsche Lieder gesungen werden. Im Laufe des Tages wurden die Häftlinge von der SS verprügelt und schikaniert, obwohl sie jeden Tag bis zu 48 Kilometer marschieren mussten.

Bei 48 Kilometern und 700 Meter Strecke mussten die Häftlinge also knapp 70-mal im Kreis gehen. Jeden Tag. Sieben Tage die Woche. 365 Tage im Jahr. Aber ein komplettes Jahr schafften nur wenige, viele starben vorher. Wegen der schlechten körperlichen Verfassung der meisten Häftlinge, weil es ständig Unterbrechungen beim Marsch gab – oft fiel jemand hin, über den man steigen musste –, weil die Häftlinge auf den Abschnitten, die künstlich unter Wasser gesetzt wurden, um Matsch zu simulieren, langsam vorankamen, weil die Schuhe Löcher hatten, weil viele Blasen und andere Wunden an den Füßen hatten: Aus all diesen Gründen ist es unglaublich, dass diese geschundenen Menschen überhaupt jeden Tag 48 Kilometer gegangen sind.

Wir sind die erste (Halb-)Runde gegangen und wieder am Haupttor angekommen. Subjektiv waren das allerdings weniger als 700 Meter. Frau Sudrow erklärt, dass die Häftlinge immerzu Achten gehen mussten, erst die eine Hälfte des Halbkreises im Uhrzeigersinn, einen Viertelkreis also, dann den anderen Viertelkreis gegen den Uhrzeigersinn. Die Strecke vom Scheitelpunkt des Halbkreises zum Haupttor wurde also doppelt gegangen, sodass man auf die 700 Meter kommt. Die »Abwechslung«, einmal mit und einmal gegen den Uhrzeigersinn gehen zu »dürfen«, relativiert sich sehr stark, wenn man sich vorstellt, diese Acht 70-mal jeden Tag gehen zu müssen.

Wir bleiben in der südöstlichen Ecke des Halbkreises stehen und gehen einige Meter in Richtung Lagermauer. »Im sogenannten Kleinen Lager befand sich die Schuhprüfstelle«, erklärt Anne Sudrow. Bei der Ankunft wurden die Häftlinge nach ihren Berufen befragt und dementsprechend zu Arbeitsdiensten eingeteilt. Die 20 Häftlinge in der Schuhprüfstelle flickten, kontrollierten und dokumentierten die Schuhe der Läufer. Wer in der Prüfstelle arbeitete, war in gewisser Weise privilegiert, musste nicht jeden Tag als einer der 120 Häftlinge auf der »Schuhprüfstrecke« marschieren. Der Leiter der Prüfstelle war Schuhmachermeister und der einzige Nicht-Häftling im System der Schuhprüfung in Sachsenhausen. Es gab in der Geschichte der »Schuhprüfstrecke« zwei Leiter. Der zweite, Ernst Brennscheidt, war ein ausgesprochener Sadist, dazu später mehr.

Wir gehen weiter, erreichen wieder die »Schuhprüfstrecke« und setzen unseren Weg auf den unterschiedlichen Belägen fort. Es gibt nur wenige erhaltene Originalfotos, die die Schuhläufer zeigen. Ein Bild zeigt die Häftlinge in Fünferreihen vor Baracken, der Boden ist schneebedeckt. Das kommt dem saukalten Ende-Januar-Wetter nahe, bei dem Frau Sudrow und ich die Strecke laufen. Irgendwie KZ-Wetter, denn schönster Sonnenschein und die Unmenschlichkeit der Nazis, das will nicht so recht zusammenpassen. Gesteigert wurde diese Unmenschlichkeit dadurch, dass die »Schuhprüfstrecke« ein Strafkommando war, das für unterschiedliche Vergehen einen unterschiedlich langen Aufenthalt bei den Schuhläufern vorsah:

- unwahre Behauptungen über SS-Ärzte = 1 Monat
- Arbeitsverweigerung, Diebstahl einer Flasche Cognac = 2 Monate
- wiederholter Kameradendiebstahl = 6 Monate
- Verdacht auf homosexuelle Handlungen heterosexueller Männer im Außenlager = 1 Jahr

Homosexuelle wurden sofort bei Zugang ins Konzentrationslager »unbegrenzt/dauernd/bis auf Weiteres« den Schuhläufern zugeteilt. Dabei ist zu bedenken, dass diese Höchststrafe quasi einem Todesurteil gleichkam, denn mehr als einige Monate Quälerei auf der »Schuhprüfstrecke« überlebten die wenigsten. Auffällig ist, dass die höchsten Strafen für homosexuelle »Vergehen« verhängt wurden. Das lässt auf eine gewisse Fixiertheit der SS auf dieses Thema schließen. Wenn jemand doch aus der Strafkompanie entlassen wurde, zusammenbrach oder starb, wurden – um wieder auf die Zahl von 120 Schuhläufern zu kommen – »normale« Häftlinge, die also nicht straffällig geworden waren, für einige Tage und Wochen zur »Schuhprüfstrecke« abkommandiert. Diese »normalen« Häftlinge waren es auch, die meistens überlebten und nach dem Krieg von dem grausamen Alltag auf der »Schuhprüfstrecke« erzählen konnten.

Wir wandern unsere zweite Acht ab und sind jetzt eine halbe Stunde im Konzentrationslager im Kreis gegangen. Sehr oft bleiben wir allerdings stehen, wenn mir Anne Sudrow etwas erklärt. Theoretisch hätte ich einen Tag auf der »Schuhprüfstrecke« wie ein Häftling verbringen können, von sechs bis 17 Uhr mit einer Stunde Mittagspause. Immer wieder die

Acht gehen. Auch Frau Sudrow hat das schon überlegt. Aber wie aussagekräftig wäre so ein Selbstexperiment? Ich fände es ziemlich anmaßend und würde mich nicht wohl dabei fühlen. Denn wir sind wohlgenährt, haben gute Schuhe, die nicht drücken, haben Strümpfe, werden nicht von SS-Leuten bewacht, die ihren Sadismus an uns auslassen, und wir würden außerdem nur einen Tag gehen, könnten uns also am nächsten Tag ausruhen. Das würde der historischen Realität nicht im Mindesten gerecht.

Die eigentliche Quälerei auf der »Schuhprüfstrecke« war nicht das tägliche Zu-Fuß-Gehen. Eine zusätzliche Folter war es, dass die Schuhe entweder wahllos oder absichtlich zu klein zugewiesen wurden, Beschwerden wurden hart bestraft. Der Häftling Ryszard Adamski erinnert sich: »Ich entsinne mich daran, wie Bugdalle (ein berüchtigter SS-Mann) – als ein Häftling die Schuhe nicht anziehen konnte, weil sie ihm zu klein waren – ihn zuerst furchtbar schlug und ihn zwang, den Schuh mit Gewalt anzuziehen. Und als die Schuhe in den Nähten platzten, schlug er den Häftling dermaßen, bis er ihn totgeschlagen hatte.« Anne Sudrow konstatiert: »Man muss deutlich sagen, dass der Umgang mit den Häftlingen über die Jahre brutaler geworden ist.« Das ist wieder so ein Moment, in dem wir stehen bleiben. Das normale Wandern ist bekanntlich bestens dazu geeignet, sich zu unterhalten. Doch wenn sadistische Ungeheuerlichkeiten der Nazis das Thema sind, dann versagen die Füße den Dienst, die Leichtigkeit des Gehens ist dahin.

Anne Sudrow beschreibt in ihrem Buch unzählige Beispiele bestialischer Grausamkeit auf der »Schuhprüfstrecke«: So mussten Häftlinge, die zusätzlich bestraft werden sollten, noch einen 15 Kilogramm schweren Sandsack schleppen. Als spezielle Demütigung empfanden es vermutlich viele Häftlinge, in Frauenschuhen marschieren zu müssen. Zudem pflegte der letzte Leiter der »Schuhprüfstrecke«, Ernst Brennscheidt, seinen Schäferhund auf die Häftlinge zu hetzen, und prügelte sie mit einem Kabelstück oder den bloßen Fäusten. Wer nicht mehr weitergehen konnte und hinfiel, bekam einen Genickschuss.

Einer der wenigen, die überlebt haben, ist Peter Josef Snep, den Frau Sudrow für ihr Buch interviewt hat. In einem YouTube-Video kann man ihm zusehen und vor allem zuhören, wie er in seinem sympathischen deutsch-holländischen Idiom von der Zeit auf der »Schuhprüfstrecke« erzählt: »Wir haben alles getragen, Schuhe, Sandalen, Stiefel. – Da gingen immer zwei Häftlinge mit einem Holzwagen mit, und wenn einer umfiel, bekam der einen Genickschuss und wurde auf den Holzwagen geworfen, und wenn dann ein paar in dem Holzwagen lagen, kamen die ins Krematorium. – Weil ich Sportler war und mein Vater immer sehr aktiver Wanderer war, ist er, obwohl schon 60 Jahre alt, lebend dort herausgekommen.« In Holland ist »wandelen« Volkssport, das ist doch immerhin etwas Schönes, dass Wandern Leben retten kann, weil man fit genug ist.

Wenn ich diese ganzen Grausamkeiten höre und lese, fühle ich mich sehr einsam und verloren. Die weite Fläche der Gedenkstätte gibt dem Auge kaum Halt, das verstärkt dieses hilflose Gefühl. Wenn ich höre, zu welch bestialischen Unmenschlichkeiten die SS-Männer und der Lagerleiter fähig waren, dann frage ich mich, zu welchen Taten vielleicht meine eigenen Vorfahren fähig gewesen sein mögen. Waren sie »nur« Schreibtischtäter, die in der Etappe ihren Dienst verrichteten? Mein Großvater Eduard Andrack war bis zum Kriegsende überzeugter Nazi. In der SS war er meines Wissens nicht, aber in der Wehrmacht. Zuerst in Frankreich, dann in der Ukraine. Es gibt alte Schmalfilme, die ihn im Kreis seiner »Kameraden« in Frankreich zeigen. Mein Opa hat laut meinem Vater nie etwas aus der Kriegszeit erzählt, nie, alles totgeschwiegen, wie so viele. Vor Jahren habe ich mir seine Tagebücher aus den Kriegsjahren angeschaut. Die meisten Einträge sind knapp: »Marschieren«,

»Schwein abgestochen«, »Iwan kommt«. Was hat er gesehen, bei welchen Verbrechen hat er mitgewirkt? Ich werde es vermutlich nie erfahren, ein mehr als ungutes Gefühl bleibt.

Schuhe spielen eine besondere Rolle im Leben von Anne Sudrow. Denn vor ihrem Geschichtsstudium hat sie in England eine Ausbildung als Schuhmacherin absolviert. Frau Sudrow war also vom Fach, als sie bei ihrem ersten Besuch im KZ Sachsenhausen am Anfang ihres Studiums auf die »Schuhprüfstrecke« gestoßen ist oder, wie sie es ausdrückt, darüber »gestolpert« ist. Da es erstaunlicherweise keinerlei Informationen über diese Strecke gab, hat sie sich in die Arbeit gestürzt, die Wahrheit über diese Strecke ans Licht zu bringen. Dabei ist sie auch der Frage nachgegangen, ob diese Versuche der deutschen Schuhindustrie überhaupt etwas gebracht haben. Und was genau die Vertreter der Schuhindustrie, die von den Humanversuchen im KZ profitierten, über die unmenschlichen Testbedingungen wussten. Es gibt einen deutschen Lederforscher Anfang der 1940er-Jahre, und dieser Herr Herfeld wollte, dass man die Ergebnisse der Schuhtests »in getrennter Befragung der Versuchspersonen« ermitteln sollte, damit sich die Häftlinge nicht gegenseitig beeinflussten. Das entsprach natürlich nicht im Entferntesten der Realität, in der die Häftlinge auf der »Schuhprüfstrecke« gefoltert und ermordet wurden. Die Häftlinge wurden nicht als Menschen gesehen, sondern als »Schuhläufer«, nur auf ihre Füße reduziert. Die Häftlinge waren »menschliche Prüfinstrumente«, wie es Anne Sudrow treffend formuliert.

Wir gehen unsere dritte Acht. Nur noch wenige Schülergruppen laufen verstreut auf dem ehemaligen Appellplatz des KZs Sachsenhausen umher. Sudrow resümiert: »Man muss schon sagen, dass man mit der ›Schuhprüfstrecke‹ Testergebnisse erzielte, die rein quantitativ gesehen Vergleichswerte erbracht haben. Das war keine Pseudowissenschaft, das waren ernsthafte wissenschaftliche Versuche, die aber die

Ambivalenz der modernen Wissenschaftsgeschichte zeigen: Wissenschaftler überschreiten alle ethischen Grenzen, wenn man sie lässt.«

Ein Resultat der Testergebnisse war unter anderem, dass die anfängliche Rivalität der Lederfaserstoff-Laufsohle und der Gummisohle zugunsten der Gummisohle entschieden wurde. Diese bahnbrechende Schuhinnovation sollte nach dem Plan der Lederindustrie »nach einem siegreich beendeten Krieg« – davon ging man 1943 noch aus – eine europaweite Vermarktung nach sich ziehen. »Die Volkswirtschaften«, schreibt Frau Sudrow, »der unterworfenen Gebiete sollten ihre eigenen Lederrohstoffe an Deutschland liefern und stattdessen ihren Lederbedarf durch Ersatzstoff-Erzeugnisse der deutschen Industrie decken.« Daraus wurde ja Gott sei Dank nichts. Aber nun kommt der Knackpunkt an der Geschichte. Die in Sachsenhausen getestete Gummisohle trat zwar keinen europaweiten Siegeszug an, aber die Erfahrungen auf der »Schuhprüfstrecke« gingen in das Fachwissen der deutschen Schuhindustrie ein – auch nach dem Krieg.

In Sachsenhausen gab es weitere ekelhafte Menschenversuche: Kinder wurden mit Hepatitis B infiziert, um die Auswirkungen auf die Leber zu studieren. Außerdem wurden in einer Art Test-Gaskammer für 60 Personen neue Vergasungstechniken erprobt. Dass es diese (medizinischen) Menschenversuche in den Konzentrationslagern gab, war mir bekannt, Stichwort Mengele. Dass aber auch Schuhwerk getestet wurde, hatte ich, bis ich »Der Schuh im Nationalsozialismus« las, nicht gewusst.

Und bei diesen Versuchen blieb es nicht: »Hier auf der ›Schuhprüfstrecke‹«, erzählt Anne Sudrow, während wir eine weitere Runde gehen, »wurden nicht nur Schuhe, sondern auch Kleidungsstücke getestet. Bei diesen Tests ging es ebenfalls darum, wegen der Autarkiebestrebungen Ersatzmaterialien zu finden. Beispielsweise wurde Zellwolle als Baumwollersatz für Oberhemden getestet. In einzelnen Versuchsreihen trugen die Häftlinge das neue Erzeugnis am Leib, und es wurden die Haltbarkeit sowie die Verschleißerscheinungen der Materialien getestet. Welche Firmen daran beteiligt waren, ist noch gar nicht erforscht.«

Die Häftlinge waren außerdem Medikamentenversuchen ausgesetzt: »Ein Arzneimittel der Firma Temmler-Werke in Berlin, das synthetisch erzeugte Metamphetamin mit dem Markennamen Pervitin, das der Leistungssteigerung diente, wurde auf Initiative des Lagerarztes von Sachsenhausen im Oktober 1944 ebenfalls an Häftlingen des Schuhläuferkommandos erprobt.« Die Schuhläufer-Häftlinge von Sachsenhausen waren also multiple Versuchskaninchen.

Erstaunlich ist, dass der Zweck der »Schuhprüfstrecke« den anderen Häftlingen des Konzentrationslagers gar nicht klar war. Die meisten Häftlinge glaubten – das kann man den Befragungen nach der Befreiung entnehmen –, die »Schuhprüfer« würden Wehrmachtsstiefel weich laufen, damit die Soldaten keine Blasen bekämen. Das bedeutet im Umkehrschluss, dass die Schuhläufer-Häftlinge vom restlichen Lager ziemlich abgeschnitten waren, sodass sie anderen Häftlingen von ihrer »Tätigkeit« nicht berichten konnten. Dass es bei der »Schuhprüfstrecke« ausschließlich um Stiefel für die Wehrmacht gegangen sei und nicht um Testreihen für zivile Schuhe, ist ein beliebter Topos der beteiligten Schuhfirmen nach dem Krieg gewesen, um die verbrecherischen Auswirkungen ihrer Verstrickung zu verschleiern. Frau Sudrow erklärt mir: »In einer sehr kleinen Versuchsreihe, die im Rahmen der fünfjährigen Geschichte der ›Schuhprüfstrecke‹ kaum eine Rolle gespielt hat, wurden auch Stiefel für die Wehrmacht getestet.«

Wir gehen und schweigen. Die unmenschlichen Aktivitäten der Nazis auf der »Schuhprüfstrecke« muss man erst einmal sacken lassen. Ich versuche, mich in die perverse Logik der SS-Leute im Konzentrationslager hineinzuversetzen, aber es gelingt mir nicht. Man hat diese »Schuhprüfstrecke« eingerichtet, Menschenversuche sollen Ergebnisse für die zivile Schuhproduktion liefern. So weit, so schlecht. Aber wie passen die sadistischen Quälereien, die Genickschüsse, die Morde an den Schuhläufern dazu? Im Prinzip haben die SS-Leute und der Leiter der »Schuhprüfstrecke« damit den Erfolg des »Projekts« gefährdet. Ich kann es nicht verstehen. Ich frage Anne Sudrow, was sie dazu meint. »Es gab verschiedene, sich widersprechende Rationalitäten: die Rationalität der Schuhfirmen, die Rationalität der SS und die Rationalität derer, die dort liefen. Je nach Situation setzte sich eine dieser Rationalitäten durch.« Zumindest gibt es Anzeichen, dass die SS-Leute wussten, dass ihre »Rationalität« nicht der Norm entsprach, dass sie wussten, dass sie Verbrecher waren. Denn wieso hätten sie sonst beim Anrücken der Alliierten auf Sachsenhausen die meisten Unterlagen aus dem Konzentrationslager vernichten sollen? Man kann zum Beispiel nicht mehr nachvollziehen, wie viele Tote es in Sachsenhausen im Zeitraum von 1936 bis 1945 gegeben hat. »Da gab es bestimmt ein Unrechtsbewusstsein«, meint Frau Sudrow, »weniger allerdings ein Schuldbewusstsein.« Aber wenn man täglich weiß, dass man unrecht tut, wie kann man damit leben?

Dann rückten die Russen näher, und den Häftlingen – allen, nicht nur den Schuhläufern – stand ein mörderischer Fußmarsch bevor. Der Todesmarsch. Entkräftet und unterkühlt mussten die Häftlinge von Sachsenhausen 120 Kilometer Richtung Nordwesten marschieren. Wer umfiel, wurde erschossen oder liegen gelassen. Tausende kamen auf diese Weise um, Marschieren als Mordinstrument. Unglaublich, dass doch einige dieses Martyrium überlebt haben.

Anne Sudrow hat sich bei der Recherche für ihr Buch mit ehemaligen Schuhläufern getroffen. Dafür ist sie nach Holland gefahren, sogar nach Israel. Denn viele ehemalige Häftlinge sind verständlicherweise derart traumatisiert, dass sie nie mehr einen Fuß auf deutschen Boden setzen wollen. Unglaublich ist die Geschichte von Emil Farkas. Nach der Befreiung emigrierte er nach Israel und widmete sich dem Leistungssport. Bei den Maccabi Games, das sind sozusagen die jüdischen Olympischen Spiele, gewann er für Israel als Turner mehrere Medaillen. Das ist echt der Hammer: Seine Fitness ermöglichte es Farkas, Sachsenhausen zu überleben. Und seine Sportlichkeit ermöglichte es ihm vielleicht, seine traumatischen Erfahrungen zu verarbeiten.

Aber was ist mit den Tätern, haben sie ihre gerechte Strafe bekommen? Davon kann nicht die Rede sein. Zwei der mehreren Hundert SS-Männer von Sachsenhausen wurden in einem Kölner Prozess 1959 verurteilt. Die Strafen: lebenslänglich plus 15 Jahre Zuchthaus. Viele der Aussagen von KZ-Häftlingen über das Leben mit der »Schuhprüfstrecke« sind im Verlauf des Kölner Prozesses zwar aktenkundig geworden, aber – bis zu Sudrows Buch – in Vergessenheit geraten. Waren die zwei Verurteilten etwa die beiden Einzigen, die Verbrechen in Sachsenhausen begangen haben? Das ist doch absurd, und man fragt sich, was mit all den anderen SS-Männern geschehen ist. Und warum fand jener Sachsenhausen-Prozess erst 1958 statt? Reichlich spät, finde ich.

Der zweite Leiter der »Schuhprüfstrecke«, der sadistische Ernst Brennscheidt, wurde immerhin wesentlich früher verurteilt: im sowjetischen Sachsenhausen-Prozess von 1947. Das Urteil: 15 Jahre Zwangsarbeit in russischen Lagern. Nach der Hälfte der Zeit wurde er vorzeitig begnadigt und durfte nach Deutschland zurückkehren. Danach eröffnete er ein Schuhgeschäft in Erkrath bei Düsseldorf, er konnte nicht von den Schuhen lassen. 1972 gab es ein weiteres Ermittlungsverfahren gegen Brennscheidt wegen seiner Verbrechen in Sachsenhausen. Er sollte noch einmal verhört werden, galt aber als bettlägerig, dadurch verhandlungsunfähig. Ein Polizist befragte Brennscheidt und gab später zu Protokoll, zumindest die beiden Hände des Schuhverkäufers seien gesund gewesen. Dabei hatte Brennscheidt einen Armstummel, es hat also wahrscheinlich ein Doppelgänger in seinem Bett gelegen. Das blieb alles unaufgedeckt. Man weiß auch nicht, wann Ernst Brennscheidt gestorben ist, unfassbar! Der Fall Brennscheidt ist eigentlich eine eigene Kriminalgeschichte mit einer nicht allzu rühmlichen Rolle der westdeutschen Justiz.

Ich habe mittlerweile aufgehört zu zählen, das wievielte Mal wir im Kreis gehen. Seit anderthalb Stunden sind wir erst unterwegs, aber schon das reicht, um in einen monotonen Laufrhythmus zu geraten. Wir kommen jetzt zu einem heiklen Thema. Denn es gab nicht nur die Täter vor Ort, sondern auch die Schuhindustrie, die wusste, dass Menschenversuche für ihre Zwecke in Sachsenhausen durchgeführt wurden.

Ein weiterer Skandal ist, dass es nach dem Krieg keine Auseinandersetzung der beteiligten Schuhfirmen über ihre Verstrickung mit der »Schuhprüfstrecke« gab. Vielmehr wurde so getan, als habe man mit dem, was in Sachsenhausen geschah, überhaupt nichts zu tun gehabt. Doch die zivile Schuhproduktion in Deutschland hat nicht nur in der Nazi-, sondern auch in der Nachkriegszeit bis in die 1970er-Jahre hinein von den Ergebnissen profitiert. Erkenntnisse der »Schuhprüfstrecke« flossen (natürlich ohne dies kenntlich zu machen) in Lehrwerke der Schuhmacherausbildung ein. »In den 40er- und den 50er-Jahren«, so Sudrow, »gab es zum Teil einen Wettbewerbsvorteil gegenüber anderen Ländern, die an ähnlichen Materialien geforscht haben.« Ein Wettbewerbsvorteil, erkauft mit dem unendlichen Leid der Häftlinge auf der »Schuhprüfstrecke«.

Es sind nicht nur Hersteller beteiligt an dem düstersten Kapitel des deutschen Schuhgewerbes, sondern auch Firmen wie Continental und BASF, die Werkstoffe für Schuhe lieferten. Die Firmen Bayer, Schwarzkopf und Uhu haben Klebstoffe für Schuhe in Sachsenhausen testen lassen. Und die Liste der beteiligten Schuhfirmen ist lang. Die bekanntesten sind Freudenberg, Rieker, Bata und Salamander. Jede Firma geht anders mit den dunklen Kapiteln ihrer Geschichte um. Die Familie Freudenberg zeigt große Bemühungen, ehemalige Schuhläufer zu kontaktieren und diesen Teil der Unternehmensgeschichte aufzuarbeiten. Ganz anders zum Beispiel Salamander. Eine Beteiligung oder Mitschuld an dem Leiden der Häftlinge auf der »Schuhprüfstrecke« sieht man dort nicht. Die Begründung laut einem Artikel der *ZEIT*: »Man habe keine Informationen mehr über die Materialtests (…). Außerdem habe die Schuhsparte des Unternehmens seit 1945 dreimal den Inhaber gewechselt.« Mir ist dieses Verhalten unverständlich: Man will zwar mit der Vergangenheit nichts zu tun haben, die Marke macht man sich aber dennoch zunutze. Daher muss ich einem alten Freund Lebewohl sagen, einem Freund, mit dem ich in meiner kleinkindlichen Fantasie unzählige Abenteuer erlebt habe: Lurchi, der tapfere Salamander. In den späten 60er-Jahren habe ich die Heftchen mit seinen Abenteuern verschlungen, ich habe bei den zahlreichen Wanderungen mit meinen Eltern Kinderschuhe von Salamander getragen. Ich könnte mit Gummisohlen und Klebstoffen gewandert sein, die auf der »Schuhprüfstrecke« im Konzentrationslager Sachsenhausen getestet worden waren. An den Schuhen von Lurchi könnte Blut kleben. Das kann ich Lurchi nicht verzeihen.

Ich gehe mit Anne Sudrow wieder durch das Haupttor des Lagers, zurück zum Besucherzentrum der Gedenkstätte. Frau Sudrow hat sich in ihrer täglichen Forschungsarbeit anderen historischen Themen zugewandt, Themen fernab der Nazizeit und Sachsenhausens. Gleich werde ich mir noch die Dauerausstellung im Besucherzentrum anschauen und mich dann auf den Rückweg zum Bahnhof Oranienburg machen. Frau Sudrow hingegen wird die Zeit nutzen, im Archiv der Gedenkstätten nach weiteren Spuren der »Schuhprüfstrecke« zu suchen. Das macht sie immer so, wenn sie in Sachsenhausen ist, denn: »Es ist erschreckend, dass man immer noch so wenig weiß, nach all dieser Zeit.« Ich verabschiede mich und frage die Historikerin, ob es einen Gewöhnungseffekt an die Leiden der Schuhläufer gebe, stumpft man da mit der Zeit ab? Anne Sudrow ist ehrlich: »Man gewöhnt sich nicht an die Grausamkeiten der Nazis, im Gegenteil, mir geht es immer näher, je mehr ich mich damit beschäftige.«

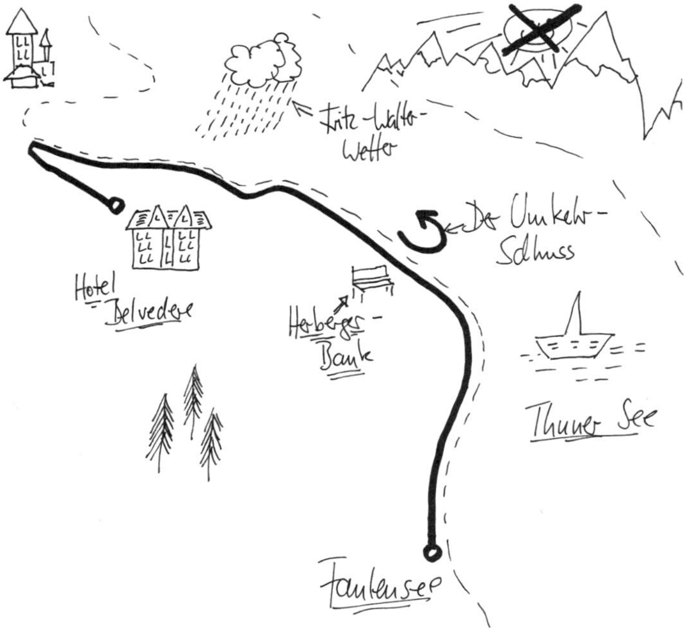

Fritz-Walter-Wetter
Der Umkehr-Schuss
Hotel Belvedere
Herberger-Bank
Thuner See
Faulensee

1954

WELTMEISTERLICHE SPAZIERGÄNGE IN SPIEZ

»Aus dem Hintergrund müsste Rahn schießen – Rahn schießt! – Tooooor! Tooooor! Tooooor! Tooooor! – Aus, aus, aus – aus! – Das Spiel ist aus – Deutschland ist Weltmeister!« Diese Sätze sind ein Mythos, genau wie der WM-Titel der deutschen Nationalmannschaft 1954. Wer als Fußballfan diese Sätze hört, denkt, schreibt, liest, der bekommt eine Gänsehaut, selbst wenn er in den 1950er-Jahren noch gar nicht geboren war. Die wenigsten wissen, dass ohne die legendären Spaziergänge auf dem Spiezer Strandweg der WM-Titel nicht möglich gewesen wäre. Der Sportjournalist Jürgen Leinemann resümiert: »Herberger befahl nicht nur, er erklärte auch. Auf langen Spaziergängen trimmte er jedem Einzelnen seine Aufgabe ein. Das gehörte auch zum Geist von Spiez.«

Die Grundlagen der körperlichen Fitness hatte der Bundestrainer Sepp Herberger schon im Trainingslager in Grünwald bei München gelegt. Während der WM kam es ihm darauf an, den Mannschaftsgeist zu stärken und in Gesprächen unter vier Augen psychologisch die Stärken der einzelnen Spieler herauszuarbeiten – eine Methode, die seither Trainer wie Otto Rehhagel und Christoph Daum immer wieder erfolgreich angewandt haben, ob in Teamsitzungen oder, wie Herberger, in Einzelgesprächen. 1954 wurde das komplette psychologische Coaching auf Spaziergängen am Thuner See erledigt: »Auf einem der vielen Spaziergänge darauf angesprochen, klagte der Hamburger (Jupp Posipal) Herberger sein Leid.« Ganz klar, im Gehen plaudert es sich leichter, Posipal laborierte an einer Verletzung, die ihn zwar nicht am

Spazierengehen hinderte, eigentlich auch nicht am Fußballspielen, aber psychosomatisch schmerzte.

Im Kultfilm »Das Wunder von Bern« gibt es eine Szene, in der Herberger mit Fritz Walter – beide in modisch blauen Trainingsanzügen mit unfassbaren Schlabber-Schlaghosen – am Thuner See spazieren gehen. »Ich weiß einfach nicht, wen ich auf Rechtsaußen stellen soll«, hadert Herberger mit sich selbst, »Sie sind der Spielführer, Fritz, was denken Sie?« Der Fritz denkt und sagt: »Ich denke, der Boss wird Sie nicht enttäuschen.« Nicht gerade ein Augenzeugenprotokoll, nur eine Filmszene, aber ganz klar: Die wichtigen Entscheidungen für das Finale wurden beim Gehen getroffen. Wie es so schön heißt: »Grau ist alle Theorie – entscheidend is auf'm Platz.« Aber eben auch auf'm Spaziergang.

»Wir fuhren Tretboot, fingen Forellen aus einem Becken mit der Hand oder spielten Tischtennis«, berichtet der 1954er Nationalspieler Horst Eckel über die Freizeitmöglichkeiten in Spiez. Und man hat sich unter der Hand Spitzenwitze erzählt, wie man aus Fritz Walters WM-Buch erfährt: »Wisst ihr, wie das Reh mit Vornamen heißt?« – »Ne.« – »Kartoffelpü…« – einfach ein famoser Schenkelklopfer! Die Spaziergänge mit Sepp Herberger hingegen gehörten zum Pflichtprogramm, sie waren Teil des Teambuildings, aber nicht pure Freude für die Spieler. Heute geht's zum Teambuilding zum Rafting, Mountainbiking, Klettern im Hochseilgarten. Nachteil der neumodischen Aktivitäten: Man kann nicht so gut dabei reden.

Der Mensch ist von Natur aus faul, Fußballer auch, warum soll man sich anstrengen, wenn es nicht sein muss? Vor dem ersten WM-Spiel gegen die Türkei wird eine Art Parole vor der Fahrt mit dem Bus von Spiez nach Bern ausgegeben: »›Singen oder Laufen!‹ heißt es beim Einsteigen, und ich kann versichern, daß niemand gelaufen ist«, erzählt Fritz Walter in seinen Memoiren. Natürlich nicht, denn viel lieber haben die

Jungs während der Fahrt Lieder geschmettert, wie Max Morlock verrät. Die deutschen Spieler wollten lieber Marschlieder aus der guten alten Zeit singen, als die 30 Kilometer nach Bern zu marschieren, ganz klar. Welche Lieder gesungen wurden, hätte ich gern erfahren. »Es ist so schön, Soldat zu sein« oder ähnlich harmlose Liedchen?

Die späteren WM-Helden von 1954 sind also eher gezwungenermaßen gewandert. Was liegt da näher, als den Uferweg in Spiez mit Menschen nachzugehen, die genauso ungern zu Fuß unterwegs sind wie die 1954er – meine Frau und vor allem meine vierjährige Tochter. Nun bin ich ja kein Bundestrainer, auch der Begriff »Familienoberhaupt« ist für den männlichen Teil der modernen Kleinfamilie etwas aus der Mode gekommen. Daher konnte ich den beiden Damen schlecht befehlen, den Uferweg zu gehen. Ich habe es vielmehr mit didaktisch wertvoller Überzeugungsarbeit und halb garen Versprechungen versucht: »Fußballhistorisch höchst interessant und wertvoll«, »Traumhafter Weg in traumhafter Landschaft«, »Vielleicht kann man in dem See auch baden«, »Der Strandweg von Spiez nach Faulensee ist nur 2,5 Kilometer lang, das ist echt keine Wanderung, ich schwöre, das ist nur ein kleiner Spaziergang«.

Seit Menschengedenken stellt sich die Frage: Was ist eigentlich der Unterschied zwischen Wanderung und Spaziergang? Der Deutsche Wanderverband macht es sich einfach: Alles unter einer Stunde Fußweg ist ein Spaziergang, alles darüber eine Wanderung. Nun ja, eine sehr niederschwellige Definition. Aber natürlich hat der Unterschied etwas mit Intensität zu tun. Kein Mensch würde von Völkerspaziergängen reden, es gibt nur Völkerwanderungen. Auch die deutsche Kanzlerin macht einen Unterschied. Bekanntlich erholt sich Angela Merkel in den Parlamentsferien beim Wandern in Südtirol. Mit ordentlich viel Bergen – »richtiges« Wandern. Im Alltag entspannt sie – das hat sie kürzlich in einem Interview verraten – beim Spazierengehen. Spazierengehen ist eben ohne Berge, im Berliner Umland oder in der Uckermark.

»Als wir am 11. Juni zum Hotel einbogen, verschlug es uns erst mal die Sprache. Ein imposantes Gebäude direkt am See«, berichtet der Weltmeister von 1954, Horst Eckel. Als ich mit meiner Familie Mitte August 2015 auf die Seeseite des Hotel Belvédère schaue, verschlägt es uns ebenfalls erst mal die Sprache: Wie kann man so ein »imposantes Gebäude« nur derart verschandeln? Dem historischen Baukörper wurden lange nach dem WM-Triumph der Deutschen grässliche Kästen vorgebaut. Als hätte man dem Kölner Dom eine Plattenhaussiedlung implantiert. Nicht schön, aber wir wollen dort ja nicht übernachten – für die Nacht im Doppelzimmer mit Zustellbett für die Kleine hätten wir schlanke 370 bis 750 Franken gleich Euro berappen müssen. Zu diesen Preisen hätten die WM-Helden von 1954 mit Herberger auch eine andere Herberge suchen müssen, oder sie hätten eher auf Feldbetten geschlafen.

Wir gehen hinunter zum See und haben einen wirklich bezaubernden Blick auf den Ortskern von Spiez. »Die schönste Bucht Europas«, so wirbt das Stadtmarketing. Wobei man klar sagen muss: Nur direkt am Thuner See ist Spiez wunderschön, oberhalb des Gewässers in den Hauptstraßen hat sich anscheinend der gleiche Architekt wie am »neuen« Belvédère ausgetobt. Unser Weg heißt treffenderweise Strandweg und führt vom Schwimmbad von Spiez nach Faulensee.

Das Schwimmbad hat allerdings geschlossen, kein Wunder, denn meine Tochter ist sich, was die Tageszeit angeht, etwas unsicher: »Wird es jetzt bald dunkel?« Nein, nachmittags um fünf wird es im August selten Nacht. Wir haben nur passend zum Anlass unseres Spaziergangs Fritz-Walter-Wetter. Von ungezählten Spielen mit seinem Heimatverein Kaiserslautern und der Nationalmannschaft war klar: Wenn es regnet, schüttet, gießt, dann ist das »dem Fritz sei Wedder« und dann ist der Spielführer der Nationalmannschaft nicht mehr aufzuhalten. Er beschreibt es in seinem WM-Buch so: Regenwetter ist »ein Wetter so recht nach meinem Geschmack. ›Fritz-Walter-Wetter‹ haben es die Kameraden genannt, obwohl es auch ihnen am liebsten ist.« Und dann das – Fritz Walter beschreibt seinen Schock in den Morgenstunden: »Der Sonntag, dieser unvergessliche 4. Juli, bricht an. Früh um sieben stehe ich auf dem Balkon und halte nach dem Wetter Ausschau. Über dem Thuner See strahlt die Morgensonne.« Eine Katastrophe, gegen die Magyaren droht ein Debakel! »Um zwölf Uhr fallen die ersten Regentropfen. Aber sie fallen nur vereinzelt. (…) Um halb ein Uhr, beim Mittagessen, schreit Max Morlock in heller Begeisterung: ›Friedrich, es regnet!‹« Fritz Walter, viel zu selten »der Große« genannt, resümiert: »Jetzt ist alles klar, nichts kann mehr schiefgehen.« Selten hat schlechtes Wetter für so gute Laune gesorgt.

Und selten hat schlechtes Wetter für so schlechte Laune gesorgt wie bei unserem Sommerspaziergang 2015. »Ich will nach Hause«, fleht meine Tochter nach wenigen Hundert Metern. Nach Hause, zurück ins Saarland? Dabei ist es doch so hübsch in Spiez am See, trotz Regens. Man hat sich wirklich Mühe gegeben, den Strandweg interessant zu gestalten. Der Weg ist tipptopp sauber, Schweiz eben. Die zahlreichen Bänke wurden 2014 zum 100-jährigen Jubiläum des Strandwegs aufgestellt. Seitdem zieren auch Metallplatten mit Sinnsprüchen aus dem Poesiealbum die Banklehnen: »Auch unsere Großkinder sollen hier in Zukunft die Natur genießen können.« Ja, genau, das wäre schön, doch dafür müssten sie erst mal Lust haben, überhaupt diesen Weg abzulaufen. Wenn schon die Kinder keinen Bock aufs Spazierengehen haben, wie soll das erst mit den Großkindern klappen? Auf der Metalltafel der nächsten Rückenlehne lesen wir: »Die Frage ist nicht, ob man perfekt ist, sondern ob man füreinander perfekt ist.« Meine Frau und ich schauen uns lange prüfend tief in die Augen. Sehr philosophischer Spruch, denn ob man »füreinander perfekt ist«, ist schließlich auch entscheidend für den Erfolg im Fußball.

Sepp Herberger hätte das allerdings etwas anders ausgedrückt. Für ihn war die »Gemeinsamkeit der Stubenkameradschaft« entscheidend, das »stolze Gefühl der Verpflichtung gegenüber der gestellten Aufgabe und gegenüber den Kameraden«, denn »daraus kommt und strömt unsere ganze Kraft«. Noch mehr Nazisprech gefällig? »Drei Wochen Spiez sind drei Wochen Hohes-Lied bester Kameradschaft.« Man glaubt es kaum, aber Herberger-Biograf Jürgen Leinemann notiert: »Der allerschönste Lohn hieß bei Herberger noch immer: ›Der Endsieg‹.« Puh! Angesichts der Tatsache, dass der Sepp in gruseligster Goebbels-Tradition gegen Ungarn vom »Endsieg« träumte, würde man sich ja direkt wünschen, die Deutschen hätten im Finale so richtig eins auf den Sack bekommen. Leinemann resümiert treffend: »Eine verbale Währungsreform hatte nicht stattgefunden.«

Und dann halten meine Tochter und meine Frau an einer weiteren Bank, und da steht nichts von »Endsieg« und »Stubenkameradschaft«, sondern die deutschlandweit bekannten Sätze »Der Ball ist rund! Ein Spiel dauert 90 Minuten und nach dem Spiel ist vor dem Spiel«. Gestiftet wurde die Tafel von der Familie Michael Herberger aus Mannheim; man hält also als einer der Söhne Mannheims das Gedenken an die legendären Sätze des Urgroßonkels in Ehren, dagegen ist nichts zu sagen. Ästhetische Einwände könnte man eher bei der Holzfigur anbringen, die neben der Bank steht. Grob geschnittene Gesichtszüge, Pilzkopffrisur, Unterarme wie ein Bodybuilder, ein zerrissenes und beflecktes Deutschlandtrikot. Wer soll das sein? »Der Boss« Rahn im Vollsuff? Ein depressiver Fritz Walter, weil ausnahmsweise nicht Fritz-Walter-Wetter ist? Oder einfach ein Denkmal für den anonymen Stubenkameraden?

Scharfsinnig fragt meine Tochter: »Warum ist da der Mensch? Der ist ja angezogen.« Das wäre ja noch schöner, wenn der nackig wäre oder, fast noch schlimmer, obenrum deutsches Nationaltrikot, untenrum blank. Obwohl, so ganz nach der Etikette ist die Kleidung des unbekannten Stubenkameraden nicht, denn eindeutig hat er den Hosenstall offen. Was bitte schön will uns der Künstler damit sagen? Auf jeden Fall sind wir nach der kurzen Andacht an der Sepp-Herberger-Gedächtnis-Bank ordentlich durchnässt. Der Kleinfamilienrat entscheidet mit einer verfassungsändernden weiblichen Zweidrittelmehrheit von Gattin und Tochter: Wir kehren um. Nach einem guten Kilometer Fußweg hissen wir die weiße Fahne, die restliche Strecke nach Faulensee sparen wir uns. Mit diesen fahnenflüchtigen Familienmitgliedern stellt sich leider kein stolzes Gefühl der Verpflichtung gegenüber der gestellten Aufgabe und gegenüber den Kameraden ein.

Auf dem Rückweg trage ich meine Tochter auf den Schultern, und sie wiederum trägt einen Regenschirm, der sich des Öfteren in den herabhängenden Trauerweiden über uns verfängt. Dieser Strandweg in Spiez ist wirklich auffallend attraktiv, selbst bei Fritz-Walter-Wetter. Nicht zu breit und nicht zu schmal ist der Weg, dezent gekiest und nicht geschottert, so wie es der Flaneur-Connaisseur mag. Meine Tochter kommt sich wegen der vielen Bäume vor wie in einem Zauberwald. Und ich finde es ebenfalls großartig: Der See, die Felsen am Wegrand, die atmosphärisch dichten Weiden, der geschlängelte Wegverlauf, das macht wirklich großen Spaß. Weniger Blicke für seine Umgebung wird ein anderer großer Spaziergänger des Weltfußballs gehabt haben, als er in Rom 1990 einsam über den Rasen schritt. Franz Beckenbauer, die Medaille für die Weltmeisterschaft um den Hals, vermaß gemächlichen Schrittes das riesige Rund des römischen Olympiastadions. In allem Fanstolz muss ich natürlich an dieser Stelle – zum wiederholten Mal, ich weiß – hinausposaunen, dass ich bei diesem epochalen Ereignis, vergleichbar nur mit dem Mauerfall und der Mondlandung, live in Rom anwesend war. Okay, an den spazierenden Kaiser kann ich mich nur dunkel erinnern, wir deutschen Fans haben – so sind Fans halt – lieber den flennenden Maradona ausgebuht. Was dieser Spaziergang über den Rasen des Triumphs für den Kaiser bedeutet hat, hat er später so beschrieben: »Ich habe mich vom Fußball gelöst. Es war ein Abschied ohne Wiederkehr. Es ist kein Feuer mehr in mir, keine Leidenschaft.« Ups, eine Lichtgestalt des deutschen Fußballs ohne Feuer, sehen wir etwa seit über 25 Jahren einen komplett leidenschaftslosen Beckenbauer?

Weiterhin muss ich natürlich an die Legion der gemütlichen Traber und Spaziergänger auf dem Fußballrasen denken. Leute von Ente Lippens über Mario Basler bis zu Lukas Podolski, die eher für eine unterdurchschnittliche Laufleistung während des Spiels berühmt und vor allem berüchtigt waren und sind. Die einen nennen sie faule Säcke, die anderen sprechen lieber von künstlerisch wertvollen Flaneuren. Besonders bizarr finde ich die Gepflogenheit der Kicker der Färöer-Inseln, von der ich im Fachmagazin »11 Freunde« nach ihrem Auswärtssieg in Griechenland in der EM-Qualifikation erfuhr. Der Spieler Gunnar Nielsen berichtete: »Ich verrate Ihnen das Geheimnis unseres Erfolgs. Vor den Spielen machen wir immer einen Spaziergang mit dem ganzen Team. Das hat fast etwas Rituelles. Und unser Co-Trainer Jonas Jefferson erzählt auf den Spaziergängen immer einen Witz. Vor dem Spiel gegen Griechenland tat er das nicht. Vielleicht war er schlecht gelaunt. Aber er hat das Ritual gebrochen, und prompt haben wir gewonnen. Daran muss es also liegen.« Vielleicht waren die Spieler auch nur so erleichtert, nicht schon wieder einen nervtötenden Witz hören zu müssen (wie war noch gleich der Vorname des Rehs?), dass sie prompt die Griechen weggeputzt haben.

Als ich auf dem Weg zurück zum Auto meinen Blick über den regendunstigen Thuner See schweifen lasse, wird mir klar, dass so ein Seespaziergang natürlich auch ein Krafttanken für die großen Aufgaben einer Weltmeisterschaft sein kann. Denn dieser Blick und der Aufenthalt an einem See, die Verschmelzung von Mensch und Wasser, ist stets ein glückspendendes Moment. Jeder, der einmal auf das weite Meer geschaut hat, plus oder minus Sonnenuntergang/-aufgang, weiß das. Aber der Blick auf einen See mit Bergkulisse wie in Spiez am Thuner See ist etwas ganz Besonderes: Man hat die Weite des Wassers und die Beschränkung des Blickfelds durch die Berge. Man hat das Spielerische der Wellen und das Feste der Felsen. Man hat das Weiche des Wassers und die Härte der Berge. Schluss jetzt, genug Pathos! Auf jeden Fall ist es kein Wunder, dass nach so vielen Spaziergängen in solcher Umgebung die Deutschen 1954 Fußballweltmeister geworden sind. Und schaun mer mal, was der Spaziergang auf dem Strandweg von Spiez für die Zukunft meiner Tochter bringen wird.

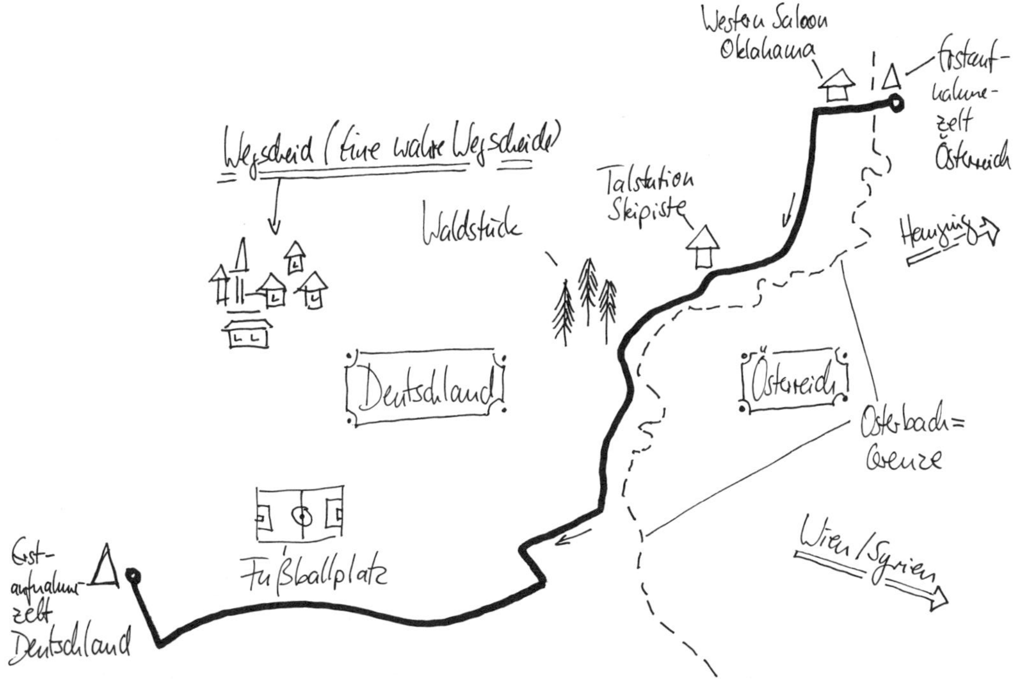
Western Saloon Oklahoma
Erstaufnahmezelt Österreich
Wegscheid (Eine wahre Wegscheide)
Talstation Skipiste
Waldstück
Deutschland
Österreich
Osterbach = Grenze
Wien / Syrien
Fußballplatz
Erstaufnahmezelt Deutschland

2015

DER FLÜCHTLINGSTRECK AM GRENZÜBERGANG HANGING

Hamid ist sich nicht sicher, auf welchen Wegabschnitten seiner Fluchtroute er zu Fuß gegangen ist. Er versichert sich bei seinen Kumpels, die kein Englisch sprechen. In Slowenien, genau, durch Slowenien seien sie komplett zu Fuß gegangen. In Mazedonien mit dem Zug gefahren, in Serbien mit dem Taxi, in »Austria« mit dem Bus. Und nun steht er in einer Schlange von 100 Migranten kurz vor der deutschen Grenze am Übergang Hanging. Im Herbst 2015 bin ich mit meinen Wanderungen durch die Weltgeschichte in der Gegenwart angekommen. Aber jedem historisch Interessierten dürfte bewusst sein, dass wir gerade Zeugen eines dramatischen Einschnitts sind, wir können live Weltgeschichte verfolgen. Ich konnte natürlich (und Gott sei Dank) nicht mit Ephialtes, den Volkskreuzzüglern und den Poissarden wandern, die sind alle längst tot. Aber am 1. November 2015 hatte ich die Möglichkeit, Seite an Seite mit den Beteiligten an einer der größten Völkerwanderungen der Weltgeschichte die letzten Meter in ihr »gelobtes« Land zu gehen.

Man spricht vom Einwandern, von der Migration, was ja, vom lateinischen *migrare* kommend, sich auch auf das »Wandern« bezieht. Aber wandern die Migranten 2015 wirklich? Ja und nein, sie nehmen es so, wie es kommt, schneller sind naturgemäß die meisten alternativen Fortbewegungsmöglichkeiten. Nehmen wir die klassische Flüchtlingsroute des Herbsts 2015, die sogenannte Westbalkanroute. Zunächst erreichen die Flüchtlinge aus Richtung Türkei über die Ägäis mit Booten auf zumeist äußerst lebensgefährliche Weise Griechenland. Dort werden sie in der Regel mit Bussen bis zur mazedonischen Grenze gebracht, hinaus aus der EU also. Im Frühjahr 2015 durchquerten die Migranten Mazedonien noch zu Fuß. Sie orientierten sich an den Gleisen, die sie von der griechischen zur serbischen Grenze führten. Es gab immer wieder Todesopfer zu beklagen, weil die Flüchtlinge (vor allem nachts) von Zügen überfahren wurden. Im Sommer kamen die Mazedonier auf die Idee, die Migranten in die Züge zu setzen, damit sie sie so schnell wie möglich an der serbischen Grenze wieder loswürden. Der Transport war kostenlos – zunächst. Im September 2015 kostete die Fahrt für Flüchtlinge dann 25 Euro, eine 300-prozentige Erhöhung gegenüber dem ursprünglichen Fahrpreis von sechs Euro auf dieser Strecke. Schnell kann man so auf Kosten der Flüchtlinge die Defizite der mazedonischen Staatsbahn verringern, sehr praktisch!

Durch Serbien ging es im Zweifelsfall mit Bussen, Zügen und überteuerten Taxis zur ungarischen Grenze. Die Situation in Ungarn eskalierte kurze Zeit, als sich Tausende Migranten, sobald sie die ungarische Hauptstadt Budapest erreicht hatten, zu Fuß zur 170 Kilometer entfernten österreichischen Grenze aufmachten – über die Autobahn! »Der Marsch über die Autobahn wirkte wie eine Demonstration«, schreibt die *FAZ*. Um die (Fuß-)Autobahn wieder für den motorisierten Verkehr zu öffnen, wurden nach wenigen Tagen die in Budapest gestrandeten Flüchtlinge mit Bussen an die Grenze gebracht. Zu Fuß mussten sie nach Österreich hinübergehen, dort wurden und werden sie mit Bussen weiterbefördert. Aber die österreichischen Busfahrer dürfen, so lautet die Anweisung, nicht über die Grenze fahren, da sie sonst als Schleuser festgenommen würden. Keiner der Bundespolizisten vor Ort, am Grenzort Wegscheid östlich von

Passau, sieht so aus, als hätte er ein Interesse daran, österreichische Busfahrer zu verhaften. Man ist aufseiten der deutschen Polizei vielmehr darum bemüht, menschenwürdige Zustände beim Weitertransport der Flüchtlinge zu garantieren. Deshalb wird Kommunikation zwischen den Ordnungshütern der beiden Staaten großgeschrieben. Aber obwohl die deutschen und österreichischen Polizisten mit Sprechfunkgeräten hochgerüstet sind, laufen sie zu Fuß hin und her, um sich mit den neuesten Informationen zu versorgen.

Dazwischen gibt es weiteren regen Fußverkehr. Deutsche Schaulustige flanieren nach dem Motto: Heute gehen wir mal Flüchtlinge gucken. Die Kamerateams von RTL und Bayerischem Rundfunk gehen auf und ab auf der Suche nach spektakulären Bildern. Immer wieder werden auch von deutschen Mitbürgern zu Fuß – die Grenze ist für Autos gesperrt – Kleiderspenden am riesigen österreichischen Notzelt abgegeben. Für die Kommunikation mit den Flüchtlingen sorgen auf österreichischer Seite vier Übersetzer in orangefarbenen Westen. Auf dem Rücken der Westen steht: »Translator« – in lateinischen und arabischen Schriftzeichen.

Der augenscheinliche Chef der Translatoren ist der Perser Mansour Rastegar. Der kettenrauchende untersetzte Mittfünfziger hat sich ehrenamtlich zur Verfügung gestellt und geht offensichtlich in seinem Job auf. Flink huscht er mit seinem Megafon vom Flüchtlingszelt zu den österreichischen Polizisten, dann zu den deutschen Bundespolizisten und wieder zurück. Mansour Rastegar hat nämlich von deutscher Seite das Okay bekommen, 100 Flüchtlinge zusammenzutrommeln. Es sind 58 Meter bis zur österreichisch-deutschen Grenze. An der imaginären Linie warten die Migranten, unter ihnen Hamid, in Zweierreihen, als würden sie auf einen Startschuss warten.

Heute ist ein ruhiger Tag, nur knapp 800 Flüchtlinge sind auf der österreichischen Seite angekommen. Am Vortag, so erzählt ein Bundespolizist, war es extrem. »Da mussten wir 2000 Leute nach Passau schaffen.« Eigentlich wurde mit der österreichischen Seite vereinbart, dass 50 Flüchtlinge pro Stunde die Grenze passieren – das ist genau eine Busladung für das Erstaufnahmelager in Passau. Doch wenn zu viele warten müssen, werden die Migranten zum Teil auch zu Fuß in eine Notunterkunft nach Wegscheid gebracht. Die Bundespolizisten, mit denen ich spreche, scheinen Angst zu haben, dass selbst diese kurze Fußstrecke den Flüchtlingen nicht zugemutet werden oder dass der dreiviertelstündige Weg als »Schikane« verstanden werden könne. Daher versichert man mir, man suche nur »Fußstarke« aus, und ein Polizeiauto würde als eine Art Besenwagen hinterherfahren, für eventuell Schwächelnde.

Seit Langem ist kein deutscher Polizeibus mehr gekommen, aber sechs Busse haben auf der anderen Seite der Grenze Flüchtlinge ausgeladen. Daher wird sich bald eine Gruppe von 100 Migranten auf den (Fuß-)Weg zur Notunterkunft machen. Auch Hamid und seine Kumpel sind in dieser Gruppe. Dann setzt sich der Flüchtlingstreck (so wird er von den Bundespolizisten tatsächlich genannt!) in Bewegung. An der Spitze ein Mannschaftswagen mit Blaulicht, dahinter die 100 Flüchtlinge, mit Kindern auf dem Arm, Gepäckballen auf dem Kopf, Rollkoffer hinter sich herziehend, am Schluss fährt der Besenwagen. Wenige Meter hinter dem Grenzflüsslein Osterbach passiert der Flüchtlingstreck den »Western Saloon Oklahama«. Kaum ein paar Schritte in Deutschland, sind sie dem Wilden Westen schon ganz nahe. Die 100 Flüchtlinge wirken zum großen Teil wie eine fröhliche Reisegruppe, sie lachen und grinsen zu mir hinüber, einer zündet sich eine Zigarette an. Ein anderer hat ein schreiend gelbes BVB-Dortmund-Trikot unter der dünnen Jacke, verständlich, dass solche Kleidungsstücke gern gespendet werden, um Flüchtlinge zu unterstützen. Das Outfit der willkürlich zusammengestellten Wandergruppe changiert zwischen ärmlich/bäuerlich und hippem Metropol-Style. Man kann sich bei den meisten Flüchtlingen, den herumtollenden Kindern und Jugendlichen, den strahlenden jungen Müttern mit sehr modernen Kinderwagen, Kopftuch und schicker Sonnenbrille beim besten Willen nicht vorstellen, dass diese Menschen alles auf eine Karte gesetzt haben und ihre Heimat verlassen wollten oder mussten.

Hamid grinst mich an und wundert sich, dass keiner seinen Pass kontrollieren wollte. Er sieht seine Aufenthaltschancen in Deutschland realistisch. Hamid ist mir sympathisch, ich wünsche mir, dass er bleiben darf, bin mir dessen aber keineswegs sicher. Denn ein relevanter Asylgrund scheint nicht vorzuliegen. Oder doch? Was würde passieren, wenn Hamid in den Iran abgeschoben wird? Er macht eine Bewegung mit der flachen Hand an seinem Hals, die »Kopf ab« signalisiert. Er ist müde, hat die ganze Nacht nicht geschlafen, aber er ist glücklich, er ist sogar sehr glücklich, dass er vor wenigen Minuten Deutschland erreicht hat. Ob es jetzt zu Fuß oder mit dem Bus weitergeht, ist ihm ganz egal. Ich traue ihm einen ordentlichen Fußmarsch zu, er ist gertenschlank, knapp 30 Jahre alt, er scheint topfit zu sein. Und er hat sehr gutes Schuhwerk: deutsche Joggingschuhe aus Herzogenaurach, nicht die mit den drei Streifen, sondern die mit dem Raubtier, das im Absprung begriffen ist.

Wir gehen auf dem Wanderweg 14, dem sogenannten Schmugglersteig. Das Einzige allerdings, was die Migranten schmuggeln, sind sie selbst. An der Talstation des Wegscheider Skilifts zieht sich die Schlange der Flüchtlinge durch den schon ziemlich dunklen Wald. Ich wandere unter ihnen, mit Menschen mit ganz unterschiedlichen Hoffnungen, Wünschen und Sehnsüchten. Martin Kämpchen schrieb in der *FAZ*, es kämen nun »Menschen, für die wir in den letzten Jahrzehnten gespendet haben, Pakete geschickt, Patenschaften übernommen, über die wir im Fernsehen Dokumentarfilme angeschaut haben, diese Menschen treten nun scharenweise in unser Land ein«.

Der Ansturm auf Angies »Wir schaffen das«-Land mit dem freundlichen Gesicht ist enorm, weil, so die Interpretation konservativer Kritiker, die Bundeskanzlerin zu freundlich war und die Einladung, nach Deutschland zu kommen, zu nett formulierte. *Push and pull.* Wenn in Syrien der Massenmörder Assad mithilfe des totalitären Putin-Regimes die eigene Bevölkerung bombardiert, bedeutet das einen Push-Effekt, der Millionen aus dem Land treibt. Wenn Angela Merkel deutsche Hilfsbereitschaft signalisiert, kann das als Pull-Effekt gedeutet werden, der die Migranten in großer Zahl nach Deutschland zieht.

Frau Merkel hat in der Bundespressekonferenz vom 31. August 2015 gesagt, sie wolle immer nur »Schritt für Schritt« vorgehen. Zuerst dachte ich, sie mache Werbung für dieses Buch, denn dass Merkel eine große Wanderfreundin ist, ist hinlänglich bekannt. Genauso bekannt ist aber, dass sie gern »auf Sicht fährt«, wie man so schön sagt. Wer mit der Kavallerie galoppieren will, den trägt es schneller aus der Kurve, als wenn er eben Schritt für Schritt vorgeht. Aber mit dem Satz »Wir schaffen das« hat die Kanzlerin einen gewaltigen Schritt mit Siebenmeilenstiefeln getan, einen Schritt, der großen Respekt abnötigt. Dann traf Angela Merkel am ersten Septemberwochenende die epochale Entscheidung, die Grenzen zu Österreich zu öffnen. Tausende Deutsche empfingen im Münchener Hauptbahnhof die Flüchtlingsmassen wie Popstars. Bilder, die unter die Haut und um die Welt gingen. Die applaudierende Menge erinnerte an die Zuschauer eines Marathons, die im Stadion enthusiastisch die letzten Meter, die letzten Schritte der Athleten begleiten.

Wir sind aus dem Waldstück herausgetreten. Wie bei einer ganz normalen Wanderung eines deutschen Vereins zieht sich das Feld der Migranten auseinander. Einige können einfach nicht so schnell, stolpern mit Kinderwagen auf dem Waldweg den anderen hinterher. Und wie bei einer ganz normalen Wanderung eines deutschen Wandervereins warten alle (also der Mannschaftswagen mit Blaulicht und die Menschenmenge dahinter), bis wieder alle aufgeschlossen haben. Eine Frau am Ende des Trecks humpelt, setzt sich hin, kann einfach nicht mehr. Bundespolizisten helfen ihr in den Besenwagen. Es wird deutlich gemurrt unter den Flüchtlingen. Sie fragen mich, wie weit es denn noch sei. Ich schätze, dass wir noch einen Kilometer gehen müssen. Wie bitte, noch einen Kilometer, ohne Bus? Ein gewisses Anspruchsdenken ist bei einigen zu spüren: Einwandern ja, aber zu Fuß? Also bitte, das muss doch nicht sein! Andererseits gibt es auch auf den letzten Metern bergauf superfröhliche Jugendliche, die ihren Spaß haben: Eine junge Frau versucht, sich auf den Rollkoffer der vor ihr laufenden jungen Frau (beide mit Kopftuch) zu setzen, die jedoch zieht den Koffer immer wieder neckisch lachend weg. Jux, das gibt es auch nach einer harten Fluchtroute. Am Wegrand sehe ich ein Paar weggeworfene Turnschuhe, die Sohlen haben sich abgelöst, der Träger musste wahrscheinlich barfuß weitergehen. Ganz sicher haben die Migranten keine Ersatzschuhe dabei.

Man staunt natürlich, wie zielsicher sich Hunderttausende Menschen über die Westbalkanroute bewegen. Orientierungshilfe bieten allein die Smartphones der Flüchtlinge. Über Facebook und WhatsApp werden ganz konkrete Tipps über den Weg ausgetauscht, den Rest erledigt Google Earth. Die digitale Technik ermöglicht so einen relativ reibungslosen, aber archaischen Fußmarsch. Dem Vernehmen nach gibt es zumindest auf der österreichischen Schlepperroute selbst gebastelte Hinweisschilder, die nach »Germany« weisen. Das ist doch mal eine sehr konkrete Zielangabe. Den Fußweg der Flüchtlinge an den innereuropäischen Grenzen kann man wie bei Hänsel und Gretel an ihren Hinterlassenschaften erkennen. Die kroatischen, serbischen, ungarischen, slowenischen Behörden haben nun einmal keine Abfalleimer an den Trampelpfaden über die grüne Grenze errichtet. Die technischen Hilfsmittel der Flüchtlinge zeigen aber auch, wie unrealistisch Seehofers Bild von dem Stöpsel ist, den man wieder auf die Flasche bekommen müsse. Hopp, hopp, Flaschengeist, zurück in die Flasche, Stöpsel drauf, Ruhe; so stellt sich das der Märchenerzähler aus Bayern vor. Doch die Flüchtlinge bilden einen kreativen Strom – um nicht zu sagen Wasserfall – und bahnen sich ihren Weg dorthin, wo sie hinwollen, und das ist im Zweifelsfall Deutschland. Gegen den Stöpselvergleich setzt Angela Merkel Ende Oktober 2015 wieder die Schrittmetapher: »Wir können den Schalter nicht mit einem Mal umlegen, sondern müssen Schritt für Schritt vorgehen.«

Es geht in großem Bogen unterhalb des Feriendorfs Wegscheid an der Grenze entlang, auf Höhe des Fußballplatzes muss der ganze Treck die letzten 600 Meter bergan gehen. Einzeln sind nur wenige unterwegs, männliche Kumpels gehen zusammen, Klein- und Großfamilien. Vor mir wippen rote Rucksäcke des österreichischen Samariter-Bunds auf und ab. Ein Kind im roten Ganzkörperskianzug heult und quengelt, es will nicht mehr laufen. Die Eltern nehmen es zwischen sich an den Händchen und machen eine Art »Engelchen, Engelchen, fliiieg…«. Das Kind juchzt und geht mit Freude weiter. Said ist seit einem Monat unterwegs. Er findet, die letzten Etappen seiner Flucht in Europa auf der Westbalkanroute seien ein Spaziergang gewesen – verglichen mit den Hunderten von Kilometern von Afghanistan durch den Iran bis zur türkischen Grenze. Das sei echt hart gewesen, alles zu Fuß, strenge Grenzkontrollen, aber auch das hätte ihn nicht aufhalten können.

Den Flüchtlingsstrom könnte man nur mit Gewalt aufhalten, aber das will (noch) keiner. Angela Merkel hat recht, wenn sie sagt: »Abschottung im 21. Jahrhundert ist eine Illusion.« Deutschland hat nun mal geopolitisch eine Lage, die Vor- und Nachteile bringt. Im Zentrum des Kontinents zu liegen ist gut für den Handel und damit für den Wohlstand, Stichwort Exportweltmeister. Andererseits gibt es keine schützenden Meere, von denen im globalen Flüchtlingskontext die USA und England profitieren.

Mit wie vielen Flüchtlingen muss man denn in den nächsten Jahren in Deutschland und weltweit rechnen? Die Zahlen steigen steil nach oben. Vor zehn Jahren waren global 20 Millionen Menschen auf der Flucht, 2015 schon 60 Millionen. Der Jurist Reinhard Merkel prophezeit: »Die Folgen der Erderwärmung werden ein noch ruhendes, aber hohes Potenzial künftiger Armutsmigranten in einem bislang unbekannten Ausmaß mobilisieren. Auf 400 Millionen weltweit beziffert eine jüngst erschienene Studie belgischer Wissenschaftler die Zahl derer, die schon heute ihre Heimat dauerhaft verlassen wollen.« Nach anderen Berechnungen könnten es im Jahr 2050 allein aus der afrikanischen Subsahara 800 Millionen Menschen sein, die sich den 500 Millionen Einwohnern der EU anschließen wollen. Und selbst wenn es gelingen sollte, alle Flüchtlinge auf die EU-Länder zu verteilen, kommt ja noch die »secondary migration« auf Deutschland zu, die Zweitwanderung.

Zweitwanderung kannte ich bisher nur von Hochleistungswanderern, die – falls sie noch nicht ausgepowert sind – die erste Wanderung mit einer Wandergruppe eigenmächtig verlängern. Genauso werden es die Flüchtlinge praktizieren, denn wenn es ihnen in Ungarn, Polen oder der Slowakei nicht gefallen sollte, werden sie eben über kurz oder lang dahin gehen, wo sie das Paradies auf Erden vermuten: nach Schweden, in die Niederlande und vor allem nach Deutschland. Es ist traurig und lässt mich an einem wie auch immer gearteten Fort-Schritt der Menschheit zweifeln: Seit der Steinzeit hat sich gar nicht so viel getan, was die Motivation der Menschen angeht, sich auf die Socken zu machen. Es ist der nackte Überlebenswille, der für den Neandertaler wie auch für den Migranten des 21. Jahrhunderts der Grund war bzw. ist, sich aufzumachen in eine ungewisse Zukunft.

Mohammed schleppt zwei Rucksäcke und zieht einen altmodischen Rollkoffer hinter sich her. Er komme aus »Syria«, aus Damaskus. So so, »Syria«, das sei ja sehr interessant, wird er aggressiv von der Seite von anderen jungen Flüchtlingen angeblafft. Sie scheinen ihm entweder nicht zu glauben oder scheinen zu wissen, dass er kein Syrer ist. Der Chef-Translator Mansour hatte mir am Grenzübergang Hanging erzählt, dass viele der ankommenden Flüchtlinge ihn fragen würden, welche Geschichte sie in Deutschland erzählen müssten, um als Asylant anerkannt zu werden. Mansour rät ihnen: »Sagt einfach die Wahrheit.« Aber zumindest Mohammed scheint nicht auf ihn gehört zu haben. Im heißen Herbst der sogenannten Flüchtlingskrise las man oft in der seriösen Presse und hörte von Wirtschaftsvertretern, wie segensreich der Zuzug von Flüchtlingen nach Deutschland sei, um dem demografischen Faktor entgegenzuwirken und freie Arbeitsplätze zu besetzen. Doch was das Flüchtlings-Jobwunder angeht, muss man realistisch bleiben. »Nach 15 Jahren erreichten die Beschäftigungsquoten von Flüchtlingen gerade mal die aller in einem Land lebenden Ausländer«, schreibt die *FAZ* und resümiert: »Wir brauchen einen langen Atem.«

Nach gut zwei Kilometern über Feldwege haben wir die Notunterkunft in Wegscheid erreicht. Von dort wird es für die 100 Flüchtlinge mit Bussen weiter nach Passau gehen. Ich verabschiede mich von Hamid, Said und Mohammed. Was mich sehr angerührt hat: Hamid sagte, als er nach 20 Tagen Flucht aus dem Iran mit einem Schritt die deutsche Grenze überschritt, breit grinsend und mit erhobenem Daumen: »Freedom.« Er hat zwar nur den Osterbach am Grenzübergang Hanging überquert, aber damit hat Hamid eine Grenze überschritten, die ihn in eine neue Welt führt, die für ihn Freiheit, Überleben, eine neue Chance bedeutet. Eine imaginäre Linie auf dem Boden ist diese Grenze, nichts weiter. Nichts, was nicht jeder Mensch mit einem Schritt seiner Füße überqueren könnte. Und nach dieser Grenze geht es immer weiter – manchmal auf Umwegen –, aber es geht weiter. Schritt für Schritt, in die Zukunft der Menschheit.

LITERATUR

NEANDERLAND

Auf dem Kampe, Jörn: »Der perfekte Jogger. Wie der Mensch zum Läufer wurde«, in: *GEO*, Mai 2014

»Der Neandertaler«, *GEOkompakt* Nr. 41, 12/2014

Stang, Michael: »Der Mensch aus dem Süden«, in: *FAS*, 13.9.2015

Rauchhaupt, Ulf von: »Neue Verwandtschaft«, in: *FAZ*, 11.9.2015

ÄGYPTEN

Firestone, Matthew D.: *Lonely Planet Ägypten*, Ostfildern 2010

Ladstätter, Sabine: *Knochen, Steine, Scherben. Abenteuer Archäologie*, St. Pölten 2013

Dorn, Andreas: *Arbeiterhütten im Tal der Könige*, Basel 2012

Neunert, Gregor: *Mein Grab, mein Esel, mein Platz in der Gesellschaft. Prestige im alten Ägypten am Beispiel Deir El-Medine*, Berlin 2010

Bickel, Markus: »Eine Revolution gegen die Reiseführer«, in: *FAZ*, 24.11.2014

Wenzel, Gabriele: *Hieroglyphen. Schreiben und lesen wie die Pharaonen*, München 2001

Reichholf, Josef H.: *Warum die Menschen sesshaft wurden. Das größte Rätsel unserer Geschichte*, Frankfurt 2008

Huyeng, Christian: *Ägypten für Einsteiger. Ein kleiner Führer durch das Land der Pharaonen*, Norderstedt 2003

Shaw, Ian: *Das alte Ägypten. Eine kleine Einführung*, Ditzingen 2007

Kubisch, Sabine: *Das Alte Ägypten*, Darmstadt 2008

GRIECHENLAND/THERMOPYLEN

Ranke-Graves, Robert von: *Griechische Mythologie. Quellen und Deutung*, Hamburg 1960

MacDonogh, Giles: *Die 50 bedeutendsten Schlachten. Von Austerlitz bis Waterloo*, Hamburg 2011

Radisch, Iris: »Geld oder Götter«, in: *DIE ZEIT*, 9.7.2015

Fraunberger, Richard: »Am Scheideweg«, in: *FAZ*, 10.7.2015

ISRAEL/JESUS TRAIL

Die Bibel, Einheitsübersetzung, Stuttgart 1980
Läufer, Erich: *Tabgha – wo die Brotvermehrung stattfand. Biblisches Heiligtum am See Gennesareth*, Köln 2000
Saar, Jacob: *Jesusweg und Jerusalem*, Wien 2011
Walker, Jenny/Lee, Jessica: *Lonely Planet Israel*, Ostfildern 2012
Zwickel, Wolfgang/Egger-Wenzel, Renate/Ernst, Michael: *Herders Neuer Bibelatlas*, Freiburg 2013

RÖMER/AUSONIUSWEG

Gilliver, Kate: *Auf dem Weg zum Imperium. Die Geschichte der römischen Armee*, Stuttgart 2003
Bender, Helmut: *Römischer Reiseverkehr. Cursus Publicus und Privatreisen*, Stuttgart 1978
Ders.: *Römische Straßen und Straßenstationen*, Stuttgart 1975
Junkermann, Markus: *Panes militaris*, Darmstadt 2006
Böcking, Dr. Eduard (Hrsg.): *Ausonius: Mosella*, Berlin 1828
Staudt, Berthold (Hrsg.): *Der Ausoniusweg. Eine römische Wanderstraße durch den Hunsrück*, Morbach 1997

KREUZZÜGE/VOLKSKREUZZUG

Frischler, Kurt: *Das Abenteuer der Kreuzzüge*, München 1973
Phillips, Jonathan: *Heiliger Krieg. Eine neue Geschichte der Kreuzzüge*, München 2011
Runciman, Steven: *Geschichte der Kreuzzüge*, München 1989
Jenter, Susanne: *Via Belgica. Von Köln bis Rimburg*, Köln 2014
Ohler, Norbert: *Reisen im Mittelalter*, München 1991

JAKOBSWEG

Moore, Tim: *Zwei Esel auf dem Jakobsweg. Wie ein Engländer sein Herz an Spanien verlor*, München 2008
Barret, Pierre/Gurgand, Jean Noël: *Unterwegs nach Santiago. Auf den Spuren der Jakobspilger*, Freiburg 1982
Kerkeling, Hape: *Ich bin dann mal weg. Meine Reise auf dem Jakobsweg*, München 2006
Lauster, Jörg: *Die Verzauberung der Welt. Eine Kulturgeschichte des Christentums*, München 2014
Radisch, Iris: »Pessimisten sind lächerlich«, Interview mit George Steiner, in: *DIE ZEIT*, 16.4.2014

LUTHER/RENNSTEIG

Boehmer, Heinrich: *Luthers Romfahrt*, Leipzig 1914

Denecke, Dietrich: »Wege und Städte zwischen Wittenberg und Rom um 1510. Eine historisch-geographische Studie zur Romreise Martin Luthers«, in: Pinkert, Wolfgang (Hrsg.): *Genetische Ansätze in der Kulturlandschaftsforschung*, Würzburg 1983

Schneider, Hans: »Martin Luthers Reise nach Rom«, in: Lehfeldt, Werner (Hrsg): *Studien zur Wissenschafts- und zur Religionsgeschichte*, Band 10, Berlin/New York 2011

Puhle, Matthias: »Das Gesandten- und Botenwesen der Hanse im späten Mittelalter«, in: Lotz, Wolfgang (Hrsg.): *Deutsche Postgeschichte. Essays und Bilder*, Berlin 1990

Schneidmüller, Bernd: »Briefe und Boten im Mittelalter. Eine Skizze«, in: Lotz, Wolfgang (Hrsg.): *Deutsche Postgeschichte. Essays und Bilder*, Berlin 1990

SCHWEDENLÖCHER

Götzinger, Wilhelm Leberecht: *Schandau und seine Umgebungen oder Beschreibung der sogenannten Sächsischen Schweiz*, Bautzen 1804

Huf, Hans-Christian: *Mit Gottes Segen in die Hölle. Der Dreißigjährige Krieg*, München 2003

ECHTERNACH

Seil, Gabrielle: *Echternach und seine Springprozession*, Luxemburg 2007

VERSAILLES

Zweig, Stefan: Marie Antoinette. *Bildnis eines mittleren Charakters*, Frankfurt 1980

Michelet, Jules: *Die Frauen der Revolution*, Frankfurt a. Main 1984

Wilms, Johannes: *Tugend und Terror. Geschichte der Französischen Revolution*, München 2014

Blume, Georg/Randow, Gero von: »Wie man an die Wand fährt«, in: *DIE ZEIT*, 16.1.2014

HAMBACH

Frisch, Lutz: *Deutschlands Wiedergeburt. Neustadter Bürger und das Hambacher Fest 1832*, Neustadt an der Weinstraße 2012

Ziegler, Hannes: »Patrioten auf dem Schloss. Das Hambacher Fest«, in: Kermann, Joachim/Nestler, Gerhard/Schiffmann, Dieter (Hrsg.): *Freiheit, Einheit und Europa. Das Hambacher Fest von 1832 – Ursachen, Ziele, Wirkungen*, Ludwigshafen 2006

Osterhammel, Jürgen: *Die Verwandlung der Welt. Eine Geschichte des 19. Jahrhunderts*, München 2009

Herzberg, Wilhelm: *Das Hambacher Fest. Geschichte der revolutionären Bestrebungen in Rheinbayern um das Jahr 1832*, Ludwigshafen 1908

Preisendörfer, Bruno: *Als Deutschland noch nicht Deutschland war. Reise in die Goethezeit*, Berlin 2015

VERDUN

Jessen, Olaf: *Verdun 1916. Urschlacht des Jahrhunderts*, München 2014

Rauchhaupt, Ulf von: »Die Gase hatten gut gewirkt«, in: *FAS*, 3.5.2015

SACHSENHAUSEN

Lang, Anne-Sophie: »Blut im Schuh«, in: *ZEIT*, 13.11.2014

Sudrow, Anne: *Der Schuh im Nationalsozialismus. Eine Produktgeschichte im deutsch-britisch-amerikanischen Vergleich*, Göttingen 2010

SPIEZ

Horeni, Michael: »Des Kaisers imprägnierte Kleider«, in: *FAZ*, 8.7.2015

Reich, Stephan: »Dieser eine Moment. Wie die Fußballer der Färöer in Griechenland zu Legenden wurden«, in: *11 Freunde*, 01/2015

Leinemann, Jürgen: *Sepp Herberger. Ein Leben, eine Legende*, Berlin 1997

Eckel, Horst: *Die 84. Minute*, Kassel 2004

Walter, Fritz: *3:2. Das Spiel ist aus! Deutschland ist Weltmeister!*, München 1954/2004

Morlock, Maxl: *Maxl Morlock erzählt. Von der Schülerelf zur Weltmeisterschaft*, München 1955

FLÜCHTLINGE

Bahners, Patrick: »Der Affekt gegen den Affekt«, in: *FAZ*, 30.9.2015

Burger, Reiner u. a.: »Im sicheren Ankunftsland«, in: *FAZ*, 7.9.2015

Merkel, Reinhard: »Das Leben der anderen – armselig und kurz«, in: *FAZ*, 22.9.2015

Löwenstein, Stephan/Schwarz, Karl-Peter: »Regeldienst auf der Balkanroute«, in: *FAZ*, 7.10.2015

Heinsohn, Gunnar: »Australien, du hast es besser«, in: *FAZ*, 11.3.2015

Schee, Thomas: »Afrika leidet unter seiner Bildungsmisere«, in: *FAZ*, 23.4.2015

… und: immer wieder WIKIPEDIA